2023
세계를 바꿀
테크놀로지
100

닛케이가 전망한
기술 트렌드

2023
세계를 바꿀
테크놀로지
100

닛케이가 전망한
기술 트렌드

시크릿하우스

거대한 혁신,
'융합'이 세계를 바꾼다

기술의 변화가 빠르다. 웹3나 메타버스와 같은 용어가 계속 나온다. 또 'GX(Green Transformation)란 무엇일까?' 고개를 갸우뚱거릴 틈도 없이 GX 실행추진 담당 장관이 임명되었다. 기술은 계속 변하기 때문에 따라가기 어렵고, 가까스로 이해한다고 해도 금방 진부해지지 않을까 하는 생각이 들지도 모른다.

변화가 심해 보이는 이유는 기술과 기술이 융합하기 때문이다. 최신 기술은 대부분 자동차나 건설, 의료라는 현실적인 기술과 가상 세계를 만드는 인터넷과 컴퓨터가 융합되어 새로운 세계를 만든다.

버추얼은 가상이라는 뜻이지만 '진짜와 똑같다'는 의미다. 디지털 트윈으로 재현되는 제품이나 도시나 사람은 진짜와 거의 비슷하다.

도시바의 시마다 다로 사장은 "디지털을 하려면 리얼이 필요하다"고 말했다. 엘리베이터나 POS 시스템 같은 현실적인 기술이 있어야 데이터 분석이나 AI 등 디지털 기술이 생긴다.

마침내 2006년 무렵에 등장한 사이버 피지컬 시스템 세계가 실현되고 있다. 가상의 사이버와 현실의 피지컬 융합이다. 메타버스는 사람의 리얼한 움직임을 사이버 공간에 표현한다. 웹3는 사이버 공간에서 완결되듯이 보이지만 개인과 개인 혹은 예술과 금융을 연결하기 때문에 이것도 융합이라고 할 수 있다.

기술에 익숙하지 않은 사람도 '무엇과 무엇이 융합하는가'에 주의를 기울이면 그 기술의 위치나 기대되는 효과를 알 수 있다. 특정 기술에 정통한 사람은 '무엇과 융합할 수 있을까'를 생각하면 브레이크 스루(break through, 기술적으로 어려운 문제를 해결하여 프로젝트를 성공시키는 것)를 일으킬 수 있을지 모른다.

융합의 움직임을 파악하기 위해서, 닛케이BP는 전기 · 자동차 · 로봇, IT · 뉴미디어, 건축 · 토목, 의료 · 건강 · 바이오테크의 전문 분야를 해설하는 매체를 발행하는 동시에, 닛케이 크로스 테크이라는 웹 사이트에서 기술 융합을 매일 보도하고 있다.

각 매체의 편집장, BP의 싱크 탱크인 종합연구소의 랩 소장들이 〈2030년 세계를 바꾸는 기술〉을 100개 선정하고, 각 기술과 융합의 특징을 기자와 연구원이 알기 쉽게 쓴 것이 본서다. 비즈니스에 앞으로 계속 도움이 될만한 기술의 도감 혹은 교양서를 목표로 한다.

100개 기술 중에서 어느 기술이 기대되는지 조사하기 위해 비즈니스 리더 천 명에게 질문하고 답을 들었다. 결과는 〈테크놀로지 기대도 순위〉로 게재했다. 순위를 보고 "아니, 이 기술이 더 유망하지 않을까?"라며 반대 경우를 생각하면 재미있다. 실제로, 예상치 못한 기술이 융합하기 때문이다.

닛케이BP 상무이사 기술 미디어 총괄
모치즈키 요스케

차 례

머리말 | 거대한 혁신, '융합'이 세계를 바꾼다 ◎ **5**

1장 **2030년 유망기술**

2030년 주목해야 할 유망기술 ◎ **15**

주목 트렌드 1
2장 **웹3 & 메타버스**

웹3 ◎ **27** | 디파이 ◎ **34** | 다오 ◎ **38** | 메타버스 ◎ **42** | 볼류메트
릭 캡처 비디오 ◎ **45** | 버추얼 프로덕션 ◎ **50** | 공중 디스플레이 ◎
54 | 오감 센서 ◎ **59** | 촉각 피드백 ◎ **61**

주목 트렌드 2
3장 **소프트 로봇 & 그린 트랜스포메이션(GX)**

소프트 로봇 ◎ **69** | 바이오 하이브리드 로봇 ◎ **73** | 조류형 로봇
◎ **75** | 제6 손가락의 신체화 ◎ **78** | 시각을 대체하는 신감각 디바
이스 ◎ **83** | 탄소 리사이클 시스템 ◎ **87** | 제로 탄소 도시 ◎ **94** |
DAC ◎ **96** | 그린 수소 ◎ **99** | 인공 광합성 ◎ **103** | 그린 콘크리트
◎ **107** | 인공육 ◎ **111**

2023 Technology 100

4장 | **자동차 & 로켓**

완전 자율 주행 ◎ **123** | 무인운전 MaaS ◎ **127** | 차량용 인공지능 반도체 ◎ **131** | 전기차용 변속기 ◎ **134** | 1.5GPa급 냉간 프레스재 ◎ **138** | 소형 전동 액슬 ◎ **141** | 보행자 보호 에어백 ◎ **145** | 운전자의 뇌 기능 저하 예측 ◎ **149** | 충전 도로 ◎ **153** | 인공지능 자동차 교육 학원 ◎ **158** | 하늘을 나는 자동차 ◎ **162** | 우주 수송 ◎ **166** | 우주 쓰레기 제거 ◎ **169** | 저궤도 순회 위성 ◎ **173** | 우주 왕복선 ◎ **175**

5장 | **건축 & 토목**

방재 디지털 트윈 ◎ **183** | 도시 OS ◎ **187** | IoT 주택 ◎ **190** | 가상 설계 ◎ **194** | 대형 패널 공법 ◎ **198** | 목조 건물 ◎ **202** | 리파이닝 건축 ◎ **206** | 환경 DNA 분석 ◎ **210** | 중장비 자동화 ◎ **213** | 원격 조작 방식의 인간형 중장비 ◎ **220** | 건축용 3D프린팅 ◎ **223**

6장 | **검사 & 진단**

법의학용 IoT 냄새 센서 ◎ **231** | 배뇨 예측 센서 ◎ **235** | 이어폰형 뇌파계 ◎ **238** | 혈당 측정기가 부착된 스마트 워치 ◎ **241** | 당뇨병 모니터링 ◎ **244** | 기름 제거 종이로 진단 ◎ **247** | 치매 진단 지원 소프트웨어 ◎ **249** | 앉기만 해도 심장 진단 ◎ **252** | 포톤 카운팅 CT ◎ **256** | 증강현실 피트니스 ◎ **261**

7장 치료

광면역 치료제 ◎ **267** │ 중분자 신약 ◎ **271** │ 미토콘드리아 기능 개선제 ◎ **273** │ 키메라 항원 수용체 T세포 치료법 ◎ **277** │ 핵산 표적제 ◎ **279** │ 디지털 테라퓨틱스 ◎ **281** │ 복합현실 의료 ◎ **285** │ 병원 CRM ◎ **288** │ 의료 로봇 ◎ **291** │ 간호 로봇 ◎ **293** │ 장 환기법 ◎ **295**

8장 워크 스타일 & 비즈니스

머티리얼즈 인포매틱스 ◎ **303** │ 영상을 이용한 원격 검사 ◎ **307** │ 가상 사무실 ◎ **309** │ 피플 애널리틱스 ◎ **311** │ 인간 디지털 트윈 ◎ **313** │ 온라인 교육 ◎ **315** │ 조리 로봇 ◎ **317** │ 드론 배송 ◎ **320** │ 세라믹 3D프린팅 ◎ **323** │ 임베디드 파이낸스 ◎ **326** │ 캐시리스 ◎ **330** │ 로우코드 내제 ◎ **332** │ 브이튜버용 모션 캡처 ◎ **334**

9장 IT

양자 컴퓨터 ◎ **341** │ 양자 오류 정정 ◎ **346** │ 양자 내성 암호 ◎ **350** │ 어댑티브 벌크 서치 ◎ **353** │ 옵저버빌리티 ◎ **356** │ IaC ◎ **358** │ CSPM ◎ **360** │ SOAR ◎ **364** │ GP-SE ◎ **367** │ IoT 시대 인증 암호 ◎ **369** │ 인공지능 수다 ◎ **373** │ 분할 DNN ◎ **376** │ 세일리언시 맵 ◎ **379** │ 문서 해독 인공지능 ◎ **381**

2023 Technology 100

10장 **에너지 & 일렉트로닉스**

차세대 원자로 ◎ 387 | 나트륨 이온 전지 ◎ 390 | 차세대 파워 반도체 ◎ 393 | 스핀트로닉스 반도체 ◎ 396 | 페로브스카이트형 태양전지 ◎ 398

1장

2030년
유망기술

비즈니스 리더
1,000명 조사

2030년
주목해야 할
유망기술

기술은 융합한다. 기술은 다른 기술과 융합되어 새로운 가치를 만든다. 이 책에 게재한 100개 기술을 보면 여러 개의 기술과 여러 개의 영역이 융합된 경우가 많다. 특히 융합하기 쉬운 기술은 컴퓨터와 네트워크 등 IT 정보기술이다. 디지털 기술이라 부르기도 한다. 정보 자체는 형태가 보이지 않고 무게도 없지만 다른 기술에 필요한 정보를 제공하여 변화를 일으키거나 효율 있게 할 수 있다.

2장의 '웹3'는 기존의 웹 기술에 블록체인 기술을 융합해서 디지털 데이터에 '소유권'을 부여하는 브레이크 스루를 가져온다. 예를 들어, 작가는 자신의 디지털 아트 소유권을 관리할 수 있으며, 어떤 웹사이트에서 판매해도 적절한 보상을 받을 가능성이 있다. 지금까지는 누구나 쉽게 복사할 수 있어 작품이 진품이며, 소유권이 확실하다는 사실을 증명하기 어려웠다.

'메타버스'는 사람의 리얼리티를 디지털 공간에 융합한다. 사람의 미세한 표정이나 옷에 잡힌 주름까지 3차원 영상으로 표현하는 볼류메트릭 캡처, 현실의 피사체와 가상의 배경을 실시간으로 합성하는 버추얼 프로덕션 등의 기술이 개발되고 있다.

영화나 영상 작품의 품질 향상은 물론이고 '무리하게 표현된 가상현실 속을 다소 어색한 동작을 하는 아바타가 움직인다'는 현상은 새로운 기술로 쇄신될 전망이다. IT를 비롯한 기술이 발전하면서 현실세계의 피지컬 영역과 가상의 사이버 영역을 융합하기 쉬워졌다.

3장은 '소프트 로봇'을 비롯한 로봇 기술의 융합 사례다. 부드럽고 유연한 움직임으로 주변을 손상하지 않는 고무 인공 근육, 로봇에 생물 세포를 넣은 바이오 하이브리드 로봇, 진짜 새처럼 날갯짓하는 조류형 로봇은 모두 자연계 생물의 강점을 로봇에 융합하려고 한다. 촉각이나 시각과 같은 사람의 신체기능을 확장하는 디바이스도 등장해서 현실의 생물과 로봇의 경계선은 모호해지고 있다.

3장 후반부에 소개한 이산화탄소 배출을 억제하는 '그린 트랜스포메이션(GX)'을 추진하기 위해서도 기술 융합이 필수다. GX는 일하는 방식, 제품의 사양, 공급망의 구조를 변혁하고 이 과정에서 이산화탄소 배출을 억제한다. 여러 개의 환경 기술을 융합한 탄소 리사이클 시스템, DAC(직접 공기 회수)과 금융 스타트업의 협력이 GX의 실현을 뒷받침한다. 식량 부족에 대한 대책으로 연구가 진행되는 인공육은 기존의 축산제품에 비해 이산화탄소 배출량이나 사료와 물 소비량이 적다고 한다.

IT가 아무리 진화해도 사람이나 사물의 현실적인 이동은 사라지지 않는다. 4장에서 소개하는 자율 주행과 무인운전 기술은 꾸준히 진화하고 있다. 인공지능이나 인터넷과 자동차가 융합해서 운전자를 지키는 방법도 있다. 자동차 자체의 이노베이션도 진행되고 있다. 우주 공간, 특히 지구 저궤도를 경제권으로 하는 비즈니스를 검토하는 움직임도 있다.

사람이 일하는 사무실과 빌딩, 사람이 사는 집, 현실에서의 거처도 진화를 계속한다(5장). 사람들의 편안한 삶을 위해 IT를 유용하게 사용하려는 움직임도 활발하다. 설계에는 당연히 IT를 사용하며 건설용 중장비는 원격지에서 움직일 수 있다.

빌딩과 IT의 융합, 설계와 IT의 융합, 중장비와 IT의 융합, 건축 토목 현장에 IT는 이제 빠질 수 없다. CAD에서 설계한 건조물을 3D프린터로 조형하는 사례도 나왔다. 일본의 뛰어난 건축 기술을 살려 건조물을 수출하는 미래도 다가오고 있다.

실제 사람을 상대하는 의료와 헬스케어도 IT가 융합한다. 환자 상태를 센서로 파악한다. 떨어진 곳에 있는 의사가 진단하도록 인공지능이 지원한다. 언제나 어디서나 검사할 수 있는 환경이 조성되면 의료의 지역 격차를 없애고 지역 총괄 케어 시스템의 내실을 다질 수 있다.

6장에서 다루는 배뇨예측 센서는 2022년 4월에 의료보험의 특정 복지용품 판매 종목에 추가되었다. IT 기기를 추가한 이유는 간병 부담을 줄이는 도구나 서비스를 원하는 니즈가 그만큼 높기 때문이다.

치료제로 '디지털 테라퓨틱스(DTx)'라고 불리는 '치료에 개입할 수 있는 스마트폰 앱'이 등장하고 있다(7장). 코로나19 사태로 온라인 진료가 한 걸음 더 나아갔으며, 약과 IT, 치료와 IT의 융합이 가속화될 전망이다. 물론 본래의 약은 계속 연구하고 개발한다. 소변, 혈액, 선충 등을 사용한 암 리스크 확인 기구가 실용화되고 암세포만 파괴하는 치료제에 대한 도전도 계속된다.

코로나19 사태로 일하는 방식도 급변했다. IT는 설계나 검사 등 사람의 개입을 필요로 한 일도 바꾸고 있다. 현실의 업무와 IT, 재료 개발과 IT가 융합한다. 로봇과 드론도 현실적인 업무를 수행한다. 이런 미래를 8장에서 엿볼 수 있다.

화물을 대면으로 취급하지 않는 방식이 침투했지만, 무인 배달을 위한 환경 정비는 여전히 논의 중이다. 일본 최초의 물류 드론이 탄생함에 따라 물류와 운송업계의 인력 부족에 빛이 보인다.

기술 융합의 열쇠인 IT도 발전하고 있다. 양자컴퓨터는 아직 개발 중이지만 장래의 가능성을 내다보고 금융, 화학, 건설 등 많은 분야에서 연구 개발하고 있다(9장). 인공지능과 기계학습은 데이터를 사용하기 때문에 데이터를 지키는 보안 기술도 중요하다. 리스크를 자동 검출하거나 오류를 정정하는 기술을 개발하고 검증한다.

가상의 IT 영향은 다방면에 미치지만, IT는 현실의 전기가 없으면 기능하지 않는다. 새로운 에너지원이나 이를 뒷받침하는 반도체와 전지도 계속 연구하고 있다(10장). 탈이산화탄소와 사고 리스크를 줄일 수 있는 마이크로로 등 차세대 원자로가 주목받고 있다. 기시다 후미오 총리는 2022년 8월 24일의 'GX 실행회의'에서 차세대 원전의 신설을 검토하라고 지시했다.

이 책에 등장하는 100개 기술에 대해 비즈니스 리더 1,000명에게 조사를 의뢰했다. 사업 확대나 신규사업 창조의 관점에서 '지금(2022년) 중요성이 높은' 기술과 '2030년에 중요성이 높은' 기술을 선택하라고 했다. 그 결과를 책에서는 '기대지수'라고 한다.

현재(2022년)와 2030년 모두 제1위는 '간호 로봇'이다. 응답자의 50% 이상이 중요성이 높다고 응답했다. 인생 100년 시대라고 한다. 후생노동성 발표에 따르면 2030년, 일본 국민 약 세 명 중 한 명이 65세 이상 고령자다. 건강과 함께 삶의 질을 유지하려면 의료, 간병, 예방까지 포함한 헬스 케어의 중요성은 말할 필요도 없다. 의료 로봇과 복합현실 의료에 대한 기대도 크다.

'탄소 중립 시스템', '그린 수소', '그린 콘크리트' 등 GX 관련도 상위에 올랐다. 이산화탄소 배출을 차감해서 제로가 되는 탄소 중립 달성이 중요하다. 자동차와 관련한 수소 관련 에너지 기술도 기대가 된다.

'양자 컴퓨터'도 상위권에 올랐다. 내각부가 2020년 1월에 발표한 '양자 기술 이노베이션 전략 최종 보고'에서는 부분적인 실용화 시기를 빨라야 2030년경으로 보고 있다. 실용화가 가까워지면 니즈가 더욱 가시화될 전망이다.

2030년에 중요시되는 기술이 실용화되면, 기술과 더불어 업계의 융합도 진전될 전망이다. 인공지능을 이용한 진단 지원, 새로

👑 2022년 테크놀로지 기대도 순위(유효 응답 1,000명)

순위	기술명	기대도(%)
1	간호 로봇	50.3
2	탄소 재활용 시스템	48.7
3	양자 컴퓨터	47.2
4	드론 배송	47.0
5	의료 로봇	43.5
6	무인운전 MaaS	40.6
7	복합현실 의료	39.1
8	완전 자율 주행	37.8
9	온라인 교육	36.3
10	그린 수소	36.2
11	그린 콘크리트	36.1
12	웹3	35.0
13	제로 탄소 도시	33.3
14	치매 진단 지원 소프트	31.8
15	메타버스	31.2
16	캐시리스	31.0
17	인공육	30.0
18	차세대 파워 반도체	28.3
19	IoT 주택	28.1
20	운전자의 뇌 기능 저하 예측	27.5
21	차량용 인공지능 반도체	26.0
22	방재 디지털 트윈	25.3
23	나트륨 이온 배터리	25.2
24	차세대 원자로	24.6
25	인공 광합성	24.4
26	영상을 이용한 원격 검사	24.0
27	충전 도로	22.1
28	광면역 치료제	22.1
29	전기차용 변속기	21.8
30	SOAR	21.1

출처: 닛케이BP종합연구소 《5년 후의 미래에 관한 조사[유망기술(2022년) 편]》

조사 실시기관: 닛케이BP종합연구소　**조사 기간:** 2022년 6월 16일~7월 4일　**응답자:** 1,000명

조사 대상: 닛케이BP의 인터넷 미디어(닛케이 비즈니스 전자판, 닛케이 크로스 테크 등) 독자를 중심으로 폭넓은
업계에서 활약하는 비즈니스 리더에게 인터넷 조사 실시.

대상 기술과 응답 방법: 본서에서 다룬 100개 기술을 6개 분야로 분류. 각 분야의 기술에 대해 비즈니스 확대나 신규
비즈니스 창출의 관점에서 '지금 중요성이 높다'고 생각하는 기술을 3개까지 선택하도록 했다.

♛ 2030년 테크놀로지 기대도 순위(유효 응답 1,000명)

순위	기술명	기대도(%)
1	간호 로봇	58.3
2	양자 컴퓨터	50.9
3	완전 자율 주행	46.4
4	제로 탄소 도시	44.4
5	무인운전 MaaS	42.1
6	의료 로봇	39.1
7	인공육	38.8
8	탄소 재활용 시스템	36.9
9	드론 배송	36.2
10	복합현실 의료	35.6
11	그린 콘크리트	33.8
12	인공 광합성	30.7
13	차세대 원자로	29.5
14	메타버스	29.2
15	충전 도로	28.5
16	나트륨 이온 배터리	27.8
17	그린 수소	27.5
18	웹3	26.8
19	DAC	25.5
20	방재 디지털 트윈	24.0
20	치매 진단 지원 소프트웨어	24.0
22	광면역 치료제	23.9
23	하늘을 나는 자동차	23.7
24	IoT 주택	23.5
25	양자 컴퓨터 내성 암호	23.4
26	운전자의 뇌 기능 저하 예측	20.9
27	도시 OS	20.7
28	머티리얼즈 인포매틱스	20.6
29	미토콘드리아 기능 개선제	20.3
30	차세대 파워 반도체	20.1

출처: 닛케이BP종합연구소 《5년 후의 미래에 관한 조사[유망기술(2022년) 편]》
조사 실시기관: 닛케이BP종합연구소　　**조사 기간:** 2022년 6월 16일~7월 4일　　**응답자:** 1,000명
조사 대상: 닛케이BP의 인터넷 미디어(닛케이 비즈니스 전자판, 닛케이 크로스 테크 등) 독자를 중심으로 폭넓은
　　　　　　업계에서 활약하는 비즈니스 리더에게 인터넷 조사 실시.
대상 기술과 응답 방법: 본서에서 다룬 100개 기술을 6개 분야로 분류. 각 분야의 기술에 대해 비즈니스 확대나 신규 비즈니스
　　　　　　　　　　　 창출의 시점에서 '2030년에 있어서 중요성이 높다'라고 생각하는 기술을 3개까지 선택하도록 했다.

운 검사 방법, DTx 등이 실용화되면 주치의와 같은 온라인 서비스가 가능해진다. 의료기관, 약국, 택배, 소매업, IT 기업이 협력하는 동시에 타업종이 진출한다. 업계 융합이 GX에서도 일어날 전망이다.

책의 집필과 설문조사는 다양한 기술의 가능성을 찾기 위해 닛케이BP의 전문매체 편집부와 싱크탱크 부문인 닛케이BP종합연구소가 6년 이상 계속하고 있다. 전문매체의 편집장, 종합연구소 랩 소장 등 총 50명에게 '내년 이후에 세계를 바꿀 가능성을 가진 기술은 무엇인가'를 물어보고 100개 기술을 정리했다. 이어서 100개 기술을 비즈니스 리더에게 설문조사를 의뢰했다.

100개 기술에 각각 '기술 성숙 레벨(TRL●)'와 '2030 기대지수'를 기재했다. 기술 성숙 레벨은 연구 단계 '하', 시제품이 있으면 '중', 실용 단계면 '상'으로 한다.

설문조사 결과는 2030년의 숫자이다. 이미 사용할 수 있는 유력한 기술이라도 점수가 낮게 나올 수 있다. 미디어에서 자주 보도되는 기술은 상위에 오르는 경향이 있다.

_타니시마 노부유키(닛케이BP종합연구소),
카나자와 히데에(작가)

- - - - - - - - - - - - - - - - -

● TRL: Technology Readiness Level, 특정한 기술의 숙성 정도를 평가하고 다른 유형의 기술 숙성 정도와 비교하기 위하여 개발한 체계적인 측정 기준.

2023
세계를 바꿀
테크놀로지
100

2장

웹3
&
메타버스

001

웹3

블록체인으로 차세대 인터넷을 실현

:
:
:
:
:
:
:
:

기술 성숙 레벨 | **상**　　2030 기대지수 | **26.8**

인터넷 사용 방식의 진화를 나타내는 콘셉트다. 이용자가 자신의 정보를 스스로 소유하고 발신하며 제공할 수 있게 된다. 이런 이유로 정보(혹은 데이터)의 민주화, 비중심 혹은 탈중앙화(decentralized)라는 단어와 함께 사용한다. 블록체인 기반의 기술이 사용된다. 그러나 인터넷의 역사를 되돌아보면 예상대로 진화할지 알 수 없는 부분도 있다.

웹3가 관심을 끌고 있다. 정체를 파악하려면 기술적인 측면과 역사를 알 필요가 있다. 초기의 웹은 이용자와 정보의 발신자가 명확하게 나뉘어 있었다. 발신자가 정적인 HTML을 사용해서 정보를 공개하면 이용자는 브라우저를 이용해서 읽는다. 정보는 발신자에서 이용자로 일방통행이 기본이다.

　이어서, 이용자가 정보를 발신하게 되었다. 자바스크립트를 이

HTML: HyperText Markup Language

[자료 2-1] 인터넷의 변화
이용자가 정보 작성에 능동적으로 관여하게 된 기술을 '웹2.0'라고 불렀다. 여기에 더해 이용자가 정보를 소유하고 싶다는 요구가 생겼다. (출처: 닛케이 네트워크)

용한 동적 HTML을 사용해서 실시간으로 이미지를 편집하거나 일러스트를 작성할 수 있게 되었다. 이 시대를 웹2.0이라고 표현하며 '유저 생성 콘텐츠(UGC)'라는 용어가 나왔다.

이렇게 되니, 이용자가 정보를 소유하고 싶다는 요구가 등장한다. 기존에는 자신의 계정을 SNS 사업자가 동결하면 자신이 올린 정보를 편집하거나 삭제할 수 없었다. 정보의 생살여탈 권리를 이용자에게 돌려주자는 발상에서 민주화라는 용어가 등장했다.

이를 위해 사용되는 기술이 블록체인이다. 거래 내역을 암호화해서 하나의 체인처럼 연결하여 정확성을 유지한다. 블록체인을 사용한 시스템이나 거기서 주고받는 데이터도 포함해서 블록체인이라고 부르는 경우가 많다. 블록체인은 데이터 조작이 어렵고, 분산해서 기록한다. 특정 기업이나 단체가 자의적으로 데이터를 조작하기 어렵다.

데이터의 민주화나 비중심 혹은 탈중앙화라는 개념은 이전부터 있었지만 좀처럼 실현되지 않았다. 블록체인으로 실현 가능해지

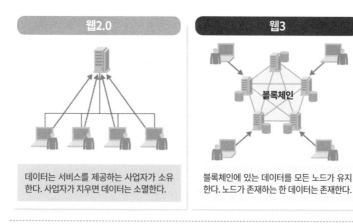

[자료 2-2] 데이터가 집중되지 않는다
블록체인에 데이터를 두면 집중을 막을 수 있다. (출처: 닛케이 네트워크)

면서 주목받고 있다.

웹3라는 명칭에는 명확한 정의와 합의가 있지는 않다. 웹3는 블록체인 기술 중의 하나인 이더리움 추진 조직을 창설한 개빈 우드가 2014년에 제창했다. 지지자들은 블록체인의 특성을 활용한 서비스나 앱을 웹3라고 부르거나 웹3에 대응한 서비스라고 한다.

트위터 공동창업자이자 전 CEO인 잭 도시는 트위터의 구조를 탈중앙화 형태로 만들기 위해 연구개발을 주도했다. 그는 비트코인을 지원하는 블록체인을 지지하며, 이더리움을 전제로 하는 웹3는 인정하지 않는다.

웹 개발자인 팀 버너스리는 2006년에 웹3라는 용어를 사용했다. 여기서 말하는 웹3는 문서 구조가 의미를 갖게 하여 문서가 아니라 데이터로 다룰 수 있게 하는 시맨틱웹을 실현한 상태를 말한다. 현재의 웹은 문서를 하이퍼링크로 연결한다.

시맨틱웹처럼 HTTP를 기반으로 하는 웹 기술의 발전과 지금 화제가 되는 웹3는 직접적인 관계가 없다.

그렇다고 해도 블록체인도 기반 기술 중의 하나이기 때문에 이용자가 보는 인터넷에는 기존과 같은 웹 기술이 사용된다. 이용자 편에서 웹이 새로운 세대로 진입한다는 의미에서 웹3는 이해하기 쉽다. 우드가 웹3를 제창하고 8년이 지났는데, 최근 주목받는 이유는 NFT(대체불가능토큰)가 계기라 할 수 있다. 블록체인을 사용해서 고유한 가치가 있고 대체할 수 없는 디지털 데이터를 만든다. 지금까지는 무제한으로 복사해서 누구나 소비할 수 있었던 디지털 데이터인데 NFT는 여기에 소유권이라는 개념을 적용한다.

2021년 3월에는 디지털 아트 작가 '비플'의 콜라주 작품의 NFT가 6,930만 달러에 낙찰되어 화제가 됐다. 3월에는 잭 도시가 2006년

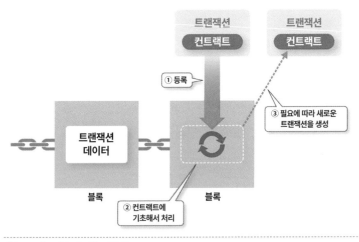

[자료 2-3] 스마트 컨트랙트의 구조
블록체인에 쓰는 데이터(트랜잭션)에 프로그램을 기술하고 미리 정의한 약속(컨트랙트)을 확실하게 실행한다.
(출처: 닛케이 네트워크)

에 투고한 첫 번째 트윗의 NFT가 291만 달러에 낙찰되었다.

NFT를 사용하면 아티스트 등 콘텐츠 작성자가 중개수수료를 내지 않고 유통하거나, NFT가 아티스트의 손을 떠난 뒤에도 매매할 때마다 거래 금액의 일부가 마진으로 들어오게 할 수 있다.

바로 그 열쇠가 스마트 계약이다. 스마트 계약은 미리 정한 약속 사항에 맞추어 블록체인으로 거래하는 구조다. 스마트 계약을 실현할 수 있는 블록체인으로 가장 많이 사용되는 기술은 이더리움이다. 블록체인을 구성하는 각 블록 내의 데이터 트랜잭션에 프로그램을 추가하고 구동한다.

스마트 계약의 동작에 대해 NFT의 매매를 예로 들어 확인하자.

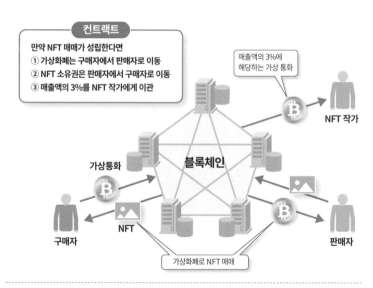

[자료 2-4] 스마트 컨트랙트의 이용사례
미리 정한 컨트랙트로 거래를 자동으로 실행할 수 있다. 예를 들어 NFT를 매매했을 때, 매출액의 일부를 자동으로 NFT 작가에게 이관하는 구조를 만들 수 있다. (출처: 닛케이 네트워크)

매매는 일반 EC 사이트에서 실시한다. 판매자가 EC 사이트에 디지털 아트를 진열하면 구매자가 구경한다. 구매자는 원하는 디지털 아트를 찾으면 EC 사이트에서 구매 절차를 밟는다. 구매 정보는 블록체인에 기록되고 스마트 계약에 맞추어 양도 절차가 진행된다. NFT 작가에 지불하는 마진 배정도 자동으로 완결된다.

스마트 계약을 하면 누가 판매해도 똑같이 작동한다. 기존의 EC 사이트에서 작가에 대한 이익 환원 구조를 가질 수는 있지만, 그 사이트에서 매매하지 않으면 작가에 대한 보수는 지급되지 않는다. 이처럼 웹3라고 불리는 기능 중에는 새로운 면이 분명히 있지만, 알려진 것처럼 확장되고 비중심 세계가 열릴지는 아직 모른다.

탈중앙화라는 개념은 오래전부터 있었다. 웹 세계가 열리기 시작한 1990년 무렵부터 탈중앙화라는 개념은 개발자의 호기심을 끌어 인터넷 운영과 웹 기술에 반영되었다. 탈중앙화는 권한과 자원이 하나의 주체에 집중되지 않는 정보처리를 말한다. 이에 반해 분산은 여러 자원을 연계시킨 정보처리를 가리킨다.

탈중앙화를 실현하기 위해서는 분산된 시스템이 필수이지만 시스템이 분산되어 있다고 해서 탈중앙이라고 할 수는 없다. 탈중앙 세계를 목표로 분산 시스템을 채용해도 네트워크 효과나 자본 논리 때문에 비즈니스 구조를 중앙집권화하는 경우가 있다.

역사를 다시 되돌아보자. 1990년대 초기의 웹은 콘텐츠 유통 측면에서 보면 '전달자인 미디어의 파괴'를 가져왔다. 신문사, 출판사, TV 방송국에 의한 중앙집권적인 구조에 의존하지 않아도 정보 발신이 가능해졌다.

모든 조직이 개별적으로 정보를 발신하면 이용자는 정보의 바다에 빠지고 만다. 이런 탈중앙화 세계에 '검색'이라는 연결점을 마련한 기업이 구글이다. 여기에 자본이 집중되면서 중앙집권적인 구조가 생겼다.

2000년대에 시작된 웹2.0은 '편집자인 에디터의 파괴'라고 할 수 있다. 블로그나 트랙백 등의 구조가 정비되어 이용자가 스스로 콘텐츠를 만들어 발신하게 됐다.

블로그 발신용 서버를 준비하고 서로 트랙백하는 행동은 IT에 정통하지 않은 개인에게는 실행하기 어렵다. 이런 니즈를 충족하는 형태로, 블로그를 간단하게 투고할 수 있는 블로그 서비스가 등장했다. 이어서, 아는 사람끼리 글을 공유할 수 있는 SNS가 등장했다. 친구와의 관계를 보여주는 소셜 그래프가 연결점이 되면서 페이스북 등에 자본이 몰렸다. 탈중앙화의 이상을 실현하려고 했지만, 이용자들이 기술을 이용하는 과정에서 니즈를 충족시키기 위해 연결점이 생기고 중앙집권적인 비즈니스 구조로 변했다.

탈중앙화를 지향하는 웹3 역시 역사가 반복될 가능성이 크지 않을까. 이용자와 사회에 널리 보급되기 위해서는 '패스워드를 잊어버린 이용자를 구제한다'부터 '아동 포르노를 삭제한다'에 이르기까지 이용자의 요청이나 사회규범에 따른 세밀한 대응이 필요하다. 중앙에 관리자가 없는 구조로 이런 대응이 가능할지가 문제다.

_아사카와 나오키(닛케이 크로스 테크·닛케이 컴퓨터),
오카와라 타쿠마(닛케이 크로스 테크·닛케이 네트워크)

002

디파이

웹3 시대의 새로운 분산형 금융 서비스

:
:
:
:
:
:
:
:

기술 성숙 레벨 | 상   2030 기대지수 | 9.3

디파이(DeFi, Decentralized Finance)를 직역하면 '탈중앙화 금융'이
지만 '분산형 금융'으로도 번역한다. 블록체인으로 자율적으
로 움직이는 프로그램이 금융기관을 거치지 않고 실현하는
금융 서비스를 지향한다. 중앙, 즉 특정의 운영 주체가 존재
하지 않는다는 점이 특징이다.

스마트 계약 구조를 비즈니스 서비스로 확대한 개념으로 댑스
(Dapps, Decentralized Appliance)가 있다. 직역하면 '탈중앙화 애플리케
이션'이다. 탈중앙이란 특정의 관리자가 없다는 뜻이다.

　댑스의 로직은 블록체인의 스마트 계약으로 표현된다. 이용자
는 PC나 스마트폰과 같은 웹 브라우저나 전용 앱을 통해 블록체
인을 구성하는 노드에 접속한다. 블록체인은 동일한 데이터를 모
든 노드에서 공유하므로 어느 노드에 접속해도 댑스는 똑같이 동

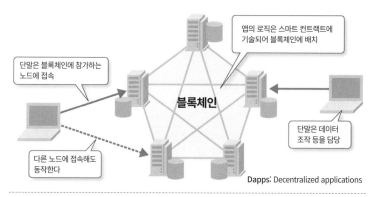

[자료 2-5] 블록체인 위에서 움직이는 댑스(Dapps)

댑스는 블록체인에서 움직이는 앱을 가리킨다. 앱 본체는 스마트 컨트랙트를 사용해 기술한다. (출처: 닛케이 네트워크)

작한다.

댑스의 구체적인 사례로 게임과 금융이 있다. 게임을 플레이해서 특정 조건을 충족시켜 가상화폐를 벌거나, 구입한 NFT를 조합해서 새로운 NFT를 만드는 놀이 방법이 많다.

예를 들어 스테픈(STEPN)이라는 게임이 있다. 스테픈은 앱에서 NFT 스니커즈를 신은 이용자가 실제로 달리기나 걸으면 가상화폐를 벌 수 있다. 앱이 스마트폰의 위치정보를 취득해서 이동한 거리와 속도에 따라 가상화폐를 부여한다. 암호화폐는 스니커즈를 강화하거나 새로운 스니커즈를 만들 때 사용할 수 있다. 획득한 암호화폐를 법정화폐로 교환하거나, NFT를 팔면서 돈을 벌기도 한다.

댑스를 활용한 금융을 '디파이(DeFi)'라고 한다. 금융거래를 스마트 계약에 근거해 사람 손을 거치지 않고 자율적으로 실행한다. 은행 등의 중개 기관을 거치지 않고 실행한다. 사람이나 중개 기관을 거치는 비용이 발생하지 않기 때문에 자금 대출자는 일반적인 금융기관보다 높은 이자를 받을 수 있다. 반대로 대출자는 싼 이자로 자금을 조달할 수 있다. 가상화폐를 이용한 운용을 스마트 계약에 기반해 실행하는 서비스도 있다.

디파이에는 많은 종류의 서비스가 있는데 대표적으로 '탈중앙형 거래소(DEX, Decentralized Exchange)'나 '랜딩'이 있다. DEX는 암호자산 거래소를 디파이로 구현한 사례인데 대표적인 서비스로 '유니스왑(Uniswap)'이 있다. 프로그램에서 자동 계산된 교환율로 서로 다른 암호자산을 교환할 수 있다.

랜딩은 암호자산의 대차 서비스인데 대표적인 서비스로 컴파운드(Compound)가 있다. 이용자가 자신의 암호자산을 맡기고 이자를 받거나 빌릴 수 있다. 이자, 수수료, 대출 한도액 등은 자동으로 계산된다.

디파이에 관한 데이터를 공개하고 있는 디파이펄스(DeFi Pulse)에 따르면, 디파이의 수신 자산 총액은 2021년 일시적으로 1,100억 달러를 기록했다. 2022년 5월 기준으로는 700억 달러가 조금 넘는다.

급팽창하는 디파이는 기존의 금융기관이 무시할 수 없는 규모로 성장하고 있다. 이로 인해 기존 금융기관에 경쟁의식이 생겨서 서비스 향상으로 이어지지 않을까 기대하는 목소리도 있다.

일본에는 디파이를 규정하는 법률이 없다 그래서 현재로서는 디파이 서비스를 제공하기 어렵다. 본인 확인이나 심사가 이뤄지지 않기 때문에 이용자 보호가 불가능하고 자기책임으로 이용해야 한다는 점도 우려가 된다. 문제를 해소하기 위한 법률 정비도 급선무다.

디파이는 인기 서비스와 비슷한 서비스가 난립하는 사태가 벌어지기 쉽다. 서비스는 주로 개방적인 커뮤니티에서 개발된다. 다른 서비스의 프로그램을 복사하거나 모방해서 새로운 서비스를 만들 수 있기 때문이다.

__오카와라 타쿠마(닛케이 크로스 테크·닛케이 네트워크),

오모리 토시유키(닛케이 크로스 테크)

다오

웹3 시대의 새로운 자율분산 조직의 형태

:
:
:
:
:
:
:

기술 성숙 레벨 | 중   2030 기대지수 | 10.6

다오(DAO, Decentralized Autonomous Organization)는 직역하면 탈중
앙형 자율조직이다. 탈중앙이란 특정의 관리자가 없다는 뜻
이다. 자율분산형 조직이라고 하는 경우도 많다. 고정된 조
직이 아니라 다양한 입장을 가진 사람들이 자신의 이익을 위
해 느슨하게 연결된 상태다. 참가자는 블록체인에 새겨진 스
마트 계약을 통해 연계한다. 블록체인을 사용함으로써 생겨
난 새로운 조직 형태다.

비트코인에서는 이용자와 비트코인을 캐내는 채굴자는 특별한
계약관계를 맺지 않는다. 양측은 각자의 목적과 이익을 위해 비
트코인 구조에 관여하고 있으며 결과적으로 협력하고 있을 뿐이
다. 이처럼 다오는 스마트 계약으로 규칙을 만들어 참가자에게
인센티브를 부여하고 자동으로 운영된다. 다오에 참가한다는 의

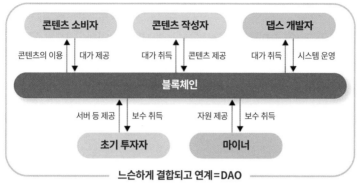

DAO: Decentralized Autonomous Organization

[자료 2-6] 다오(DAO)의 구조
블록체인을 사용하여 결합되지 않은 '조직'을 만든다. (출처: 닛케이 네트워크)

식조차 갖지 못하는 상태가 이상적이라 할 수 있다.

스마트 계약을 적용하기 위해서 참가권으로 거버넌스 토큰을 발행하는 경우가 일반적이다. 참가하는 멤버는 거버넌스 토큰을 구입한다. 예를 들어 프로젝트 전체의 방향을 결정하는 투표권을 얻기 위해 거버넌스 토큰을 구입하는 식이다. 이런 구조는 특정의 프로젝트에 참가자를 모집하는 데 효과적이다.

다오의 구축 지원 서비스를 제공하는 에르테스 경영전략본부의 리야 마사히로 서비스 기획그룹 매니저는 "공평성, 투명성, 개방성이 있다"라고 말한다. 특히 의사결정 과정이 "누구나 내용을 볼 수 있는 스마트 계약에 따라 실행되기 때문에 블랙박스가 되지 않는 점이 탁월하다"라고 말한다.

다오에서는 커뮤니티 멤버에게도 자체 토큰을 준다. 서비스가 성장할수록 자체 토큰을 원하는 사람이 늘어나고 가치가 올라가기 때문에 커뮤니티 멤버가 거래소에서 토큰을 팔면 금전적인 이익을 얻을 수 있다. 인기가 없는 초기부터 응원한 사람일수록 더 많은 이익을 얻는 구조다.

모바일 게임 개발기업인 구미(gumi)의 창업자이자 현재는 웹3 기업인 파이난시(FiNANCiE)를 경영하는 쿠니미츠 히로나오에 따르면, 많은 자본이 필요 없고 매출이나 이익 추구가 목적이 아닌 경우 다오가 어울린다. 예를 들어, 스포츠팀이나 크리에이터 팬클럽, 비영리단체(NPO) 등이다. 넓은 토지나 공장, 대량의 인원처럼 초기 투자자금이 필요한 산업은 통상적인 주식회사가 더 어울린다.

앞으로는 다오를 적용할 수 있는 산업 분야가 넓어질지도 모른다. 산업구조가 자본집약형에서 지식집약형으로 변하고 있기 때문이다.

웹3에 정통한 릿지라인즈(Ridgelinez)의 사토 히로유키 수석연구원은 "예를 들어 영국의 암(Arm)과 같은 반도체 기업은 설계만 하고 제조는 하지 않는다. 기계 부품을 만들더라도 옛날에는 공장의 라인이 필요했지만, 지금은 디지털 데이터만 있으면 3D프린팅 기술로 제조할 수 있다"라고 지적한다.

그는 "다오가 보급되면 조직에 소속되는 현재의 일하는 방식이 바뀔 가능성도 있다"라고 말한다. 다오의 경우에 참가자는 지리적 조건에 얽매이지 않는다. 코로나19 사태로 원격근무가 일반화된 사실도 다오에 도움이 되고 있다.

웹3라고 불리는 블록체인 관련 서비스, 예를 들어 디파이가 폭넓게 일반사회에 보급되고 다오와 같은 조직 형태가 늘어나려면 적어도 두 가지 요건을 충족할 필요가 있다.

첫째, 체인의 바깥에 있는 플레이어의 투명성을 높이는 구조를 만들어야 한다. 블록체인은 거래의 투명성을 확보하지만, 체인 운영자나 토큰 발행자의 투명성은 담보하지 않는다. 사기나 보안이 약한 프로젝트가 나올 위험이 항상 있다.

둘째, 탈중앙이라는 특성이 이용자의 요청에 따른 서비스를 만들어야 한다. 탈중앙이라는 이상형은 개발자나 일부 창업자에게는 매력이 있지만, 일반 이용자에게 주는 매력은 제한적이다. 유력한 사례는 게임이나 애니메이션 등의 지식재산과 관련된 팬 커뮤니티를 위한 서비스다. 캐릭터와 연결된 NFT 등 디지털 토큰을 오래 보유하려는 니즈는 있다. 지식재산을 소유한 사람의 수명보다 더 오래 팬들이 커뮤니티를 유지하는 장소로 블록체인을 활용할 수 있다.

_아사카와 나오키(닛케이 크로스 테크·닛케이 컴퓨터),
오카와라 타쿠마(닛케이 크로스 테크·닛케이 네트워크),
오모리 토시유키(닛케이 크로스 테크)

004

메타버스

인터넷의 가상공간, 현실의 영상도 수용한다

. . . .

기술 성숙 레벨 | 중   2030 기대지수 | 29.2

메타버스는 인터넷을 이용한 가상공간이다. 메타버스 세계 가 발전하기 위해서는 현실 세계와의 융합이 불가피하다. 이 를 위해 메타버스의 3차원 공간에 사용하는 몰입형 고현장감 미디어인 '이머시브 미디어(Immersive Media)'를 만드는 영상 기 술이 주목받고 있다. 세계 각국의 스튜디오에서 제작되고 있 으며 일반 이용자들이 즐길 수 있는 영상 콘텐츠도 제공되고 있다. 이머시브 미디어에 관한 국제 표준의 규격화도 진행되 고 있다.

컴퓨터 내의 가상공간 가능성은 그동안 여러 차례 화제가 되었 다. 메타버스의 경우에는 새로운 점이 몇 개 있다. 기술 진화로 인해 현실 세계와의 경계가 희미해지고 리얼의 가치를 가상공간 으로 가져올 수 있게 되었다. 실제의 거리를 가상공간에 디지털

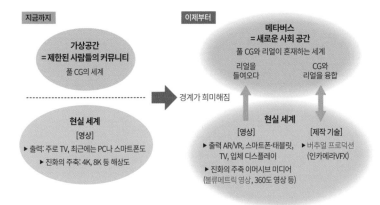

[자료 2-7] 영상 기술의 주축 '이머시브 미디어'
해상도를 중심으로 하는 고품질화에서 몰입형 높은 현장감을 제공하는 이머시브 미디어로 이행한다. (출처: 닛케이 크로스 테크)

트윈으로 구축하고 그곳에 스마트폰으로 접속할 수 있다.

코로나19로 온라인 회의가 확장되고 동영상 커뮤니케이션이나 공동작업이 당연해졌다. 일반인이 메타버스를 이용하는 데 방해가 되던 문턱이 한꺼번에 낮아졌다.

메타버스가 보급되려면 현실 세계를 얼마나 가상공간에 넣을 수 있는지가 열쇠다. 몰입감이 있는 이머시브 미디어를 실현하는 기술이 개발되고 있다. 첫째는, 실제 사람이나 그 사람의 움직임, 위치 등의 공간을 3D 데이터로 통째로 컴퓨터 그래픽으로 만드는 볼류메트릭 캡처(Volumetric Capture) 기술이다. 둘째는 버추얼 프로덕션이다.

ISO/IEC(국제표준화기구/국제전기표준회의)에서 멀티미디어 정보처리 기술의 표준화 분과회 MPEG(Moving Picture Experts Group)가 이머시브 미디어의 표준규격을 MPEG-I라는 이름으로 추진하고 있다. MPEG-I의 I는 Immersive다.

__우치다 타이(닛케이 크로스 테크·닛케이 일렉트로닉스)

005

볼류메트릭 캡처 비디오

실제 사람이나 움직임을 3D 영상으로 재현

. . . .

기술 성숙 레벨 | 중   2030 기대지수 | **7.2**

볼류메트릭(volumetric) 캡처 비디오는 실제 사람이나 그 사람의 움직임, 위치 등의 공간 전체를 3차원 데이터로 만들어 360도 재현하는 영상을 말한다. 개발이 진행 중이지만 메타버스 세계에 리얼을 가져올 유력한 기술의 하나로서 기대가 높아 투자나 개발이 활발하다.

볼류메트릭 캡처 비디오를 위해 소니그룹, 캐논, 소프트뱅크, NTT도코모가 잇따라 전용 스튜디오를 개설했다.

"기술 자체는 이전부터 있었지만, 컴퓨팅이나 GPU 등이 진화해서 시청할 만한 품질이 되었다(소니그룹 사업개발 플랫폼 신규사업화 추진 부문 사업화 추진부, 고마쓰 마사시게 총괄부장)."

이런 이유로 각 기업이 본격적으로 나서고 있다. 어떤 스튜디오라도 촬영 공간(캡처 공간) 주위에 카메라를 수십 대 이상 배치하고

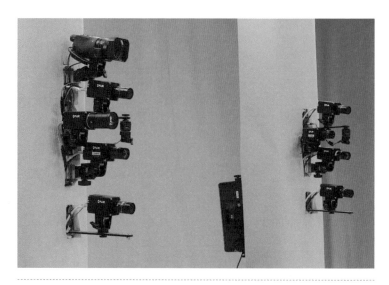

[자료 2-8] 소니그룹 스튜디오
4K 카메라를 80대 이상 배치. 카메라에는 글로벌 셔터 기능이 탑재된 소니 CMOS 센서를 내장한다. (출처: 닛케이 크로스 테크)

피사체를 동영상으로 촬영하면 리얼한 3D 컴퓨터그래픽 모델을 단시간에 제작할 수 있다. 촬영 대상의 움직임까지 포함해서 통째로 캡처한다.

완성된 3D 컴퓨터그래픽은 머리 위나 발아래를 포함해서 360도 원하는 위치에서 볼 수 있다. 대상을 여러 대의 카메라로 동시에 촬영하고 보고 싶은 위치의 영상만 송신하는 자유 시점 영상 서비스와는 다르다.

"볼류메트릭 캡처는 의복의 하늘거림이나 얼굴에 생긴 주름처럼 세부적인 내용까지 있는 그대로를 즉시 3D 모델로 만들 수 있다. 통상의 컴퓨터그래픽은 세부적인 내용까지 재현하기는 어렵고 막대한 비용이나 노력이 필요하다(고마쓰 총괄부장)."

[자료 2-9] 캐논 스튜디오
시네마용 카메라를 바탕으로 개발한 전용 4K 카메라를 100대 이상 배치하고 있다. (출처: 닛케이 크로스 테크)

이런 이유로 영상 크리에이터는 지금까지 없었던 새로운 작품을 만들 수 있다. 카메라와 CMOS 센서 메이커인 소니그룹과 캐논은 스튜디오에 60fps(프레임/초)로 동영상을 촬영할 수 있는 4K 카메라를 각각 80대와 100대 이상 배치하고 있다.

소니그룹은 프레임 전체를 한 번에 촬영해서 동기화가 가능한 글로벌 셔터 기능을 가진 미국 텔레다인 플리어(Teledyne FLIR) 카메라를 사용한다. CMOS 센서는 소니 제품이다. 캐논은 영화 촬영용 카메라를 기반으로 개발한 자체 CMOS 센서를 탑재한 전용 카메라를 사용하고 있다.

"소니그룹의 스튜디오는 리얼한 렌더링이 가능하다(고마쓰 총괄부장)."
캡처 공간은 직경 5m와 높이 3m로 비교적 넓어 동시에 4~5명이 들어가서 춤을 추는 장면도 3D 컴퓨터 그래픽을 만들 수 있다. 미리 지정한 위치에서 영상을 실시간으로 전송할 수도 있다. 스튜디오에 광케이블을 8개 연결하고 카메라를 60대로 줄인다. 데이터는 아마존 웹서비스의 클라우드로 보내서 렌더링함으로써 실시간 전송하고 있다.

캐논의 스튜디오는 폭 8m, 깊이 8m, 높이 3.5m로 세계 최대급의 캡처 공간을 가졌다. 최대 15명 정도를 동시에 촬영할 수 있으며 배드민턴 등 스포츠 선수의 움직임도 캡처할 수 있다.

"3D 컴퓨터그래픽을 최단 3초에 생성할 수 있으며 1~2시간 동안 콘텐츠를 계속 만들 수 있다(캐논 이미지 솔루션 사업본부 이미지 솔루션 제2 사업부 SV사업추진센터. 다테 아쓰시 소장)."

NTT도코모나 소프트뱅크의 스튜디오는 소니나 캐논과 비교하면 캡처 공간이 약간 좁으며 카메라 대수를 줄여 보다 비용 절감에 신경을 썼다.

"이 기술을 누구나 간단하게 폭넓은 용도로 사용할 수 있도록 하고 싶다(NTT도코모 비즈니스 크리에이션부, 이와무라 미키오 XR 추진실장)."

NTT도코모의 〈docomo XR Studio〉에 있는 테타비 스튜디오(TetaVi Studio)에는 적외선 카메라를 병용해서 촬영 대상까지의 거리를 정확하게 측정하며, 초록색 배경이 필요 없다는 특징이 있다. 초록색 배경을 사용하면 흰색 옷을 입고 있을 때 녹색을 띠거나 녹색 옷은 동화되어 그 부분을 잘라내지 못하는 문제가 있다.

카메라 대수를 16대까지 줄이고 그중 8대는 4K가 아닌 2.5K를 사용해서 비용을 줄이고 있다. 적외선 카메라로 거리정보를 얻기

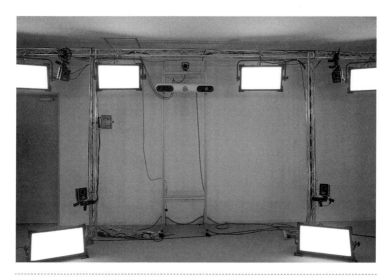

[자료 2-10] NTT도코모 '테타비 스튜디오(TetaVi Studio)'
적외선 프로젝터가 패턴을 촬영 대상을 향해 쏘우며, 그것을 적외선 카메라로 읽어 거리를 계측한다. 촬영 대상과
배경과의 거리를 정확히 알 수 있기 때문에 그린 백이 필요 없다. (출처: 닛케이 크로스 테크)

때문에 타사처럼 일반 카메라를 사용해서 거리정보를 계산할 필
요가 없고, 그만큼 대수를 줄일 수 있다. 이 기술에는 이스라엘의
테타비(TetaVi)가 개발한 제품을 사용한다.

소프트뱅크는 비용 경쟁력에 자신감을 보인다. 이 회사가 사용
하는 4K 카메라(30fps)는 모두 30대다. 이 분야에서 실적이 있는
미국 8i 기술을 도입했다. 스튜디오를 운영하는 소프트뱅크의 자
회사인 리얼라이즈 모바일 커뮤니케이션즈의 카츠모토 아츠시
이사는 "화질을 유지하면서 카메라 대수를 줄여 비용 경쟁력을
높였다"라고 말했다.

_우치다 타이(닛케이 크로스 테크·닛케이 일렉트로닉스)

버추얼 프로덕션

리얼한 피사체와 가상의 배경을 손쉽게 합성

:
:
:
:
:
:
:

| 기술 성숙 레벨 \| **상** | 2030 기대지수 \| **4.5** |

버추얼 프로덕션은 실물 피사체와 가상공간의 배경을 동시에 촬영해서 피사체와 배경이 일체화된 영상을 합성하는 영상 제작 방법이다. 촬영 기간의 단축이나 비용 절감을 기대할 수 있기 때문에 CM이나 뮤직비디오, TV 방송, 영화 등의 분야에서 사용된다.

버추얼 프로덕션 중에서도 이용이 늘고 있는 기술은 LED벽(wall)이라고 불리는 대형 LED 디스플레이에 현실과 같은 배경을 사실적인 컴퓨터그래픽으로 나타내어 연기자 및 실물 세트와 소품을 함께 촬영하는 방법이다.

이는 대형 LED 디스플레이가 정밀해지고, 게임 엔진으로 불리는 제작 툴로 리얼한 컴퓨터그래픽을 저렴하고 간편하게 제작할 수 있게 된 데 따른 것이다. 또한 코로나19 확산으로 현지 촬영

[자료 2-11] 뷰테크놀로지즈의 라스베이거스 스튜디오에 설치된 역J형 LED 디스플레이
(출처: 닛케이 크로스 테크)

이 어려워진 현상도 넓게 보급될 수 있었던 이유 중의 하나다.

"버추얼 프로덕션에 의해서 로케이션이나 그린 스크린에서의 촬영은 과거의 유물이 되었다." 이렇게 호언하는 사람은 버추얼 프로덕션용 스튜디오를 운영하는 미국 뷰테크놀로지즈의 존 다빌라 공동창업자 겸 사장이다.

이 회사는 2020년에 본사가 있는 플로리다주 탬파에 최초의 버추얼 프로덕션용 스튜디오를 개설했다. 그 후 라스베이거스, 내슈빌, 올랜도에 잇달아 스튜디오를 늘렸다. 1,700만 달러의 자금을 조달 완료했다.

라스베이거스 스튜디오는 약 4만 평방피트(약 3,700㎡)의 부지에 3개의 대형 LED 디스플레이가 있다. 가장 큰 것은 오른쪽이 길게 굽은 역J형 LED 디스플레이다. 높이는 약 20피트(약 6.1m)이며 가로

[자료 2-12] 소니PCL '키요스미 시라카와 BASE'
(출처: 소니PCL)

방향의 길이는 약 140피트(약 42.7m)다. 다비라에 따르면, LED 디스플레이를 배경으로 연기자들이 이동하면서 연기하고 촬영할 수 있도록 역J형으로 만들었다.

버추얼 프로덕션용 스튜디오 이용이 호조로 2022년에 두 곳을 추가했다. 이 중 한 곳에는 상당히 큰 LED 디스플레이를 도입했다.

일본에서는 소니그룹이 버추얼 프로덕션에 열심이다. 자회사인 소니PCL은 버추얼 프로덕션을 이용한 영상 촬영과 제작이 가능한 스튜디오 '키요스미 시라카와 BASE'를 2022년 2월에 개설했다.

소니PCL은 2020년에 버추얼 프로덕션 이용을 시작했고, 2021년 4월에는 토호 스튜디오에 대규모 촬영 스테이지를 마련하고 영화와 CF 등을 촬영했다. 키요스미 시라카와 BASE에 자사 그룹을 위한 영상을 촬영하고 제작할 뿐만 아니라, 외부에 대출해서 설계 지원, 배경 제작, 코디네이트 등의 서비스를 제공한다.

버추얼 프로덕션에 이용하는 배경의 유통 플랫폼도 구축한다. 지금까지 소니PCL은 모델링 소프트웨어에 의한 풀 컴퓨터그래픽, 현실의 물체나 건조물을 레이저 스캐너인 라이다로 스캔한 점 데이터, 여러 개의 평면 사진을 3D 모델로 만드는 포토그래메트리 기능에 의한 컴퓨터그래픽 등 다양한 배경을 만들어왔다. 이런 기술을 모두 이용한다.

앞으로 버추얼 프로덕션 시장은 급성장할 전망이다. 아일랜드의 조사기업인 리서치앤마켓에 따르면, 버추얼 프로덕션 시장 규모는 2021년 24억 달러다. 그 후, 연평균 17.6%씩 성장해서 2026년에는 54억 달러에 이를 전망이다.

__네즈 타다시(실리콘밸리 지국),
타카노 아쓰시(닛케이 크로스 테크)

007

공중 디스플레이

아무것도 없는 공간에 영상 표시, 비접촉으로 입력

:
:
:
:
:
:

기술 성숙 레벨 | 중   2030 기대지수 | 19.3

공중 디스플레이는 공중에 영상을 표시하는 시스템으로, 터치패널 등을 대체하는 입력장치가 되기도 한다. 코로나19 사태에 따라 수요가 늘어나고 있는 비접촉 인터페이스로 관심이 집중되면서 기업들이 개발을 가속하고 있다.

2022년 2월 세븐일레븐재팬은 공중 디스플레이 기술을 사용한 캐시리스 셀프 계산대인 디지포스의 실증 실험을 도쿄 시내 6개 점포에서 시작했다.

떨어진 곳에서 보면 상판이 유리 받침처럼 보인다. 디지포스에 다가가서 정면에 서면 공중에 떠 있는 계산대 화면이 보인다. 사용 편의성은 일반적인 셀프 계산대와 같다. 상품에 부착된 바코드를 스캔하고 결제한다. 결제 방법을 선택하는 화면에서 공중에 있는 버튼을 누르면 삐 소리가 나고 즉시 반응한다.

[자료 2-13] 세븐일레븐재팬의 캐시리스 셀프 계산대 '디지 포스'
(출처: 닛케이 크로스 테크)

"이 기술에는 미래감각이 있으며, 코로나19로 인한 비접촉 니즈에도 대응할 수 있다. 처음 봤을 때는 지금보다 장치가 크고 화상도 조금 희미했지만, 튜닝을 하면 실용적으로 사용할 수 있다고 판단했다."

세븐일레븐재팬의 니시무라 이데루 시스템 본부장은 디지포스의 실증 실험한 이유를 이렇게 말했다.

이 회사는 2025년도까지 전국의 세븐일레븐에 셀프 계산대를 도입하려고 진행하고 있는데 디지포스는 옵션의 하나다. "편의

점에서는 공간의 유효 활용이 매우 중요하다. 디지포스에 의해 새로운 점포 레이아웃을 개척할 가능성도 있다"라며 니시무라는 기대를 건다. 디지포스 시스템의 크기는 가로 317.5mm에 깊이 600mm다. 종래의 셀프 계산대보다 부피가 약 30% 적다. 고객이 조작하는 손 위치보다 낮은 받침대 부분에 디스플레이를 보관할 수 있다.

공중 디스플레이는 특수한 광학 소자 플레이트와 디스플레이를 조합해서 영상을 공중에 나타낸다. 센서와 조합하면 비접촉 인터페이스로 사용할 수 있다.

공중 디스플레이 기술에 정통한 우쓰노미야대학교 공학부 기반 공학과의 야마모토 히로츠구 교수에 의하면, 공중 인터페이스나 사이니지를 전개하려면 다음의 다섯 가지 조건을 만족시킬 필요가 있다. 첫째, 영상을 맨손으로 직접 만질 수 있다. 둘째, 어느 위치에서도 같은 위치에 영상이 있어야 한다. 셋째, 맨눈으로 관찰할 수 있다. 넷째, 안전하다. 다섯째, 대량생산이 가능하다.

이 다섯 조건을 모두 충족하는 기술로는 수동형인 '패시브 광학 소자'가 있다. 디스플레이에 표시한 영상을 이 소자를 통해 공중에 나타낸다. 디지포스는 패시브형 광학 소자를 사용하는 아스카넷의 ASKA 3D 플레이트를 사용했다.

공중 디스플레이 시스템 개발에는 미쓰비시전기, 다이닛폰인쇄, 톳판인쇄, 맥셀, 알프스알파인 등 대기업이 참여하고 있다. 앞으로도 비접촉 입력 시스템, 사이니지, 엔터테인먼트, 차량 탑재 등으로의 전개가 예상된다. 해외에서는 중국에서 적용 사례가 일부 있지만 경쟁 상대를 만들고 있는 국가는 일본 외에는 아직 없다.

공중 디스플레이가 얼마나 보급될지는 감염병 대책 이외의 용도 개척에 달려있다. 광학 소자를 양산하면 가격이 내려가겠지만, 현재는 많은 경우에 시스템 비용이 수백만 원 수준으로 매우 높다.

각 회사는 기존의 입력과 출력 인터페이스에 없는 가치를 만들기 위해 노력하고 있다. 예를 들어, 알프스알파인과 우쓰노미야 대학교가 공동 개발해서 2022년 1월 발표한 '스텔스 공중 인터페이스'는 나무 무늬의 벽 안에 시스템을 넣어서 공중 입력 인터페이스로 만들 수 있다.

시스템이 들어간 벽 근처에 손을 대면 정전용량식 센서가 검지해서 숫자키를 공중에 표시한다. 이용자는 숫자키에 비밀번호를 입력할 수 있다. 2025년을 목표로 우선은 엘리베이터나 티켓 발매기 등 공공의 공간에서 채택되기를 목표로 한다.

입사광의 광로를 거의 따르는 방향으로 빛을 반사시키는 재귀

[자료 2-14] 스텔스 공중 인터페이스 사례
나뭇결무늬 벽 등으로 보이는 부분에 공중 인터페이스를 실장할 수 있다. 물리적인 입력 버튼을 숨길 수 있어서 디자인이 좋아진다. (출처: 알프스알바인)

성 반사 기술로 영상을 공중 표시한다. 고감도의 정전 용량 검출 기술로 공중 입력을 조작한다. 여기에 가식 인쇄 기술을 융합했다. 이런 기술을 융합한 공중 디스플레이 인터페이스 개발은 일본이 세계 최초다.

벽 안에 매립된 발광 부분에서 나온 빛은 가식 인쇄한 부분을 투과한다. 외부에 구멍이나 유리면은 없다. 알프스알파인 개발부의 아즈치미네 쓰토무는 "나무 무늬, 금속 무늬, 탄소 무늬 등 기본 인쇄를 할 수 있는 디자인이면 가능하다"라고 말한다. 언뜻 보면 디스플레이라고 판단하기 어려울 정도로 의장 디자인이 뛰어난 본체에 입력 버튼과 같은 영상을 공중에 표시하는 '스텔스 아이콘' 기능을 부여할 수 있다.

__우치다 야스시(닛케이 크로스 테크·닛케이 일렉트로닉스)

008

오감 센서

인간의 오감을 계측

- •
- •
- •
- •
- •
- •
- •

기술 성숙 레벨 | **중**　　　2030 기대지수 | **11.7**

인간의 오감을 측정하는 센서 기술이 등장하고 있다. 센서로 직접 측정할 수 없는 감각을 여러 개의 요소로 나누고, 각 요소를 센서로 검색하거나 인공지능으로 예측한 뒤에 결과를 조합해 추정한다.

미각을 센싱하는 경우에 식품이나 음료에 있는 단맛, 짠맛, 산미, 쓴맛, 감칠맛 등의 요인이 되는 화학물질을 여러 개의 센서를 사용해서 인식하고 성분을 파악한다. 탐지한 화학물질의 종류와 양을 바탕으로 물질 간의 상호작용을 인공지능으로 해석하면 사람이 느끼는 맛을 추정할 수 있다.

　무언가를 봤을 때의 호감도도 측정할 수 있다. 헤드기어형 뇌파 센서와 안경형 아이 트래킹 측정장치를 사람이 장착하고, 시제품을 단시간 봤을 때의 뇌파와 시선의 움직임을 측정한다. 뇌파를 측정한 결과에서 호감을 느낀 정도를 산출한다. 아이 트래킹 측정 결과에서는 어느 부분에 호감을 느꼈는지 파악할 수 있다. 두 결과를 조합하면 시제품에 대한 호감도를 알 수 있다.

개발이 진행 중인 기술이지만 비즈니스 리더는 크게 기대하고 있다. 닛케이BP종합연구소는 100개 기술 시리즈에서 다루는 기술에 대해 사업 확대나 신규 사업 개척에 얼마나 중요한지 비즈니스 리더에게 설문조사를 매년 실시하고 있다. 기대가 높았던 몇 가지 기술을 조사하고 2020년과 2022년 결과를 비교해봤다.

오감 센서에 대한 2020년 8월 조사에서는 '5년 후(2025년) 시점에서 중요성이 높다'라고 응답한 사람의 비율은 21.7%이며, '현재(2020년)의 중요성이 높다'라고 응답한 비율은 17.9%였다. 2022년 6월 조사에서는 '2030년에 중요성이 높다'는 17.9%이며, '현재(2022년)의 중요성이 높다'는 10.0%로 나타났다.

장래에 대한 기대는 여전히 높지만, 현재 시점의 기대치는 2년 전보다 낮아졌다. 2020년에는 코로나19 확산으로 센싱 기술에 대한 기대가 높아졌기 때문으로 보인다.

_닛케이BP종합연구소 미래비즈니스 조사팀

009

촉각 피드백

사물의 촉감이나 반응을 진동 등으로 재현

⋮
⋮
⋮
⋮
⋮
⋮
⋮
⋮

기술 성숙 레벨 | **중**   2030 기대지수 | **4.4**

물건을 만졌을 때의 감각을 실제로는 만지지 않아도 손으로 느끼게 하는 기술이다. 촉각을 손에 피드백한다는 뜻이다. '햅틱 테크놀로지'라고 부르기도 한다. 예를 들어 게임기의 컨트롤러를 조작하면, 진짜 자동차의 핸들을 잡는 감각을 얻을 수 있는 기술이다.

촉각 피드백에서 두각을 나타낸 기술자는 소니그룹 R&D센터 겸 미국 소니인터랙티브엔터테인먼트(SIE)의 나카가와 유스케다. SIE가 2020년에 출시한 간판 상품인 플레이스테이션 5는 자동차가 진흙 도로를 달릴 때의 묵직한 감촉과 모래사장이나 빙판길을 달릴 때의 감각을 컨트롤러의 진동으로 재현할 수 있다.

　듀얼센스(DualSense)라는 컨트롤러에 탑재한 리얼하고 다채로운 촉각 피드백 기술은 플레이스테이션 5의 특징 중 하나다. 나카가

와의 팀이 개발한 성과를 바탕으로 SIE 개발팀이 실용화했다.

일반적으로 메이커의 연구 성과를 양산품에 사용할 확률은 낮다. 나카가와의 팀은 불과 4년 만에 연구와 상품화 사이인 죽음의 계곡을 넘었다. 실적을 평가받은 나카가와는 2021년 35세에 소니그룹의 과장으로 승진해서 촉각 피드백 기술을 개발하는 부서를 이끌고 있다.

나카가와는 도쿄대학교 대학원 시절부터 촉각 피드백을 연구해 왔으며, 2012년 소니에 입사한 이래 연구를 계속했다. 당시에 다양한 촉각 피드백 기술을 탑재한 제품이 태동하기 시작했다. 연구 부문인 R&D센터에서 이 기술에 주력하고 있었다.

처음에는 영상과 촉각 피드백을 조합하는 작업이다. 영상이나 소리에 맞추어 물체의 진동을 제어하고 리얼한 촉각을 만든다. "촉각 피드백으로 빛나는 UX(사용자 경험)를 찾아내어 소니 제품과 서비스에 도입하는 작업이 미션이었다(나카가와)."

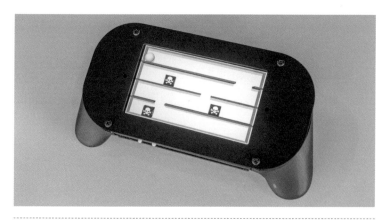

[자료 2-16] 개발한 프로토타입 실물
태블릿을 기울이면 화면 왼쪽 위에 찍히는 구체가 굴러간다. 벽에 부딪히면 구체의 종류에 따라 진동한다. (출처: 미야하라 이치로)

입사 후 약 1년간 혼자서 꾸준히 연구했다. 촉각 피드백 전문가가 주위에 없었기 때문이다. "촉각을 재현하는 진동과 움직임이 비슷한 오디오 기술자 등과 상담하면서 연구를 진행했다(나가가와)."

금속의 구체가 벽에 부딪히면 진동과 소리의 주파수는 어떻게 될까? 실제로 물체를 벽에 부딪쳐 소리의 주파수나 물체의 가속도 데이터 수집 작업을 반복했다.

진동과 소리의 조합은 무수히 많다. 혼자서 재현성을 높이는 작업에 한계를 느끼던 2013년 당시에 소속 부서의 팀장이 나가가와의 개발에 참여하고, 그 후에도 계속해서 팀 멤버가 늘었다. 또, 팀이 완성되면서 개발의 폭도 넓어졌다.

2014년에는 시제품 개발에 착수했다. 미국에서 2016년 초에 개최된 'SXSW 인터랙티브(Interactive) 2016' 출품이 목표였다.

개발하는 시제품은 태블릿형으로 디스플레이와 그립형 컨트롤러를 일체화한 제품이다. 영상에 따라 그립부를 진동시켜 이용자에게 촉각을 전달한다.

시제품에는 각속도 센서를 탑재했다. 기울이면 영상 속의 구체가 구르면서 진동과 연동해서 촉각을 재현한다. 구체는 고무나 금속처럼 다른 재질로 바꿀 수 있으며 각각에 따라 다른 촉각을 체험할 수 있다.

팀 멤버가 늘어나면서 시제품 개발은 순조롭게 진행되고 있었다. 하지만 모든 이용자가 리얼한 촉각을 원하지는 않는다는 사실이 밝혀졌다. 게임과 같은 엔터테인먼트 영역에서는 감각을 충실하게 재현하기보다 다소 과장해서 전달하는 기술을 이용자들이 선호하는 경우가 많다.

리얼한 촉각과 이용자가 기대하는 촉각 사이의 갭을 메우는 간단한 해결책은 없다. 팀에서 시행착오를 겪으면서 각자 생각해 낸 아이디어나 수법을 실험하는 작업을 반복했다.

"이렇게 선보일 수 있는 UX로 완성되어 갔다(나카가와)."

노력한 보람이 있어 SXSW에서 호평받고 사내에 파급되었다. 플레이스테이션 5의 설계부서가 눈독을 들이면서 나카가와는 플레이스테이션을 다루는 SIE 팀에 소속하게 됐다. "연구 성과로 직접 제품에 공헌하기는 처음이라 기뻤다."

2019년에 나카가와는 33세에 팀의 리더가 되었다. 2021년에는 소니그룹이 주최한 행사인 '다이노 사이언스 공룡 과학박람회'에서 영상과 바닥의 진동을 연동시키는 연출그룹에 합류해서 기술을 담당했다.

[자료 2-17] 리얼한 촉각 피드백 기능을 탑재한 PS5의 컨트롤러 '듀얼센스(DualSense)'
(출처: 스튜디오 캐스퍼)

팀 리더가 된 이후부터 과장이 된 지금까지 일주일에 한 번은 온라인 스터디그룹을 개최하고 있다. 촉각 피드백의 신기술을 배울 기회를 만들기 위해서다. "촉각에 관한 전문용어나 기술을 모르면 해결할 수 없는 문제만 생각한다. 입사하고 몇 년 동안 통감했다." 그렇게 하지 않도록 팀 성장에 신경을 쓴다.

향후는 '촉각을 사용한 체험의 지위 향상'을 목표로 한다. 시각에서의 화면과 청각에서의 음성기기와 비교하면, 촉각을 사용한 엔터테인먼트 디바이스와 콘텐츠는 아직 부족하다. "촉각 중심의 엔터테인먼트를 보급시켜 세상의 모든 사람에게 감동을 주고 싶다"라고 나카가와는 의지를 다진다.

__쿠보타 류노스케(닛케이 크로스 테크·닛케이 일렉트로닉스)

3장

소프트 로봇 &
그린
트랜스포메이션
(GX)

010

소프트 로봇

주변에도 자신에게도 상처를 주지 않는
부드러운 로봇이 활약

:
:
:
:
:
:

기술 성숙 레벨 | 중   2030 기대지수 | 7.4

내외부품이나 핸드를 유연한 소재로 만들어 부드럽게 움직이는 로봇인 소프트 로봇의 개발과 활용이 진행되고 있다. '부드러운 물건을 잡을 수 있다', '좁은 장소나 단차가 있는 장소에서 작업할 수 있다'는 특징 때문에 로봇의 활용 확대를 위한 비장의 카드로 주목받고 있다. 브리지스톤이 고무 소재를 사용한 핸드를 개발하고 있으며, 건설 분야에서도 점검 및 데이터 수집에 활용하려는 움직임이 나타나고 있다.

브리지스톤은 꽃이나 과일과 같은 부드러운 물건을 잡을 수 있는 핸드를 개발했다. 2022년 가을이나 겨울부터 외부로 유상대여를 시작하며 2024년도에 사업화를 목표로 한다.

개발한 핸드의 고무 인공 근육은 공기를 넣으면 고무관이 부풀어 올라 축 방향으로 줄어든다. 안쪽으로 휘기 쉬운 철판 같은 심

[자료 3-1] 브리지스톤이 개발한 부드러운 소재로 구성된 로봇 핸드

4개의 고무 인공 근육(공압 고무 액추에이터)을 탑재, 공기압을 조정해 개폐한다. (출처: 카토 야스시)

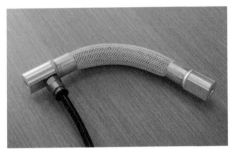

[자료 3-2] 고무관과 섬유 뜨개질 등으로 만들어진 고무 인공 근육

주요 소재는 유연성 있는 고무관과 섬유 뜨개질. 부드럽지만 질량 5kg의 철구를 잡는 힘도 갖췄다. (출처: 카토 야스시)

지가 내부에 있어 공기압을 높이면 강하게 잡을 수 있다. "고무에 타이어와 산업용 호스의 노하우를 담았다"라고 브릿지스톤의 오토야마 테츠이치 탐색사업개발 제1 부문장은 말한다.

고무 인공 근육을 사용한 핸드는 힘 조절을 치밀하게 하지 않아도 대상물을 손상하지 않는다. 고무 재료가 개체의 차이를 흡수하기 때문에 대충 힘을 줘도 잡을 수 있다. 섬세하게 잡아야 하는 꽃과 같은 대상물에도 대응할 수 있다.

원래는 고무 인공 근육을 유압 액추에이터로 개발했으나 목표를 과일과 같은 가벼운 물건으로 정하면서 공압식으로 전환했다. 공압식은 비용을 줄이기 쉽고 유지보수도 쉽다. 브릿지스톤에 따

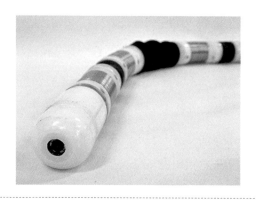

[자료 3-3] 솔라리스의 지렁이형 로봇
(출처: 솔라리스)

르면, 무거운 물건을 잡는 용도로 유압식으로 변경할 수도 있다.

예상되는 용도는 물류와 소매업의 백야드나 간병이다. 그에 앞서 전기차의 충전 케이블에 사용할 수도 있다. 고무 인공 근육을 활용함으로써 전기차에 자동 급속 충전을 실현할 가능성도 있다.

2022년 3월에 도쿄빅사이트에서 열린 국제로봇전시회에 출전해서 핸드로 사과와 바나나를 들어 올리는 시연을 했다. 산업용 로봇 메이커 사원들의 주목을 받았다.

부드러운 물건이나 형태가 다양한 물건을 잡는 로봇 핸드 개발은 어렵다고 알려져 있다. 대상물에 적합하게 잡는 위치와 힘 조절을 영상 인식이나 인공지능으로 계산할 수는 있다. 하지만 힘을 조절해서 실제로 물건을 잡는 하드웨어는 거의 없다. 과일 자동 선별 로봇으로 진공 펌프를 이용한 흡착 패드를 사용하는 방법도 있지만, 힘 조절이 어렵고 과일에 손상을 입힐 우려가 있다.

부드럽게 움직이는 소프트 로봇은 좁은 장소나 단차가 있는 장소에서도 작업할 수 있다. 이동하면서 주위에 있는 사람이나 물건에 손상을 입히거나 로봇 자체가 손상을 입을 리스크가 적어 지금까지 로봇을 사용할 수 없었던 장소에 도입할 수 있다.

건설업계는 이런 이점을 살리려고 한다. 벤처기업을 중심으로 소프트 로봇의 개발과 활용이 진행되고 있다.

2017년 설립된 솔라리스는 주오대학 출신의 벤처기업으로 고출력 공기압 인공 근육 연구 성과를 이용해서 생물과 같은 부드러움을 갖춘 소프트 로봇을 개발하고 있다.

사례로 지렁이형 로봇이 있다. 공기압 인공 근육에 의한 천동 운동을 한다. 기존 로봇으로는 어려운 작업인 좁은 배관 속을 돌아다니며 점검과 청소를 할 수 있다.

2020년 설립된 소프트로이드(SoftRoid)는 건설 현장의 데이터를 수집해서 분석함으로써 생산성을 높이는 서비스를 개발하고 있다.

이 회사의 소프트 로봇은 사람 대신 현장을 자동으로 순회하며 360도 이미지 데이터를 수집할 수 있다. 현장을 손상하지 않고 계단이나 단차에 맞춰 유연하게 변형되는 크롤러를 장착한다. 소프트로이드는 국토교통성의 로봇 기술에 관한 실증 실험과 JR동일본의 스타트업 협력기업 모집 프로그램에 채택되었다.

_쿠보타 류노스케(닛케이 크로스 테크·닛케이 일렉트로닉스),
모리오카 레이(닛케이 크로스 테크·닛케이 아키텍처)

011

바이오 하이브리드 로봇

심근세포나 청각 등 생물 기능을 기계에 합체

기술 성숙 레벨 | **하**　　2030 기대지수 | **10.2**

생물이 가지고 있는 높은 운동 능력과 에너지 효율, 센싱 능력을 접목한 바이오 하이브리드 로봇의 연구 성과가 다양하게 발표되고 있다. 지금까지 로봇은 주로 기계공학, 전기전자공학, 정보공학 기술을 접목했다.

하버드대학교는 쥐의 세포를 이용해서 헤엄치는 바이오 하이브리드 로봇을 개발했다. 로봇은 가오리 모양으로 잘라낸 고분자 화합물에 금속 골격을 부착하고 쥐의 심근세포를 심는다. 심근세포가 활성화되면 근육을 수축시키는 신호가 세포에서 세포로 전달된다. 로봇의 움직임은 광유전학 원리를 이용해서 제어된다. LED 라이트의 파란 빛으로 비춘 근세포가 자극됐을 때의 수축으로 전진한다. 공학적으로 가공된 심근세포가 어떻게 수축하는지를 모델링할 수 있다면 인공장기 개발에 응용할 수 있을지 모른다.

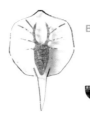

Light-guided
Biohybrid Robotic Ray

Disease Biophysics Group

HARVARD
John A. Paulson
School of Engineering
and Applied Sciences
WYSS INSTITUTE

[자료 3-4] 하버드대학교가 개발한
아카에이형 로봇을 소개하는 동영상
톱 화면
(출처: 하버드대학교 유튜브 동영상)

미국 육군연구소는 근육조직을 이용해서 유연하게 대응하는 바이오 하이브리드 로봇 연구를 진행하고 있다. 곤충의 청각 기능을 살린 로봇 연구를 진행하는 이스라엘의 텔아비브대학교도 있다. 메뚜기 고막을 로봇에 넣고 바이오 하이브리드 로봇의 일부로 작동하는 플랫폼인 이어봇(Ear-Bot)을 개발했다.

메뚜기에서 추출한 청각신경과 고막기관을 생리식염수로 채워진 특수한 생체 기능 칩에 넣는다. 칩에 접속된 와이어를 통해 메뚜기의 귀에서 전기신호를 읽고 증폭해서 로봇의 처리장치로 전송한다. 로봇을 향해 연구자가 한 번 손바닥을 부딪쳐서 소리를 내면 프로그램대로 로봇이 전진한다. 두 번 손바닥을 부딪치면 로봇은 후퇴한다.

곤충의 청각 기능을 그대로 로봇에 접목하면 인공의 청각 센서를 뛰어넘는 감도를 가진 센서를 저소비 전력으로 실현할 가능성이 있다.

_키무라 토모후미(닛케이BP종합연구소),
모토다 코이치(테크니컬 작가)

012

조류형 로봇

새처럼 뛰어난 비행성과 착륙 기능을 가진다

.
.
.
.
.
.
.

기술 성숙 레벨 | **중**   2030 기대지수 | **2.8**

공기압 기기 제조업체인 독일 페스트, 미국 스탠퍼드대학교, 일본 규슈공업대학교 등이 새의 날개와 다리 구조를 이해하고 새로운 비행 제어 개발로 연결되는 연구를 하고 있다. 새는 지상에 있는 사냥감을 발견하고 급강하하는 등 다양한 방식으로 날 수 있지만 비행기나 드론으로 이런 비행을 하기는 어렵다.

공기압 기기 메이커인 독일 페스트가 개발한 자율 비행이 가능한 조류형 로봇 바이오닉스위프트(BionicSwift)는 길이 44.5cm, 날개폭 68cm, 중량 42g으로 작은 몸 안에 날개 기구, 통신 시스템, 날갯짓을 제어하는 부품과 배터리, 이들을 모두 제어하는 회로기판을 탑재하고 있다.

비행 환경은 실내이며 여러 기를 날려 편대 비행도 가능하다.

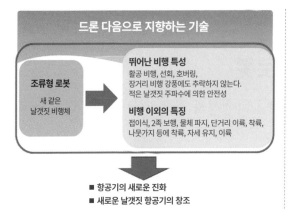

드론 다음으로 지향하는 기술

조류형 로봇

새 같은
날갯짓 비행체

➡️

뛰어난 비행 특성
활공 비행, 선회, 호버링,
장거리 비행 강풍에도 추락하지 않는다.
적은 날갯짓 주파수에 의한 안전성

비행 이외의 특징
접이식, 2족 보행, 물체 파지, 단거리 이륙, 착륙,
나뭇가지 등에 착륙, 자세 유지, 이륙

⬇️

■ 항공기의 새로운 진화
■ 새로운 날갯짓 항공기의 창조

[자료 3-5] 조류 로봇이 가져올 가능성

새로운 '날개 달린 항공기'를 만들 수 있을지 모른다. (출처: 규슈공업대학 오오타케 히로시 준교수)

실내에는 초광대역기술(UWB)에 대응하는 GPS 모듈이 앵커로 여러 개 설치되어 로봇은 서로 위치를 특정하면서 자신에게 안전한 공역을 인식한다.

페스트는 바이오닉 스위프트의 용도로 실내 공장에서의 공정 확인, 부품과 재료의 수송을 생각하고 있다. 공장 내에 있는 기계의 상부 공간을 이용하면 한정된 공간을 효율적으로 활용할 수 있다.

스탠퍼드대학교 연구팀은 비둘기를 이용해서 날개를 만들고, 비둘기와 비슷한 관절로 제어하면서 프로펠러의 추진력으로 비행하는 로봇인 피전봇(Pigeon Bot)을 개발했다. 비둘기 날개 구조를 조사하니, 위험을 회피하기 위한 급선회나 난기류를 만난 경우에도 공기를 이용해서 비행할 수 있다는 사실을 발견했다. 연구팀은 피전봇을 사용해 날개의 변형 구조 등을 조사하고 있다.

일본에서 날갯짓 비행 로봇을 연구하는 연구자로 규슈공업대

학교 대학원 정보공학연구원의 오타케 히로시 준교수가 있다. 새와 같은 메커니즘으로 하늘을 나는 로봇에 대해 오타케 준교수는 "날개 관절을 잘 사용하며, 강풍에도 추락하기 어려운 구조로 되어 있다. 이러한 발견을 제대로 적용하면 항공기의 진화에 도움이 될지도 모른다"라고 말했다. 새의 메커니즘을 어떻게 다른 로봇이나 새로운 항공기 개발에 적용할지가 중요하다.

_키무라 토모후미(닛케이BP종합연구소),
모토다 코이치(테크니컬 작가)

013

제6 손가락의 신체화

새끼손가락 바깥쪽에 있는 인공 손가락을
팔 근육으로 구동

. . . .

기술 성숙 레벨 | **하**   2030 기대지수 | **1.7**

일본 전기통신대학교와 프랑스 국립과학연구센터(CNRS)은
새끼손가락 바깥쪽에 인공의 제6 손가락을 붙이고 조금 떨어
져 있는 팔 근육에 힘을 주는 방식으로 구동시키는 데 성공
했다. 인공 손가락을 장착하기 전과 비교해서 피험자가 느끼
는 새끼손가락 위치의 인식이 모호해지는 등 감각이 변화하
는 신체화가 일어나고 있다. 로봇을 신체에 붙이고 신체기능
을 확장할 가능성이 생겼다.

전기통신대학교 등이 개발한 '제6의 손가락'이 가진 특징은, 신체
움직임을 수반하지 않는 근육 활동으로 인공 손가락을 움직이는
행동이다. 신체에 붙인 부위를 움직이기 위해 신체기능을 희생하
지 않아도 된다.

  기존의 인공 손가락이나 의수와 같은 신체 확장 기술은 모두 다

[자료 3-6] 장착한 인공 손가락을 조작하는 모습
(출처: 전기통신대학교)

리와 같은 다른 부위의 신체 움직임에 연동되는 구조다. 이런 이유로 인공 손가락이나 의수를 움직이고 싶지 않으면 다리도 움직일 수 없게 되는 등 본래의 신체 움직임을 제한했다.

인공 손가락의 조작에는 요측수근굴근, 척측수근굴근, 요측수근신근, 총지신근이라 부르는 팔의 근육에 부착한 센서에서 얻은 전기신호를 사용한다. 전기신호는 손가락의 움직임에 따라 각각 정해진 패턴을 나타낸다. 예를 들어, 가위, 바위, 보에서는 각각 얻을 수 있는 전기신호 패턴이 다르다.

자기 손가락을 움직였을 때와는 다른 신호 패턴을 얻었을 때 인공 손가락이 움직이도록 했다. 팔과 손을 움직이지 않고 팔에 힘을 주면 인공 손가락이 구부러진다. 자기 손가락의 움직임이나 다른 신체 부위의 움직임과는 별도로 인공 손가락을 움직일 수 있다.

실험에서는 참가한 피험자 전원이 한 시간 정도 연습하고 인공

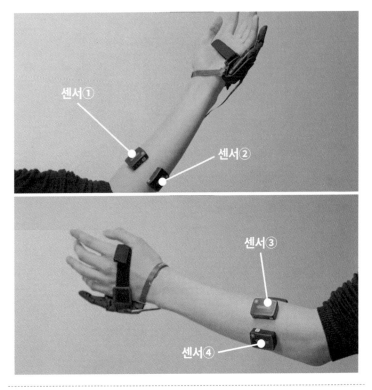

[자료 3-7] 인공 손가락과 센서를 장착한 모습
(출처: 전기통신대학교)

손가락을 마음대로 움직일 수 있었다. 연구자들은 뇌가 인공 손
가락을 어떻게 인식하는가, 인공 손가락을 자기 신체의 일부로
느끼는 '신체화'가 일어나는지 조사했다.

장애물이 있는 곳에서 손을 움직일 때 손이 장애물에서 어느 정
도 떨어져 있는지를 보는 실험인 장애물 회피 실험과 손이 보이
지 않는 상태에서 손을 움직였을 때의 위치를 보는 실험인 위치
동정 실험을 시행했다. 피험자에게 '생각대로 움직일 수 있었는

가', '인공 손가락과 일체감을 느꼈는가' 등 인공 손가락에 대한 인식과 감각에 대해 질문했다. 설문 결과를 통해 신체화를 평가했다.

그 결과 피험자의 인공 손가락에 대한 인식 및 감각과 위치 동정 실험에서 관찰된 행동의 변화 사이에는 강한 상관관계가 나타났다. '인공 손가락이 자기 신체의 일부라고 강하게 느꼈다'라고 대답한 피험자는 지시된 장소를 새끼손가락으로 만졌을 때의 불일치가 넓게 분포했다. 새끼손가락의 위치 인식이 더 모호해졌다는 의미다.

전기통신대학교 대학원 정보이공학 연구과의 미야와키 요이치 교수는 "피험자들이 받은 느낌의 변화에 따라 행동도 바뀐 사실은 신체화가 성공했다는 근거가 된다"라고 말했다.

미야와키 교수는 개발한 기술이 보급된 세계를 그려본다. "이 기술로 신체를 디자인할 수 있게 되는데, 그렇게 되면 손가락의

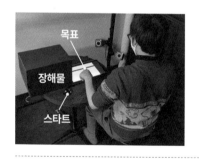

[자료 3-8] 장애물 회피 실험의 모습

출발지점부터 목표지점까지 손을 이동시켜 중간에 있는 장애물을 피할 때의 손 궤도를 관찰한다. 장애물을 피하는 방법에 따라 손 크기 인식에 미치는 인공 손가락 장착의 영향을 알 수 있다. (출처: 사진 전기통신대학교, 일러스트 전기통신대학교 논문, 닛케이 크로스 테크)

숫자가 달라도 개성으로 볼 수 있다. 기술의 보급에 따라 장애인과 비장애인이라는 인식이 변할 것이다."

향후 연구에 대해서는 "새로운 손이나 손가락이 추가됐을 때 뇌의 지도 형태가 바뀌는지, 형태를 바꾸지 않고 활동하는 장소의 조합으로 움직이는지, 뇌가 어떻게 순응하는지 궁금하다"라고 말했다. 엄지손가락을 움직일 때는 뇌에서 엄지손가락을 담당하는 영역이 활동한다. 뇌의 지도는 신체 부위마다 뇌의 담당이 정해져 있다는 사실을 말해준다.

_이시바시 타쿠마(닛케이 크로스 테크·닛케이 모노즈쿠리)

014

시각을 대체하는
신감각 디바이스

시선 앞에 있는 물체와의 거리를
골전도에 의한 진동으로 전한다

⋮

기술 성숙 레벨 | 중   2030 기대지수 | 9.0

카가와현 다카마쓰시의 벤처기업인 레이즈더플래그(Raise the Flag)는 시각을 대신하는 신감각 디바이스 'SYN+(신 플러스)'를 개발하고 있다. 주위에 있는 물체와의 거리를 진동 패턴으로 변환해서 골전도로 사용자에게 전달하는 접근법으로, 시각 장애인의 삶의 질 향상을 목표로 한다. 2023년 봄에 베타버전을 출시하고, 2024년 여름경에 실용화할 예정이다.

'SYN+'는 안경형 디바이스와 허리에 차는 본체로 구성된다. 안경형 디바이스는 주변 환경을 촬영하고 사용자에게 피드백한다. 스테레오 카메라, 아이 트래킹 시스템, 골전도 기술을 융합한다. 본체에는 컴퓨터와 배터리가 들어있으며 계산 처리와 통신을 담당한다.

먼저 스테레오 카메라로 주변 환경을 촬영한다. 이어서 아이 트

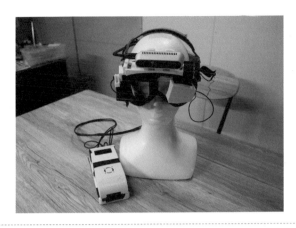

[자료 3-9] SYN+ 시제기
안경형 디바이스와 본체로 구성된다. (출처: 닛케이 크로스 테크)

래킹으로 포착한 사용자의 안구 움직임에 맞추어 사용자가 지금 무엇을 파악하려고 하는지 특정한다. 이 회사에 따르면, 시각장애가 있어도 90% 정도의 사람은 안구를 자유롭게 움직일 수 있다. 안구가 움직이지 않거나 적출된 경우에도 목을 움직이면 똑같이 사용할 수 있다.

스테레오 카메라는 깊은 방향 정보도 기록할 수 있기에 눈이 향하고 있는 방향이 정해지면 대상물 표면의 점과의 거리를 계산할 수 있다. 또 대상물과의 거리정보를 진동으로 변환한다. 대상물이 멀리 있으면 간격을 두고 '부, 부, 부', 가까우면 연속으로 '부부부부부'로 변환한다. 아무것도 없는 공간을 보고 있으면 진동이 없다. 이런 방법으로 거리에 따라 진동 패턴을 할당한다.

진동 패턴은 좌우 관자놀이와 미간에 있는 3개의 골전도 장치를 통해 피드백된다. 보고 있는 오른쪽에 대상물이 있으면 오른

[자료 3-10] SYN+ 처리 이미지
눈의 움직임을 분석하고 눈앞에 있는 대상물과의 거리를 측정한다. (출처: 레이즈더플래그)

쪽 관자놀이가 강하게 진동하기 때문에 방향을 파악하기 쉽다.

위의 과정을 통해 현재 눈이 향하고 있는 대상물 표면에 한 점과의 거리를 파악할 수 있다. 안구나 목을 상하좌우로 움직여 점의 수를 늘리면 정보가 모여 대상물과의 거리는 물론이고 크기와 윤곽까지 알 수 있다.

SYN+에는 근거리를 상세하게 보는 탁상 모드와 5미터 앞까지 감지할 수 있는 보행 모드 두 종류가 있다. 상황에 따라 구분해서 사용한다.

레이즈더플래그 창업자인 나카무라 다케시는 "30분 정도면 눈앞에 벽이 있다거나 문이 열려 있다는 사실을 알게 된다. 일주일 정도면 일상생활에서 도움이 되는 수준으로 사용할 수 있지 않을까"라고 말한다.

주위에 있는 사물을 인식할 수 있는 기능 외에도 SYN+는 색깔 식별, 문장 읽기, 보조자와 시야 공유, 녹화 기능도 있다. 약하더라도 시력이 있는 사람에게는 색깔도 중요한 정보다. SYN+는 대상물의 색깔을 투영할 수 있다. 시제품은 오른쪽 눈을 아이 트래킹에 사용하고 왼쪽 눈은 색깔을 비추는 스크린으로 덮인 구조로 되어 있다.

SYN+는 사용자가 무엇을 파악하고 있는지 알기 때문에 대상물을 정하고 거기에 적혀 있는 문자만 읽어준다. 지금까지는 문자를 읽기 위해서 카메라에 비친 문자를 부자연스럽게 연결했다.

2023년 봄에 베타 버전 수십 대를 출시할 예정이다. 당사자들이 사용하면서 개량하며 2024년 여름에 실용화를 목표로 한다. 디바이스와 시야 공유 및 갱신관리용 앱을 세트로 제공한다. 디바이스 가격은 50만엔, 앱이나 전자티켓 이용료는 월 500엔을 예상한다. 구독형 구입도 검토하고 있다.

SYN+는 경제산업성이 2022년 1월 14일에 개최한 '재팬 헬스케어 비즈니스 콘테스트(JHeC) 2022'에서 비즈니스 콘테스트 부문 최우수상을 수상했다.

_오오와라 타카유키(닛케이 크로스 테크·닛케이 디지털헬스)

015

탄소 리사이클 시스템

재생 에너지에서 얻은
수소나 이산화탄소에서 메탄 등을 합성

기술 성숙 레벨 | **중**　　2030 기대지수 | **36.9**

탄소 리사이클은 재생 가능 에너지로 제조한 수소를 사용해서 화력발전이나 보일러 배기가스에서 분리하거나, 대기에서 직접 회수한 이산화탄소를 원료에 첨가해서 플라스틱 원료인 메탄과 레핀을 합성하는 기술이다.

탄소 리사이클 시스템이 경제성을 가지고 사회에 보급되면 탄소가 없는 메탄가스를 도시가스나 산업용 고온 열원으로 사용하여 지금까지와 같이 플라스틱 소재의 편의성을 누리면서 탄소 중립을 달성할 수 있다. 발전 분야의 탄소 중립은 재생 가능 에너지나 원자력이라는 보급된 기술이 있지만. 고온 프로세스의 열원이나 플라스틱 소재의 탄소 중립은 아직 상용화된 기술이 없다.

아이에이치아이(IHI)가 후쿠시마현 소마시에서 운영하는 '소마·

[자료 3-11] 센터 안에서 가동되는 메가 솔라
(출처: 닛케이BP)

[자료 3-12] 5.5MWh 대용량 축전지
태양광에 의한 자급률을 높이고 있다.
(출처: 닛케이BP)

아이에이치아이(IHI) 그린 에너지센터'에서는 재생 에너지에서 얻은 수소와 이산화탄소에 의한 탄소 리사이클 시스템의 일단을 엿볼 수 있다. 이 센터는 아이에이치아이(IHI)와 소마시가 제휴한 스마트 커뮤니티 사업으로 2018년 4월에 문을 열었다. 출력 1.6MW의 메가 솔라인 대규모 태양광 발전소와 출력 1MW, 용량 5.5MWh의 대형 축전지 시스템, 물을 전기 분해해서 수소를 제조하는 물 전해 장치 등이 있다.

물 전해 장치의 부하는 약 400kW로 알칼리형(25Nm³/h, 아사히카세이 제품)과 고체고분자(PEM)형(30Nm³/h, 히타치조선 제품)을 사용해서 두 타입의 특성을 검증하고 있다. 대형 축전지 시스템으로는 리튬 이온형으로 도시바·미쓰비시-전기 산업 시스템(Toshiba Mitsubishi-

Electrical Industrial Corporation, TMEIC) 제품과 아이에이치아이 테라썬 솔루션(IHI Terrasun Solutions) 제품을 함께 사용해서 도시바·미쓰비시—전기 산업 시스템(TMEIC) 제품의 쌍방향 파워 컨디셔너(PCS)를 통해 충전하고 방전한다.

태양광의 전력은 모두 자가 소비하며 자체 라인을 사용하여 시의 하수처리장과 소각장으로 송전한다. 부족하면 전력회사에서 구입한다. 연간 평균 태양광에 의한 자급률은 60% 정도다. 정전이 되면 태양광과 축전지를 돌려서 송전할 수 있다.

날씨가 좋아 메가 솔라(대규모 태양광 발전소)를 최대한 발전하면, 축전지에도 충전하지 못하고 잉여 전력이 생긴다. 그런 경우에는 물 전해 장치를 가동해서 수소를 제조한다. 구내에 있는 두 개의 탱크에 최대 400Nm³의 수소를 저장할 수 있다.

아이에이치아이(IHI)는 2020년 9월에, 축적한 수소를 기술 실증에 활용하는 수소 연구동인 '소마랩'을 센터 내에 신설했다. 소마랩은 메가 솔라의 전기로 제조한 탄소 프리 수소 등을 사용해서 메탄과 암모니아, 올레핀 등을 합성하는 기술을 검증한다.

소마랩에 설치한 메탄을 합성하는 실험 장치는, 물 전해로 얻은 수소와 이산화탄소를 원료로 사용해서 12Nm³/h의 메탄을 합성할 수 있다.

아이에이치아이(IHI)는 합성한 메탄을 소마시가 운영하는 '나들이 미니버스'라는 커뮤니티 버스에 연료로 공급할 계획이다. 가솔린 차량을 압축천연가스(CNG)에도 사용하는 사양으로 개조하고 천연가스 대신 합성한 메탄을 활용한다.

자동차에 공급할 수 있으면 일본 최초로 재생 에너지에서 얻은 수소와 이산화탄소로 합성한 메탄을 사용해서 CNG 버스가 주행하게 된다. 연료가스의 디스펜서 등은 기존의 천연가스용 제품을 사용하면 수소 인프라에 비해 정비하기 쉽다.

재생·가능한 에너지로 수소를 제조하면 부산물로 산소가 나온다. 이렇게 얻은 산소를 센터에서는 양식에 활용하고 있다. 센터에 민물을 채운 원형 수조를 설치하고 틸라피아(역돔)와 무지개송어를 양식하고 있다.

양식에서 사용하는 수조를 채운 물에 함유된 산소량을 늘리기 위해서 부산물로 얻은 산소를 사용한다. 앞으로 재생 에너지에서 수소를 만드는 제조공장에 양식 시설을 함께 운영하면, 원가절감에 공헌할 수 있다.

이 센터에서는 양식과 수경재배를 조합한 '아쿠아포닉스'에도 노력하고 있다. 아쿠아포닉스란 물고기가 배출하는 분뇨를 수경재배의 질소비료로 활용하는 기술이다. 수조에 담긴 물을 정화하

[자료 3-14] 육상 양식과 수경재배를 결합한 '아쿠아포닉스'
(출처: 아이에이치아이(IHI))

고 식물에 주는 비료를 함께 하는 구조다. 이에 수경재배 공장에서 그린 리프를 키우고 있다.

아쿠아포닉스에서는 물고기가 배설하는 질소 성분과 채소가 흡수하는 질소 성분의 양을 균형 있게 맞추는 작업이 중요하다. 아이에이치아이(IHI)는 IoT를 사용해 데이터를 얻으며 관리자의 경험에 의존하지 않는 운용과 관리 자동화를 목표로 한다.

아쿠아포닉스는 4개 라인이 있으며, 절반은 염분을 순환시켜 해수어를 키운다. 바닷물에서도 자라는 작물을 재배할 계획이다. 바닷물이라면 고급 어종을 양식할 수 있기 때문에 사업의 이점이 커진다. 아쿠아포닉스의 에어컨 설비를 가동할 때 어느 정도 시간에 유연성이 있으므로 메가 솔라의 잉여 전력을 유연하게 활용하는 디맨드 리스폰스(수요 응답) 대응의 전력 부하로 규정한다. 잉여 전력을 사용함으로써 전기료가 싸지고 식물 공장과 양식업의 사업성이 좋아진다.

탄소 리사이클에 필요한 이산화탄소를 확보하는 문제에 관해서 아이에이치아이(IHI)는 화력발전이나 보일러의 배기가스에서 분리하는 CCS(이산화탄소 회수와 고정)와 DAC(직접 공기 포집)를 모두 주진하고 있다. 아이에이치아이(IHI) 소마사업소에 20t/일 규모의 CCS 파일로트 플랜트를 건설한다. 아민이라는 화학흡수액을 사용하는 방법으로 석탄과 프로판가스를 태운 배기가스에서 이산화탄소를 분리 및 회수하고 있다.

소마랩은 아민에 관한 연구를 활용한 DAC 실증 장치를 설치했다. 다공질 재료에 아민을 침투시킨 물질에 직접 공기를 넣어 이산

[자료 3-15] 공기 중의 이산화탄소를 분리 회수하는 DAC 장치
(출처: 아이에이치아이(IHI))

화탄소를 흡착시켜 온도를 올려서 회수한다. 이미 이산화탄소 농도 100% 회수에 성공했다. 간결한 회수 기술은 소규모 공장이나 사업장의 보일러 등 현장에서 CCS 시스템에 응용할 수 있다.

소마랩은 DAC로 회수한 이산화탄소를 아쿠아포닉스의 그린 리프에 공급하는 계획을 진행하고 있다. 이산화탄소 농도를 올려 농작물 성장을 촉진하는 방법은 '삼중 발전(Tri-generation)'이라고 불리며 국내외에 도입 사례가 있다.

DAC로 회수한 이산화탄소는 깨끗하며 식물 공장에도 공급할 수 있다. 이산화탄소를 성장 증진에 활용하고 있는 사업자들은 DAC 장치를 사용한 이산화탄소 공급 구조를 식물 공장에 도입할 수 없을까 문의하고 있다.

아이에이치아이(IHI)는 장래에 규모를 늘릴 경우, DAC로 회수한 이산화탄소를 메타네이션에 사용하는 사례도 예상한다. 당분간은 메탄 제조에 사용하는 이산화탄소는 DAC보다 저렴한 비용으로 대량 회수할 수 있는 CCS가 주류가 될 전망이다.

태양광 발전과 탄소 리사이클의 조합은 이산화탄소를 원료로 하는 식물의 광합성 산업 시스템으로 실현하는 사례라고 비유할 수 있다. 여기서 생긴 수소와 산소, 이산화탄소는 공업 원료이자 동시에 동식물이 살아가기 위한 양식이기도 하다. 미래에는 이런 구조가 공업과 농업, 수산업을 연결하는 핵심 테크놀로지가 될 가능성이 있다.

_가네코 켄지(닛케이BP종합연구소 메가 솔라 비즈니스)

016

제로 탄소 도시

지방자치단체나 도시의 이산화탄소 배출을
실질 제로로

:
:
:
:
:
:
:

기술 성숙 레벨 | **중**　　2030 기대지수 | **44.4**

탄소 중립 사회를 위해 '2050년에 이산화탄소 실질 배출량 제
로'를 추진하겠다고 밝힌 지방공공단체가 늘고 있다. 2020년
10월, 스가 요시히데 총리 연설에서 "2050년까지 온난화 가
스 배출을 전체적으로 제로로 한다"라고 선언했다. 탄소 중
립 사회의 목표가 설정되면서 일본 전체가 탄소 중립을 향해
나아가기 시작했다.

2019년 6월에 각료회의에서 결정한 목표는 "2050년까지 온난화
가스의 80% 감축", "21세기 후반의 가능한 빠른 시기에 탄소 중
립 사회를 지향한다"였다. 2020년 10월 스가 요시히데 총리의
연설로 달성 시기가 빨라졌다. 2030년도의 온난화 가스 감축 목
표는 2013년 대비 26% 감소로 정해져 있지만, 2050년까지의 목
표에 맞추어 감축량이 바뀔 가능성이 있다.

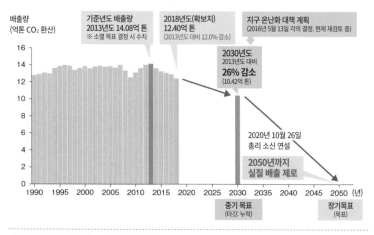

[자료 3-16] 일본의 온난화 가스 감소 목표

2050년까지 온난화 가스 배출을 전체 제로로 한다. 이를 위해 지금까지 이상의 기술 개발 등이 필요하다. (출처: 환경부)

일본에서도 2025년까지 다양한 최신 기술을 적용해서 주택과 공공시설의 에너지 절약과 재생 에너지를 이용한 전기차 공유를 시행한다. 지자체는 환경성과 협력해서 제로 탄소 도시를 목표로 한다. 이런 활동을 통해 환경부하를 줄이는 모범 사례를 구축하며, 2030년부터 전국으로 확대해서 전개할 수 있도록 한다.

일본 전체의 탄소 중립을 내다본 움직임을 사업 기회로 여기는 기업도 있다. 탄소 중립 사회에 대응하기 위해 기존 기술을 대체하는 기술에 대한 투자도 증가하고 있다. 향후 다양한 영역에서 기술이 발전함과 동시에 탄소 중립 영역에서 경제권이 확대될 전망이다.

__노노무라 코오(닛케이 크로스 테크·닛케이 일렉트로닉스)

017

DAC

이산화탄소를 대기에서 직접 회수,
전 세계에서 플랜트 건설 진행

:
:
:
:
:
:

기술 성숙 레벨 | 하   2030 기대지수 | 25.5

탄소 중립 사회를 실현하기 위해 공기에 있는 이산화탄소를
제거하는 'DAC(Direct Air Capture, 직접 공기 포집)'라 불리는 기술이
개발되고 있다. 스위스나 캐나다의 스타트업이 대형 플랜트
를 건설하고 있으며, 일본에서도 IHI, 미쓰비시중공업, 가와
사키중공업 등이 실증작업을 진행하고 있다.

DAC는 플랜트에 설치한 장치를 사용해서 대기 중의 이산화탄소
를 수거하고 안전하게 저장하는 시스템이다. 탄소 중립 움직임이
세계적으로 성행하면서 DAC 대처를 표명하는 기업과 이를 지원
하는 기업이 계속 늘어나고 있다.

　2010년 창업해서 결제 지원 서비스인 스트라이프(Stripe)를 제공
하는 미국의 스트라이프는 2021년 2월에 탄소 제거 기술 개발과
실천을 지원하는 구조로 '스트라이프 클라이메이트(Stripe Climate)'

기업 및 단체명	개요
2021년도	2021년 5월 26일, 6건의 프로젝트에서 275만 달러어치를 구매한다고 발표
CarbonBuilt	저농도의 이산화탄소를 직접 탄산칼슘으로 변환
Heirloom Carbon Technologies	대기에서 이산화탄소를 회수하여 지하에 저장할 때까지 며칠 만에 끝낸다
Mission Zero Technologies	전기 화학 반응을 통해 이산화탄소를 회수, 농축하여 격리
Running Tide	바다에서 다시마를 기르고 이산화탄소를 저장
Seachange	바닷물을 이용하여 이산화탄소를 격리
The Future Forest Company	현무암을 숲에 뿌려 이산화탄소를 흡수
2020년도	2020년 5월 18일, 4건의 프로젝트에서 100만 달러어치를 구매한다고 발표
CarbonCure Technologies	이산화탄소를 생콘크리트에 주입하여 저장, 콘크리트의 강도를 높이다
Charm Industrial	바이오매스에서 생성한 오일을 저장 장소에 주입, 이산화탄소를 고정한다
Climeworks	지열과 폐열을 사용하여 이산화탄소를 회수·농축하고 지하에 격리
Project Vesta	감람석을 사용하여 이산화탄소를 회수

[자료 3-17] 미국 스트라이프가 자금을 지원하는 탄소 제거 기업과 단체
(출처: 닛케이 컴퓨터)

를 전 세계의 고객이 사용할 수 있도록 했다고 발표했다.

스트라이프를 사용하는 전자상거래 기업은 결제액(매출액)에서 일정 금액을 탄소 제거 기업에 기부할 수 있다. 이미 세계 37개국에서 2,000여 개 기업이 동참했다.

스트라이프 클라이메이트의 책임자는 "탄소 제거를 위한 큰 시장을 만드는 것이 목표다. 성공하면 이 시장은 저비용으로 영속적인 탄소 제거 기술 이용을 가속화 한다. 세계가 기후변화의 가장 파괴적인 영향을 회피하기에 필요한 '솔루션 포트폴리오'를 가질 가능성이 커진다"라고 말했다.

솔루션 포트폴리오란 유효한 탄소 제거 기술들을 의미한다. DAC는 사업체의 이산화탄소 배출과 회수를 같은 양으로 하는

탄소 중립 달성 방법이 될 가능성이 있다. 회수량이 배출량을 웃도는 탄소 네거티브를 노리는 미국 마이크로소프트도 DAC를 도입하겠다고 밝혔다.

_타니시마 노부유키(닛케이BP종합연구소)

018

그린 수소

재생 가능 에너지로 물을 전기 분해해서
수소를 생산

:
:
:
:
:
:

기술 성숙 레벨 | 중   2030 기대지수 | **27.5**

재생 가능 에너지를 사용한 전력으로 물을 전기 분해해서 생
성하는 '그린 수소'의 양산 계획이 급증하면서 세계 에너지 사
정을 크게 좌우할 기세다. 계획 생산량의 합계는 이미 일본의
전체 소비 에너지를 넘는다. 조만간 호주, 남미, 중동, 아프
리카, 인도가 그린 수소 대국이 될 전망이다. 중동이 중심이
었던 에너지를 둘러싼 지정학의 판도가 대폭 바뀌는 셈이다.

닛케이 크로스 테크의 집계에 따르면, 2021년 12월 말 기준으로
세계 그린 수소의 대규모 양산 계획은 합계 1.62TW를 넘는 규모
가 되었다. 여기서 W(와트)는 물 전해 장치의 소비전력을 가리킨다.
  대부분은 2030년 전후 본격 가동을 예상하며, 현재 시점에서는
아직 자금의 뒷받침도 없는 청사진이거나 그림의 떡에 가깝다.
그런데도 2020년 시점에서 계획의 합계는 60GW 정도밖에 되지

[자료 3-18] 그린 수소 생산사업 'Central Queensland Hydrogen Project' 인프라 이미지
이와타니산업, 가와사키중공업. 간사이전력, 마루베니가 2021년 9월 발표했다. 호주의 퀸즐랜드주 글래드스톤 근처에 있는 기업과 협력하기 시작했다. (출처: 마루베니)

않아, 약 1년이라는 단기간에 27배로 늘어난 사실은 놀랍다. 그 중 대부분은 2021년 가을 이후에 발표된 계획으로, 현재진행형으로 늘어나고 있다.

그린 수소의 양산 계획이 많이 수립되는 곳은 재생 가능 에너지 도입이 활발하고, 잉여 전력이 많은 지역이나 재생 가능 에너지 조건이 매우 좋은 지역이다. 호주, 남미의 파타고니아 지방(남위 40도 이남의 칠레나 아르헨티나에 걸친 지역), 중국, 유럽, 중동, 인도 같은 국가와 지역이다.

그중에서도 호주는 그린 수소의 대규모 양산 계획을 진행 중이다. 최근 1년간 1G~10GW 규모의 계획이 여러 개 나왔다. 호주에서만 계획을 합하면 26OGW가 넘는다. 1년 전만 해도 홍콩 인터컨티넨탈에너지가 주도하는 'Asian Renewable Energy Hub (AREH)'만 거대하고 나머지는 소규모였다.

서오스트레일리아(WA) 주는 주 정부가 그린 수소 도입에 적극적이어서 2030년까지 200GW를 도입한다는 목표를 세우고 있다. 오스트레일리아 연방정부는 졸속 도입에는 다소 신중해서 2021년 6월의 AREH 인가 신청을 즉각 기각했다. 하지만 사업자들은 포기하지 않았고 계획을 약간 수정한 뒤에 다시 도전할 자세다. 또한 기세가 꺾이기는커녕 AREH를 넘는 규모의 'Western Green Energy Hub(WGEH)'와 여러 개의 크고 작은 계획이 우후죽순 늘고 있다.

대량의 그린 수소를 생산해서 어디에 사용할까? 공급처의 대표적인 국가는 일본이다. 일본의 수소 대기업인 이와타니산업, 가와사키중공업, 마루베니, 아이에이치아이(IHI), 미쓰비시중공업 등은 호주의 그린 수소 생산 사업자와 관계 형성에 적극적이다.

호주의 그린 수소로 최근 각광받는 철광석 채굴 및 정제 대기업인 포스테큐메탈그룹(Fortesque Metals Group, FMG)이 있다.

이 회사 창업자인 앤드루 포레스트 회장은 연봉이 2조 엔으로 호주의 국내 부자 순위에서 매년 1~2위를 다투는 대부호다. 이런 포레스트 회장이 최근 1~2년 사이에 그린 수소 사업을 크게 이끌며 맹렬한 기세로 사업을 확장하고 있다.

현재 철강 사업자들은 탄소 중립을 위해 철광석 제련과 환원 재료로 지금까지 사용하던 석탄을 수소로 바꾸어야 한다. 이른바 그린 철강이다. FMG도 그중 하나지만 포레스트 회장은 철강을 녹색으로 만드는 정도로는 만족하지 않고 재생 가능 에너지와 녹색수소로 세계 제패에 나서고 있다.

FMG는 2020년 말에 가와사키중공업과 이와타니산업과 액화

24th Credit Suisse Asian Investment
Conference

[자료 3-19] 호주 포스테큐메탈그룹(FMG) 창업자인 앤드루 포레스트 회장
그린 수소 사업을 맹렬한 기세로 확대하고 있다. (출처: FMG 공개 동영상, 닛케이 크로스 테크)

그린 수소 공급을 제휴했다. 2021년 5월에는 FMG의 100% 자회사로 재생 가능 에너지 사업회사인 포스테큐퓨처인더스트리(FFI)를 통해서 아이에이치아이(IHI)와 암모니아 공급도 제휴했다.

또한 지금까지의 계획을 10년 앞당겨서 2030년에 온난화 가스 배출을 실질적으로 제로로 하겠다는 목표를 발표했다. 호주에서 2030년까지 150GW, 연간 1,500만 톤 규모로 그린 수소를 양산할 계획이다.

일본에서도 미쓰비시상사가 탄소 중립 사업에 2조 엔을 투자하는 등 상사 대기업은 활발하게 움직이고 있지만, 그린 수소에 대한 정부나 사회 전체의 대처는 희미한 상태다. 대처가 늦어질수록 다른 나라와의 경쟁에서 열세를 면치 못한다.

_노자와 테츠오(닛케이 크로스 테크·닛케이 일렉트로닉스)

019

인공 광합성

이산화탄소나 물에서 수소나 탄화수소를 생성,
효율 향상도 진행

:
:
:
:
:
:

기술 성숙 레벨 | **중**　2030 기대지수 | **30.7**

인공 광합성은 글자 그대로 식물의 광합성과 같은 화학반응
을 인공적으로 실현하는 기술이다. 석유에 의존하지 않고 이
산화탄소나 물에서 수소나 탄화수소라는 유용한 재료를 얻
는 방법으로 주목받고 있다.

신에너지·산업기술 종합개발기구(NEDO)와 '인공광합성화학프로
세스기술연구조합(ARPChem)'은 2021년 8월 26일 물을 태양광 에
너지와 광촉매로 분해해서 생성한 수소인 '솔라 수소' 시스템의
대규모 실증 실험에 성공했다고 밝혔다.

　실증 실험에서는 물을 넣고 태양광을 쏘이면 수소와 산소를 생
성하는 광촉매 패널 반응기와 그 혼합기체에서 수소를 분리하는
분리막을 내장한 가스 분리 모듈로 구성된 시스템의 규모 확장성
과 안전성을 검증했다.

ARPChem이 도쿄대학교, 후지필름, 토토, 미쓰비시케미칼, 신슈대학교, 메이지대학교와 공동으로 시행했다. 광촉매 패널 반응기의 수광 면적은 합계 100㎡로 ARPChem으로는 역대 최대 규모다. 시스템은 2019년 8월에 이바라키현 이시오카시의 도쿄대학교 시설에 설치했다.

실증 실험 결과, 물 분해반응으로 생긴 수소와 산소의 혼합기체에서 고순도의 수소를 안전하고 안정적으로 분리 및 회수하는 데 성공했다.

패널에서 태양광 에너지를 수소로 변환하는 변환 효율(Solar to Hydrogen, STH)은 0.76%라고 한다. 일반적인 물 전해 장치에서는 수소와 산소는 각각 다른 전극으로 나뉘어 발생하기 때문에 안전에 대한 우려가 작다. NEDO와 ARPChem의 시스템에서는 발생한 수소와 산소가 혼합된 상태로 얻어지므로 확인할 필요가 있었다.

인공 광합성의 효율을 높이기 위한 기술도 개발되고 있다. 닛산자동차는 2022년 1월 20일 도쿄공업대학교와 공동으로 장파장

[자료 3-20] 도쿄대학교 캠퍼스에 설치한 '솔라 수소' 생성 및 분리 시스템
(출처: NEDO)

광을 단파장광으로 고효율로 변환할 수 있는 고체 재료를 개발했다고 발표했다. 이 재료를 사용하면 광촉매 등을 이용하는 인공 광합성의 효율을 2배 높일 가능성이 있다. 범퍼 등의 수지 원료가 되는 올레핀의 제조에 응용하며 제조할 때의 이산화탄소 배출량 감축을 목표로 한다.

닛산과 도쿄공업대학교가 새로 개발한 기술은 '포톤 업 컨버전(UC) 고체 재료'다. 이를 사용하면 지금까지는 사용하지 않았던 장파장광을 이용할 수 있어서 수소 등의 생성 효율을 높일 수 있다. 태양광을 이용해서 물에서 수소와 산소를 광촉매로 생성하는 경우, 태양광의 고에너지의 단파장광(파란색 빛)을 주로 이용하고, 저에너지의 장파장광(녹색에서 연두색 빛)은 거의 사용되지 않았다.

닛산은 생성한 수소와 공장에서 회수한 이산화탄소를 합성해서 올레핀을 만드는 수준을 목표로 한다. 올레핀은 에틸렌, 프로필

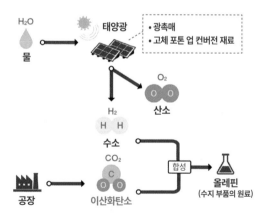

[자료 3-21] 인공 광합성에 의한 올레핀 생산
(출처: 닛산자동차)

렌, 프타디엔 등 고분자 화합물을 총칭하는 '불포화 탄화수소'인데 자동차용 부품의 대표적인 원료로는 폴리프로필렌, 폴리에틸렌 등이 있다.

새롭게 개발한 UC 고체 재료는 주로 유기EL에 사용되는 비교적 저렴한 재료를 이용한다. 가격이 비싼 재료로 백금을 사용하지만 '미량'이다(도쿄공업대학교 준교수 무라카미 요이치). 앞으로는 백금을 사용하지 않는 UC 고체 재료를 연구할 생각이다.

그동안 UC 재료는 가연성 액체인 경우가 많았다. 고체화된 경우에도 일반적으로 효율이나 광조사에 대한 내구성이 낮았다. 이번에 닛산과 도쿄공업대학교는 열역학적으로 안정된 고체상이면서 자연 태양광 강도의 몇분의 1이라는 극히 저강도 빛을 사용해서 장파장광을 높은 효율(이론 상한치는 약 30%)로 단파장광으로 변환할 수 있는 재료를 찾아냈다.

_노자와 테츠오(닛케이 크로스 테크·닛케이 일렉트로닉스),
시미즈 나오시게(닛케이 크로스 테크)

020

그린 콘크리트

이산화탄소를 흡수 및 고정해서
탄소 중립에 공헌

:
:
:
:
:
:
:

기술 성숙 레벨 | **상**　2030 기대지수 | **33.8**

제조할 때 이산화탄소를 흡수 및 고정할 수 있는 콘크리트
를 개발해서 실용화를 시작했다. 지금까지 콘크리트는 제조
할 때 이산화탄소를 대량으로 발생시키는 시멘트를 많이 사
용하고 있었다. 신기술에 의해 콘크리트는 '만들수록 이산화
탄소를 줄이는' 재료로 바뀔 가능성이 있다. 아직 용도는 제
한적이지만 대량으로 사용되는 재료라서 신기술이 보급되면
탄소 중립에 크게 기여할 전망이다.

타시세이건설은 타설 할수록 대기 중 이산화탄소를 줄이는 탄소
리사이클 콘크리트인 T-eConcrete/Carbon-Recycle(티콘크리트/탄
소 리사이클)을 개발했다.

　공장의 배출 가스에서 회수한 이산화탄소를 원료로 하는 탄산
칼슘 분말을 사용함으로써 콘크리트 제조과정에서 배출되는 이

[자료 3-22] T-eConcrete/Carbon-Recycle을 사용해서 현장에 타설하는 포장 시공 모습
(출처: 타이세이건설)

산화탄소의 양을 웃도는 고정 효과를 발휘한다. 콘크리트 타설량 1m³당 5~55kg의 이산화탄소가 대기 중에서 줄어든다.

탄산칼슘을 콘크리트에 섞으면 콘크리트 1m³당 70~170kg의 이산화탄소를 고정하는 효과가 생긴다. 이 회사에 따르면 땅속이나 해저에 이산화탄소를 봉쇄하는 CCS(이산화탄소 회수 및 고정)에 버금가는 고정량이다.

이 회사는 시멘트를 사용하지 않고, 제강 부산물인 고로 슬래그 주체의 결합재로 고화시키는 '친환경 콘크리트'라는 기술을 가지고 있다. 여기에 탄소 재활용 콘크리트 기술을 융합해서 이산화탄소 수지를 마이너스인 탄소 네거티브로 만들었다.

시멘트를 사용하는 통상적인 콘크리트 제조과정에서 이산화탄소 배출량은 1m³당 250~330kg으로 매우 많아 탄산칼슘에 의한 고정량을 웃돈다.

타이세이건설은 기술센터 부지에 탄소 리사이클 콘크리트를 현

[자료 3-23] 수이콤을 적용한 시마네현의 국도 보행로와 차로의 경계 블록
(출처: 가시마)

장에서 타격하는 실증시험을 했다. 탄소 네거티브에 도움이 되는 탄산칼슘을 사용한 현장 타격 콘크리트 포장은 최초라고 한다. 친환경 콘크리트로 만든 석재 건축자재의 포장 블록인 'T-razzo' 와 함께 5.3m³의 포장을 시공했다. 기존 콘크리트 포장과 비교해 총 1.5톤 분량의 이산화탄소 배출량을 줄일 수 있었다.

새롭게 개발한 콘크리트 사용에 특수한 설비는 필요 없으며, 콘크리트를 소량만 사용하는 공사에서도 이산화탄소를 줄일 수 있다.

가시마와 츄고쿠전력 덴카는 양생 중에 이산화탄소를 고정하는 콘크리트인 'CO₂-SUICOM'을 개발하고 있다. 덴카가 가진 소석회를 원료로 한 특수 혼화재 'γ-C₂S'는 5~30%의 비율로 시멘트와 치환하면 물과 반응하지 않고, 이산화탄소하고만 반응해서 굳어진다.

　여기에 시멘트 일부에 석탄재나 고로 슬래그 등 산업부산물을 이용하면 콘크리트 제조에 따른 배출량 이상의 이산화탄소를 흡수할 수 있다. 콘크리트 $1m^3$당 기존보다 이산화탄소를 300kg 줄일 수 있다는 계산이 나온다.

　약 10년 전에 실용화되었으며, 포장 블록이나 매설 형틀 등 2차 제품에서 실적이 있다. 가시마는 미쓰비시상사와 츄고쿠전력과 함께 현장 타설 등에 적용하려고 한다.

　미쓰비시상사는 북미나 영국에서 탄소 중립 콘크리트 기술을 개발하는 스타트업 3사에 자본을 참여하고, 협업도 했다. 각사의 기술과 지식을 집약해 이산화탄소 고정량과 사업 규모를 최대화하는 '그린 콘크리트 구상'을 내세웠다.

　구상을 진행하기 위해 미쓰비시상사는 여러 개의 비즈니스 유니트를 횡단하는 CCUS(이산화탄소 회수 및 유효 이용과 저장) 테스크포스(TF)를 만들어, 여러 산업을 아우르는 이산화탄소 순환 이용의 사업화를 진행하고 있다.

　콘크리트 사업은 CCUS 기술의 성숙 레벨이 높아, 국내외에서 이산화탄소 재활용 콘크리트의 사업화와 보급 확대를 노리는 스타트업이 늘어나고 있다.

_마나베 마사히코(닛케이 크로스 테크·닛케이 컨스트럭션),
우지이에 가나코(프리랜서 작가),
쿠와바라 유타카(닛케이 크로스 테크·닛케이 아키텍처),
하시바 가즈오(작가)

021

인공육

동물 세포를 기반으로 하는 배양육에 도전,
3D프린터로 성형하는 노력도

⋮
⋮
⋮
⋮
⋮

기술 성숙 레벨 | 중 **2030 기대지수 | 38.8**

인공육에는 동물에서 채취한 세포를 배양한 경우와 식물을
재료로 하는 경우가 있다. 일반적으로 전자를 배양육이라 부
르고, 후자를 식물성 고기라고 부른다. 배양육은 먹는 부분
만 직접 제조할 수 있다는 점에서 생산 효율이 높고 지속가
능성이 크다. 기존의 축산제품과 비교하면 가축의 온실가스
배출량이나 사료 및 물 소비량이 적어 환경부담이 낮다. 세
계의 인구증가에 따라 기존의 축산업만으로는 식육 수요를
충족시킬 수 없게 될 전망이라 배양육 보급이 기대된다.

일본에서는 인테그리컬쳐, 다이버스팜이라는 스타트업, 닛신식
품이나 도쿄대학교, 도쿄여자의과대학교, 오사카대학교, 규슈대
학교 등이 소와 닭의 배양육을 개발하고 있다.
　해외에서는 네덜란드의 모사미트, 이스라엘의 알레프 팜스 등

[자료 3-24] 오사카대학교가 시험 제작한 배양육의 단면
단면 크기는 약 5×5mm (출처: 오사카대학교 대학원)

이 소 배양육을, 네덜란드의 미타블, 미국의 포크앤굿 등이 돼지 배양육을 개발하고 있다. 미국의 핀레스푸드는 참치 배양육, 싱가포르의 시오크미트는 새우 배양육을 만들고 있다. 싱가포르는 2020년 12월 세계 최초로 배양육 판매를 승인했다.

오사카대학교 대학원 공학연구과와 시마즈 제작소, 시그막스시스는 2022년 3월 28일, 배양육을 3D프린터로 자동 제조하는 기계를 개발하기 위해 공동 연구를 진행한다고 발표했다. 2025년에 개최되는 오사카·간사이 엑스포에서 기계를 전시하고 배양육을 사용한 요리를 제공할 계획이다.

오사카대학교 대학원 공학연구과의 마쓰자키 미치야 교수는 2021년 8월에 3D프린터로 배양육을 제조하는 기술을 발표했다. 근육세포, 지방세포, 혈관내피세포를 각각 실처럼 출력해 분화

배양하면 세포가 모인 섬유를 만든다. 이를 축산에서 나온 쇠고기와 같은 형태로 나열하면 쇠고기의 조직을 재현할 수 있다.

앞으로 공동 연구를 통해 이 기술을 자동화하고 규모를 확대한다. 배양조의 넓이는 현재 가로세로가 몇 cm 수준이지만 수십 배 이상 확대할 계획이다.

시마즈제작소는 식물성 고기의 식감을 계측하는 기술도 갖추고 있어서 이 기술도 배양육에 응용한다. 감칠맛이 나는 아미노산 등의 성분을 고속 액체크로마토그래피, 냄새를 가스크로마토그래피, 씹는 맛에 해당하는 탄력을 텍스처 분석기로 계측한다. 제조한 고기의 식감을 검증해서 배양 과정을 개선한다. 미래에는 자동 제조 시스템과 함께 품질 관리 시스템을 판매할 계획도 있다.

시그막스시스는 상용화 후의 유통을 내다보고 공동 연구에 참가할 새로운 파트너를 탐색하며 제품을 홍보한다. 새로운 파트너로 식물성 고기를 판매하는 넥스트미트 자회사에서 배양육을 개발하는 닥터 푸드(Dr Foods)가 가세하는 등 해외에서 배양육을 개발하는 기업에서 문의가 오고 있다.

배양육 생산에서는 소, 돼지, 닭 등의 세포를 배양해서 덩어리 형태의 고기로 제품을 만든다. 덩어리를 만들 때 세포만으로 조직을 만들거나 혹은 콜라겐 등 세포 이외의 성분을 접착제로 투입하는 등 다양한 패턴이 있다. 일본에서는 전자를 많이 사용한다.

기존의 축산 육과 형태가 가장 비슷하고 개발하기 어려운 방법은 배양육의 세포 근육을 생체처럼 3차원 조직으로 만들고, 근육과 같은 기능을 부여하는 형태다. 도쿄대학교 대학원 정보이공학계 연구과의 다케우치 쇼지 교수는 닛신식품과 공동 연구를 하고 있다.

2019년 3월에는 가로세로 높이가 1cm인 '배양 스테이크 고기'를 개발했다고 발표해서 큰 화제가 됐다. 소의 근육세포를 신선한 쇠고기에서 꺼내어 판의 콜라겐 겔에 가늘고 긴 슬릿 속에 넣어 배양해서 근섬유로 분화시킨다. 판의 겔을 쌓아 올리면 근섬유가 세로로 쌓여 3차원 조직이 된다. 겔은 배양 과정에서 소화되어 최종 산물에는 남지 않는다.

2025년 3월까지 진행하는 프로젝트인데, 가로 7cm, 세로 7cm, 높이 2cm에 무게 100g 정도의 스테이크 고기를 목표로 한다. 가로 7cm, 세로 7cm의 얇은 시트 모양의 고기와 가로세로 몇 cm 수준에 높이 1cm 정도의 상자 모양 고기는 만들었다.

가늘고 긴 슬릿을 가진 판상의 젤. 슬릿에 근육세포를 주입

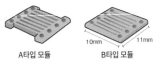

A타입 모듈   B타입 모듈

2종류의 젤을 교대로 겹쳐, 슬릿의 위치를 교대로 하여 배양. 3차원 조직이 가능

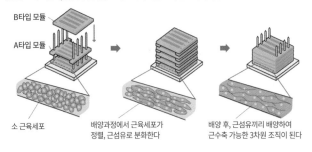

B타입 모듈
A타입 모듈

소 근육세포   배양과정에서 근육세포가 정렬, 근섬유로 분화한다   배양 후, 근섬유끼리 배양하여 근수축 가능한 3차원 조직이 된다

[자료 3-25] 배양 쇠고기의 조직화 수법

(출처: 타케우치 교수 등의 논문 Formation of contractile 3D bovine muscle tissue for construction of millimetre-thick cultured steak [npj Science of Food, 2021], 닛케이 바이오테크)

배양한 세포는 근섬유로 분화되어 전기 자극을 가하면 자극에 응답해 근수축을 보인다. 배양세포 모두를 분화시키기는 쉽지 않다. 근섬유 하나하나는 가늘고 약하다. 실제 고기에서 볼 수 있는 근육, 지방, 색깔을 어떻게 구현할지 역시 과제다.

다이버스팜은 재생의료용 연구에서 탄생한 독자적인 '세포 3D 조직화' 기술을 배양육 제조에 응용하고 있다.

이 회사는 세포를 일정한 공간에 가둬서 배양하는 '넷 몰드법'을 사용한다. 넷 몰드는 가로세로 5cm, 높이 1mm 정도의 시트 형태로 금속 그물로 만든 바구니처럼 생겼다. 여기에 배양한 근육세포를 투입해서 배양액 속에서 배양한다. 세포끼리 붙은 상태에서 배

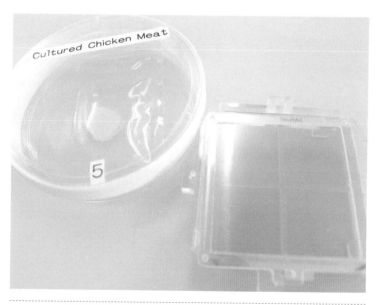

[자료 3-26] 넷 몰드(오른쪽)로 만든 닭 배양 고기(왼쪽)

(출처: 닛케이 바이오테크)

양할 수 있기 때문에 체내에서 일어나는 현상과 같은 세포 결합이 일어난다. 동물 세포 100%의 입체조직을 간단하게 만들 수 있다.

넷 몰드법은 오노 지로 사장이 독자 개발한 기술로 2017년 12월에 특허를 취득했다. 세포의 조직화 기술을 응용할 수 있는 분야로서 배양육에 주목했다. 다이버스팜은 오노 사장과 카이세키 요리점 '운카쿠'의 오너 주방장인 시마무라 마사하루 부사장이 창업했다. 배양육을 식품으로 판매할 수 있는 법이 정비되는 대로 운카쿠에서 배양육 요리를 제공하겠다고 한다.

레시피도 개발하고 있다. 배양 닭고기 숯불구이, 배양 닭고기 가지조림, 우엉 참깨 두부, 배양 푸아그라의 페이스트 반죽, 배양 오리고기 쌀가루 튀김, 배양 오리고기구이, 배양 오리고기 육수 샤브샤브와 찌개 요리, 배양 오리고기 튀김, 계절에 어울리는 앙금, 배양 닭고기의 부침과 무침, 배양 오리고기의 육수 오차즈케 등 시제품을 만들고 있다.

인공육으로서 먼저 보급되기 시작한 식물성 고기는 원료가 되는 콩의 풍미를 없애기 위해 진한 양념이 필요하다. 배양육은 풍미를 없앨 필요가 없어 싱겁고 섬세한 조리가 가능하다.

스타트업 인테그리컬처는 배양육의 과제인 배지 성분과 비용 절감에 노력한다. 배지 성분을 식품으로 인가된 재료로 대체할 필요가 있다. 연구용 배지는 식품 인가가 나지 않는 데다 가격이 너무 비싸다.

세포배양 실험에서 많이 사용되는 배지에 포함된 아미노산과 당류를 식품첨가물로 인가된 성분만으로 재현했다. 향후는 효모

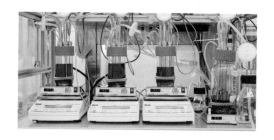

[자료 3-27] 배양 시스템 '컬넷 시스템(CulNet System)'
(출처: 인테그리컬처)

나 조류로 이런 영양분을 만들고, 엑기스를 배지에 추가한다. 연구용 배지의 최대 100분의 1 정도까지 비용 절감을 예상한다.

세포배양에서는 사이토카인이나 성장인자와 같은 단백질 성분도 먹을 수 있고 가격이 저렴한 재료로 대체할 필요가 있다. 인테그리컬처는 단백질 성분을 외부에서 투입하지 않고 배양 과정에서 제조하는 시스템인 '컬넷 시스템(CulNet System)'을 제품으로 개발한다.

배양하는 세포와 같은 동물의 장기에서 세포를 채취한다. 제품이 되는 고기의 배양조와 연결된 다른 배양조에 세포를 넣는다. 장기에서 채취한 세포에서 단백질 성분이 생산되어 배양 시스템에 방출하면 배양세포에 공급된다. 생체에서 장기가 각각 물질을 생산하고, 물질이 순환해서 작용하는 '장기간 상호작용'을 응용한 배양 시스템을 개발했다.

황새나 오리에서 배아막의 분비물이 간세포의 증식을 대폭 촉진한다. 근육세포 등 배양하는 세포의 종류에 따라 필요한 분비물은 다르다고 생각되므로, 컬넷 시스템은 필요에 따라 여러 장기를 배양 시스템에 추가해 구분해서 사용할 수 있게 한다.

배양육 제조가 본격화되고 규모가 커지면 저렴한 배지를 대량으로 사용할 필요가 있다. 유망한 아이디어가 있다. 해초류에서 추출한 당, 아미노산, 비타민 등을 배지로 이용하는 구상이다.

도쿄여자의과대학교 첨단생명의과학연구소의 시미즈 다쓰야 교수와 하라구치 유지 특임 준교수 그룹이 연구하고 있으며, 문샷형 농림수산연구개발 사업에 채택됐다.

배지 안에서 고기를 배양하고, 그 배지에서 해초류를 배양함으로써 고기 세포에서 나온 암모니아를 소화하고, 해초류의 세포에 당이나 아미노산을 축적한다. 늘어난 해초류에서 영양분을 꺼내 다시 배지에 첨가한다. 배지의 재활용을 제창하는 셈이다.

시미즈 교수의 계산으로는, 해초류를 사용한 배지 생산과 순환 시스템을 도입해서 배지를 재활용할 수 있게 되면, 배지 비용을 10분의 1 이하로 낮출 수 있다. 다른 비용 절감 기술과 조합하면 충분히 유통, 가능한 가격이 된다.

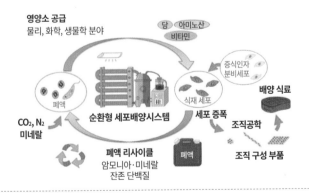

[자료 3-28] 미래 배양 식품 생산 시스템
배지의 재활용을 실장한 배양육 생산 개념도. (출처: 도쿄여자의과대학교 시미즈 타츠야 교수)

또한 향후 순환시스템을 갖춘 배양 기계를 개발할 계획이다. 수년 후에는 1회 순환으로 배양육 100g를 만들 수 있는 가정용 크기의 기계를 개발한다. 2030년까지 매일 배양육 1kg을 연속 생산할 수 있는 30m² 정도의 기계를 개발한다.

배양육의 사업화에는 법도 마련되어야 한다. 자유민주당은 2022년 6월 13일 '세포 농업에 의한 지속 가능 사회추진 의원연맹'을 출범시켰다.

세포배양에 의한 식량 생산에 대해 전문가들이 협의하는 'CRS 세포농업연구회'의 요시토미 아이모치 아비가일 사무국 홍보위원장은 크게 4가지 과제가 있다고 말한다.

우선, 안전성이다. 최종 제품인 고기뿐만 아니라 제조과정에서 사용되는 배양액에 대해서도 성분의 안전성이 확보되어야 한다. 배양액의 성분에는 최종 제품에 포함되지 않는 성분도 있으므로 어떻게 취급할지가 논점이 된다. 식품첨가물로 인가되지 않은 성분을 제조과정에서 사용해도 최종 제품에 포함되지 않으면 되는지, 제조과정에서도 사용하면 안 되는지에 따라 배양액 개발의 난이도가 달라진다. 명품으로 인정받는 소나 가축의 세포를 배양에 사용했을 경우의 지식재산권 취급도 중요하다. 배양육의 장점인 환경부하 감소에 대해서 각 제품이 어떻게 기여하는지 정보공개를 요청할 방침이다. 소비자들이 '배양육'이라는 호칭에 대해 더 좋은 이미지를 느끼도록 호칭을 바꾸려는 구상도 있다.

_기쿠치 유키코(닛케이 바이오테크)

4장

자동차
&
로켓

022

완전 자율 주행

운전자가 타지 않고
시스템이 운전을 모두 담당한다

:
:
:
:
:
:

기술 성숙 레벨 | **중**   2030 기대지수 | **46.4**

레벨4에 해당하는 완전 자율 주행차라고 하면 도요타자동차
가 2021년 도쿄올림픽과 패럴림픽 선수촌에서 선보인 '이-
팔레트(e-Palette)'가 기억에 새롭다. 시각 장애를 가진 패럴림
픽 선수와 접촉사고가 발생했지만, 대책을 강구하여 서비스
를 재개하였다. 자동차 메이커를 중심으로 레벨2 이상의 자
율 주행차 실증 실험이 진행되고 있다. 주행 환경에 따라 다
르기는 하지만, 표면적으로는 레벨2이면서 일부에서는 레벨
4 수준의 기술도 나오기 시작했다. 2030년 기대도 순위에서
3위를 차지해 비즈니스 리더의 기대가 크다.

자율 주행 레벨은 0에서 5까지 구분한다. 레벨이 올라갈수록 시
스템이 자율 주행을 담당하는 '완전 자율 주행'에 가까워진다. 사
람이 아닌 시스템이 운전 주체가 되는 레벨3 이상에 대응하는 자

[자료 4-1] 이바라키현 사카이초 일반 도로를 주행하는 자율 주행 셔틀
주행 경로에는 차도와 인도가 명확히 분리되지 않은 생활도로도 있다. (출처: BOLDLY)

율 주행차의 개발과 서비스 구축이 빨라지고 있다.

닛산자동차는 2021년 가을 요코하마시에 있는 미나토미라이와 차이나타운의 일반 도로에서 자율 주행 차량을 사용한 온디맨드 배차 서비스의 실증 실험을 시행했다. 사용한 차량은 이 회사의 미니밴 타입 전기차인 'e-NV200'을 기반해서 레벨2 자율 주행 차량으로 개조한 연구 차량이다.

고속도로에서 사용하는 레벨2의 첨단 안전 지원 시스템(ADAS)을 탑재한 시판용 차량과 비교하면 "훨씬 많은 외부 감시 센서를 탑재하고 있다(도이 미쓰히로 닛산 상무이사)." 운전석에 운전자가 탑승하지만, 이상이나 위험이 없으면 운전에 개입하지 않는다. 원격 감시만 하는 무인운전에 한발 다가선 형태다.

혼다는 협력업체가 개발한 차량을 사용해서 2020년대 중반에 레벨4의 '자율 주행 모빌리티 서비스' 사업화를 목표로 한다. 협업업체는 미국 제너럴모터스(GM)와 자회사로 혼다도 출자한 GM크루즈다.

자율 주행 모빌리티 서비스를 전개하려면 GM크루즈의 운전석이 없는 레벨4의 자율 주행 차량인 '크루즈 오리진'을 사용할 계획이다.

2021년 9월부터 우쓰노미야시와 도치기현 하가쵸에서 시작한 실증 실험에서는 GM의 전기차인 '쉐보레 볼트'를 기반으로 한 GM크루즈의 자율 주행 차량 '크루즈 AV'(레벨4 대응)를 사용한다. GM크루즈의 웹사이트를 보면, 크루즈 AV의 하드웨어 중에서 40%는 자율 주행을 위한 기능이다.

산하에 버스 사업자를 둔 윌러(WILLER) 등이 2021년 8월~10월 나고야시 쓰루마이 지역의 일반 도로에서 실시한 실험에서는 프랑스 나비야의 자율 주행 셔틀버스 '알마(ARMA)'를 사용했다. 알마의 총대리점인 맥니카에 따르면, 나비야는 알마를 레벨3 수준으로 평가하고 있다.

알마를 사용하는 기업 중에는 레벨4 수준이라고 보는 견해도 있

[자료 4-2] 후쿠이현 에이헤이지쵸 레벨3 이동 서비스 사용 원격 감시실
각 차량에 부착한 차량 주변과 차량 내부를 비추는 원격 감시용 카메라 영상이 모니터에 표시돼 있다. 각 차량의 소재와 상태, 통신 상태 등을 나타내는 화면도 있다. (출처: 닛케이 오토모티브)

다. 알마에는 스티어링 휠이나 브레이크, 가속 페달이 없다. 대신 게임기의 컨트롤러로 조작할 수 있다.

지자체에서도 더욱 고도의 자율 주행을 도입하려는 움직임이 있다. 이바라키현 사카이초와 소프트뱅크 자회사인 볼드리(BOLDLY)는 일반 도로에서 자율 주행 셔틀버스를 사용한 이동 서비스를 제공하며 2022년에 레벨4로 진화를 목표로 한다. 2020년 11월부터 시작한 이 서비스는 레벨2로 운용하여 최고속도는 20km/h 미만이다. 원격감시를 하며 필요한 경우에는 합승한 운전자가 게임기의 컨트롤러를 사용해서 개입한다.

볼드리는 2021년 하네다 이노베이션 시티에서 원격감시만 하는 레벨4의 자율 주행 실험을 성공시킨 바 있다.

후쿠이현 에이헤이지초는 철도가 폐선된 지역 도로인 '에이헤이지 로드'의 남쪽 약 2km 구간에서 원격감시와 조작만 하는 레벨3의 자율 주행 서비스를 2021년 3월부터 토, 일 공휴일에 한정하여 실시하고 있다. 이 구간에는 보행자, 자전거, 자율 주행 차량만 들어갈 수 있다.

사용하는 자율 주행 차량은 야마하 발동기의 전동카트 '랜드카'를 기반으로 개조했다. 원격 감시자는 한 명이다. 원격 감시자가 차량을 조작할 수도 있지만 현재는 거의 원격 조작은 하지 않는다. 그런 의미에서 레벨4라고 볼 수도 있다.

_토미오카 쓰네노리(닛케이 크로스 테크·닛케이 오토모티브)

023

무인운전 MaaS

무인운전에 의한 이동 서비스

⋮
⋮
⋮
⋮
⋮

기술 성숙 레벨 | 중   2030 기대지수 | 42.1

'마스(MaaS, Mobility as a Service)'는 서비스형 모빌리티, 이동 서비스를 가리킨다. 한편으로는 자동차나 철도 등 다양한 교통 수단을 IT로 통합한 차세대 교통 서비스의 총칭으로 사용되기도 한다. 일본에서는 '완전 자율 주행' 항에서 본 바와 같이, 원격감시만 하는 무인운전 이동 서비스로서의 '무인운전 MaaS'를 목표로 한 개발이 빨라지고 있다. 2020년대 중반에 사회에 보급하려는 시도가 많다. 자동차 메이커를 비롯한 기업과 지자체가 무인운전 MaaS를 추진하기 위한 활발한 움직임을 보이고 있다.

유럽의 업계 단체인 마스(MaaS) 얼라이언스는 마스를 "여러 개의 교통 서비스를 온디맨드로 이용할 수 있는 단일 모빌리티 서비스로 통합"한다고 정의한다. 일본에서는 자율 주행차를 이용한 이

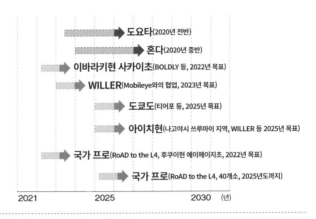

[자료 4-3] 원격감시만으로 무인운전하는 MaaS의 사회 실현 목표 시기
대표적인 내용만 기재 (출처: 닛케이 크로스 테크)

동 서비스로서 마스(MaaS)를 인식하는 경우가 많다.

배경에는, 지방의 인구 감소와 교통과 수송 사업자의 운전자 부족이라는 문제가 있다. 도시에서 이동의 자유를 한층 더 높이고 싶다는 니즈도 뒷받침한다.

도요타자동차는 여러 지역에서 마스 상용화를 목표로 한다. 예를 들어 시즈오카현 소노시에 만들고 있는 미래형 실험도시 '우븐 시티(Woven City)'에서 사람들이 생활하는 현실 환경에서 자율 주행 셔틀인 이-팔레트를 이용할 계획이다. 이런 시도를 통해 더욱 안전. 안심. 쾌적한 마스를 제공할 수 있도록 진화시킨다.

혼다는 2020년대 중반에 레벨4 수준의 '자율 주행 모빌리티 서비스'의 사업화를 예상한다. 닛산은 무인운전으로 '마스 실용화'를 목표로 한다. 기존의 자동차 메이커의 움직임과 더불어 앞에서 소개한 휠러나 볼드리 등 자동차 메이커 이외의 기업, 또는 지

[자료 4-4] 에이헤이지초 마을 원격감시 및 조작만 하는 레벨3 자율 주행 서비스 주행 장면
철도 폐선 지역에서 토, 일, 공휴일에 운행하고 있다. 노면에 보이는 검은색 선 쪽에 전자 유도선이 부설되어 있다.
(출처: 닛케이 크로스 테크)

자체에서 무인운전을 위한 마스를 개발하고 있다.

자율 주행 기술을 개발하는 티아포나 손해보험재팬도 마스의 원격감시와 무인운전에 적극적이다. 티아포는 2020년 11월 도요타의 택시 전용 차량인 '재팬 택시'를 기반으로 하는 자율 주행 차량을 사용해서 니시신주쿠 지역의 공공도로에서 자율 주행을 실험했다. 운전자는 합승하지 않고 원격감시만 하면서 주행했는데 레벨4에 해당한다.

휠러는 무인운전인 이동 서비스를 2023년에 시작한다는 목표를 내세운다. 이스라엘의 모빌아이(미국 인텔 자회사)와 파트너십을 맺고, 모빌아이의 자율 주행 기술과 차량을 사용한다. 완전 자율로 주행하는 로보택시와 자율 주행 셔틀로 완전 자율 주행의 온디맨드형 공유 서비스 사업을 목표로 한다.

일본 정부는 2022년경에 지역 한정으로 원격감시만 하는 무인 자율 주행 이동 서비스의 실현을 목표로 한다. 경제산업성과 국토교통성은 레벨4의 마스 실현과 보급을 위해 연구개발부터 실증 실험과 사회 보급까지 일관되게 추진하는 프로젝트로 '자율 주행 레벨4 등 첨단 모빌리티 서비스 연구개발과 사회 보급 프로젝트(ROAD to the L4 프로젝트)'를 2021년도에 시작했다.

2025년까지 40개 이상의 지역에서 레벨4의 무인 자율 주행 서비스 실현을 목표로 한다. 이 프로젝트에서 2022년을 목표로 원격감시만 하는 레벨4의 자율 주행 서비스를 실현하는 후보지로 여겨지고 있는 곳은 앞서 언급한 후쿠이현 에이헤이지초다.

_토미오카 츠네노리(닛케이 크로스 테크·닛케이 오토모티브),
키요시마 나오키(닛케이 크로스 테크·닛케이 컴퓨터)

024

차량용 인공지능 반도체

첨단운전자지원시스템(ADAS) 등에 이용

:
:
:
:
:
:
:

기술 성숙 레벨 | **상**　2030 기대지수 | **18.4**

자동차에 탑재하는 SoC(System on Chip, 단일 칩 시스템)에 ADAS (Advanced Driving Assistant System, 첨단운전자지원시스템)에 사용하는 인공지능 기능이 들어오고 있다.

SoC는 장치나 시스템 등에 필요한 기능을 모두 하나의 반도체 칩에 넣는다. 각 기능을 통합하면 소형, 고속, 전력 절약의 이점이 있다. 차량 탑재용 SoC에는 세계의 반도체 기업들이 뛰어들고 있다. 일본에서는 르네사스일렉트로닉스가 고성능 인공지능 액셀러레이터를 포함한 차량용 SoC를 개발한다.

ADAS와 자율 주행 시스템에 사용하는 차량용 SoC는 이스라엘의 모빌아이와 미국 엔비디아 등 IT업계의 반도체 대기업이 강하다. 최근에는 미국 퀄컴과 같은 모바일 업계의 반도체 대기업도 차량 탑재 분야에 뛰어들고 있다.

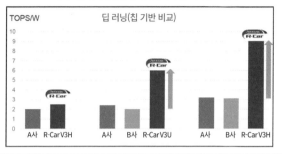

전력 성능 비교

● 르네사스는 전력 성능면에서 경쟁사와 큰 차이를 보인다

[자료 4-5] 딥러닝 추론 성능/전력비
(출처: 르네사스일렉트로닉스)

특히 레벨2~3의 ADAS와 자율 주행 시스템은 2025~2030년에 보급기를 맞이하며 ECU(전자제어장치)의 저소비전력화와 저비용화가 경쟁의 중심이 될 전망이다. 여기에 2030~2035년에는 레벨4 이상의 완전 자율 주행 시스템 보급이 예상되어, 모빌아이와 엔비디아는 이미 고성능 차량 탑재용 SoC를 발표한 바 있다.

한편 일본에서는 르네사스일렉트로닉스가 개발하고 있으며, 인공지능 액셀러레이터의 성능 대비 전력에서 경쟁사와 큰 차이를 보인다.

2022년 3월 발표한 7nm 세대 차량용 SoC인 'R-Car V4H'는 딥러닝 추론으로 16TOPS/W(소비전력 1W당 1초에 16조회 처리)를 달성해서 세계 최고 수준의 성능 대비 소비전력을 실현했다. 이 회사에 의하면 경쟁사의 약 3배라고 한다. 즉 같은 성능을 보이는 TOPS 값이라면 칩의 소비전력을 3분의 1로 줄일 수 있다. 수냉이 아닌 공냉이 가능해지면 ECU 비용을 대폭 낮출 수 있다.

　이러한 기술우위가 레벨4 이상의 완전 자율 주행 시스템 시장에서 사용될 수 있을지는 르네사스일렉트로닉스가 경쟁사의 동향을 보면서 판단한다.

_키무라 마사히데(닛케이 크로스 테크·닛케이 오토모티브)

025

전기차용 변속기

효율이 좋은 영역에서 모터 구동, 주행거리 연장

⋮

기술 성숙 레벨 | 중   2030 기대지수 | **13.5**

전기차(EV, Electric Vehicle)에 변속기를 달고 효율이 좋은 영역에서 모터를 구동시켜 주행거리를 연장한다. 여기에 구동 토크를 높여 주행 성능을 개선한다. "모터를 구동하는 전기차에 변속기는 필요 없다"라는 의견도 있지만, 부품 메이커는 엔진을 사용하는 자동차 기술을 활용해서 개발한다. 전기차에 변속기를 도입하면 엔진 자동차에 뒤지지 않는 성능을 구현할 수 있다.

아이신과 독일 ZF 같은 변속기 대기업과 자동차 부품 메이커인 독일 보쉬는 전기차(EV)용 변속기를 개발한다. 닛산자동차 그룹의 자동차 부품 메이커인 자트코는 2020년대 초반 양산을 목표로 이미 시제품을 탑재한 차량으로 성능을 평가하고 있다.

전기차용 변속기에는 기계 부품 메이커도 관심을 보인다. 예를 들어 니혼세이코(NSK)는 전기차용 2단 변속기의 개념을 설계했으며, 이르면 2024년에 개념 설계를 구현하는 디바이스를 제품화한다.

각 기업이 변속기를 개발하는 이유는 엔진 시대의 기술 자산을 활용할 수 있기 때문이다. 자트코의 마에다 마코토 이노베이션 기술개발부 부장은 "기어의 재료나 윤활유는 지금까지 축적해 온 지식을 활용할 수 있다"라고 말한다. 보쉬 파워트레인 솔루션 사업부 트랜스미션 사업실의 쇼다 다이스케 1G 매니저에 따르면, "무단 변속기(CVT) 벨트는 엔진 자동차에 사용하는 제품을 그대로 사용할 수 있다."

전기차용 변속기에 대해 주행거리 연장이나 최고 속도 향상과 같은 이점이 많지만, 한편으로 필요 없다는 주장도 있다. 일본의

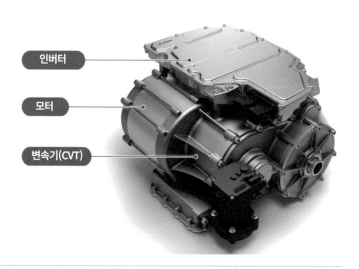

[자료 4-6] 보쉬의 EV용 변속기(CVT)
화상은 모터나 인버터와 일체화한 전동 액슬 상태. (출처: Bosch)

자동차 메이커의 어느 전기차 기술자는 "모처럼 전기차(EV)로 만들어 변속기를 없앴으니, 단순한 시스템 구성이 좋다"라고 말한다. 전기차의 모터는 전력 소비량의 폭넓은 동작 영역에서 90% 이상의 모터 효율을 달성할 수 있다.

실제로 현재 양산 중인 전기차는 대부분 변속기를 사용하지 않는다. 양산 전기차에서 변속기를 탑재한 모델은 독일 포르쉐의 고급 전기차인 '타이칸(Taycan)'과 독일 아우디의 'e-tron GT' 정도다. 2단 변속기를 사용해서 최고 속도 확보와 저속 영역에서의 가속 성능 향상을 노린다. 타이칸은 고성능 모델로 260km/h라 엔진 자동차에 뒤지지 않는 성능을 구현했다.

변속기가 없는 대부분의 양산 전기차는 최고 속도를 160km/h 이하로 억제하고 있다. 시내에서 운전하는 정도로는 충분하지만, 고성능 엔진 자동차와 비슷한 성능을 추구하려면 현재의 전동 파

[자료 4-7] 경사 30% 언덕길에서 'CVT4EV' 시제품의 차를 체험
보쉬가 개발한 'CVT4EV'의 시제품. 변속기 기능을 온/오프할 수 있다. 두 상태에서 시승하고 비교했다. (출처: 닛케이 오토모티브)

워트레인으로는 부족하다.

최고 속도 부족 외에도 "고속주행 시에 배터리 감소가 빠르다"라거나, "무거운 짐을 싣고 발진하면 힘이 부족하다고 느낀다"라는 의견도 전기차 사용자들이 토로한다. 전기차용 영구자석형 동기 모터(PMSM, Permanent Magnet Synchronous Motor)는 고속주행 시에 회전에서 생기는 역기전력으로 회전저항을 만들어 효율을 떨어뜨리기 때문이다. 회전수에 맞춰 변속하면 "D세그먼트 차량의 경우에는 최대로 효율을 4% 향상할 수 있다"라고 보쉬는 지적한다.

전기차용 변속기는 향후 대형차부터 도입이 진행될 전망이다. 자동차업체의 어느 기술자는 "탑재할지 여부를 결정하는 경계선은 C세그먼트 차량"이라고 본다.

_쿠메 히데타카(닛케이 크로스 테크·닛케이 오토모티브)

026

1.5GPa급 냉간 프레스재

성형이 어려운 고강도 재료를
저비용으로 차체 골격에 사용

.
.
.
.
.
.
.

기술 성숙 레벨 | **상**   2030 기대지수 | **3.7**

도요타자동차는 2021년 10월 선보인 신형 SUV(다목적 스포츠 차량) '렉서스 NX'의 차체 골격에 인장강도가 1.5GPa(기가파스칼)급인 고장력 강판인 냉간 프레스재를 사용했다. 차체 골격에 사용하는 1.5GPa급 고장력 강판은 지금까지 핫스탬프(Hot Stamp, 고장력 강판의 고온 프레스재)의 독무대였다. 프레스 성형이 어려웠던 부위에 사용할 수 있게 되면서 1.5GPa급 고장력 강판의 주역이 핫스탬프에서 냉간 프레스재로 교체될 가능성이 커졌다.

그동안 1.5GPa급 냉간 프레스재는 치수를 높은 정밀도로 맞추기 어렵다는 문제가 있었다. 도요타자동차는 JFE스틸이 개발한 새로운 냉간 프레스용 강판과 성형법을 활용함으로써 벽을 뛰어넘었다. 새로운 성형법을 이용한 차체 제조는 자동차 관련 부품을 타이헤이요코우교가 담당했다.

[자료 4-8] 도요타자동차의 신형 '렉서스 NX'
1.5GPa급 냉간 프레스재를 중앙 루프·크로스·멤버에 사용했다. 소재는 JFE 스틸이 공급. 이 회사가 개발한 신공법을 이용해 태평양 공업이 제조했다. (출처: 도요타자동차)

도요타가 1.5GPa급 냉간 프레스재를 적용한 차량은 신형 렉서스 NX처럼 강판제 루프를 채택한 차종이다. 중앙 루프·크로스·멤버에 사용하고 있다.

중앙 루프·크로스·멤버는 좌우의 센터필러와 연결된 환상 구조의 차체 골격을 형성한다. 차체 골격을 환상 구조로 만들면 차체의 강도를 높일 수 있다. 신형 렉서스 NX는 1.5GPa급 냉간 프레스재로 변경함으로써 측면 충돌에 대한 안전 성능을 높였다.

JFE스틸은 성형성이 뛰어난 냉간 프레스용 1.5GPa급 고장력 강판과 '스트레스 리버스 공법'이라는 새로운 성형법을 개발했다.

새 강판에는 이 회사의 '물 담금(WQ) 방식 연속 어닐링 프로세스'를 활용해서 소재 조직을 세밀하고 균일하게 한다. 성형성을 담보하면서 강재에 침입한 수소 원자에 의해 강재의 강도가 떨어지는 현상을 막았다.

새로운 성형법의 특징은 프레스 공정을 두 가지로 나눈 점이다. 제1 공정에서는 부품의 최종 형상보다 크게 구부린다. 제2 공정

[자료 4-9] 신형차 보디 골격
측면 충돌 대응에 더해 경량화와 원가절감을 양립하기 위해 중앙 루프 크로스 멤버에 1.5 GPa급 냉간 프레스재를 적용했다. 센터필러와 프론트필러는 1.5GPa급 핫 스탬프다. (출처: 도요타자동차, 닛케이 오토모티브)

에서는 제1 공정과 반대 방향(평평해지는 방향)으로 구부려 최종 형상 부품으로 마무리한다. 신공법은 바우싱거 효과(Bauschinger effect)라는 금속재료 특유의 성질을 이용했다. 가공 방향을 거꾸로 한 후의 변형 응력이 거꾸로 하기 전의 변형 응력보다 작아지는 효과다. 이 특성을 이용해서 프레스 성형 때 발생 응력을 작게 한다. 프레스 성형 후에 원래의 형태로 돌아가려는 스프링백량을 줄임과 동시에 제조 로트에 따라 소재 강도에 차이가 나서 치수 정밀도가 악화하는 현상을 방지했다.

JFE스틸이 개발한 신공법을 실제로 냉간 프레스 성형 양산 라인에 적용한 기업이 바로 타이헤이요코우교다. 생산성은 현재 주류인 핫스탬프보다 1.5GPa급 냉간 프레스재가 동급 몇 배 더 좋고, 생산 비용도 핫스탬프보다 낮게 억제할 수 있다.

___다카다 타카시(닛케이 크로스 테크·닛케이 오토모티브)

027

소형 전동 액슬

구동용 모터를 초고속 회전시켜 소형 경량으로

. . . .

기술 성숙 레벨 | 중   2030 기대지수 | 8.7

도요타자동차 그룹에서 단조품 등을 다루는 아이치제강은 전기차의 핵심 부품인 '전동 액슬'을 개발하고 있다. 모터를 고속 회전시켜 감속비를 높임으로써 기존 제품에 비해 부피와 중량 모두 40% 작게 만들었다. 그 결과, 부족한 전자 강판 등 모터에 사용하는 재료 사용량을 줄였다. 2030년 양산을 목표로 한다.

전기차에 사용되는 전동 액슬은 구동용 모터와 인버터, 기어박스(감속기와 차동기어장치)를 일체화한 전동구동 모듈이다.

 전동 액슬을 소형 경량화하기 위해 아이치제강은 모터 회전수를 34,000rpm까지 높였다. 모터 출력은 토크와 회전수의 곱으로 결정되며, 모터 부피는 토크의 크기에 비례한다. 회전수를 두 배 늘리면 2분의 1의 토크로 같은 출력을 얻을 수 있어 모터 부피를

[자료 4-10] 아이치 제강이 개발한 전동 액슬
치수는 길이 345×폭 386×높이 240mm. 최고 출력은 90kW. 차축에서 얻을 수 있는 최대토크는 1850N·m.
(출처: 닛케이 오토모티브)

절반으로 줄일 수 있다.

아이치제강의 노무라 가즈에 개발본부장은 34,000rpm 회전수에 대해 "차량에 탑재할 수준의 크기를 가진 모터로는 세계 최초"라고 말했다. 현재 전기차 구동용 모터는 고속 회전하는 제품이라도 20,000rpm을 넘는 정도다.

고속 회전 기술은 회사가 강점을 가진 자석 기술이다. 도호쿠대학교와 공동 개발한 네오디뮴(Nd)계 이방성 자석 분말과 절연체 수지를 섞은 재료를 모터 회전자(로터)용 자석에 사용했다.

이 재료는 일반적인 로터에 사용하는 소결자석보다 전기저항이 높고, 고속 회전에서 생기는 와전류에 의한 손실을 억제할 수 있

주요 구성 재료	아이치제강 개발품	일반적인 전동 액슬
전자 강판	25	100
구리	30	100
자석	30	100

[자료 4-11] 전동 액슬의 모터부에서 각 재료의 사용량
수치는 일반적인 전동 액슬을 100으로 했을 때의 상대치. 아이치 제강의 개발품과 일반적인 전동 액슬로 출력을 갖추어 비교했다. (출처: 아이치제강, 닛케이 오토모티브)

다고 한다. 더욱이 이 재료를 로터에 충전하여 자기장을 걸면 일체 성형할 수 있어 고정밀 회전에 도움이 된다.

아이치제강이 소형 경량화를 진행하는 목적 중의 하나는 재료 사용량을 줄이기 위해서다. 이 회사가 개발한 제품은 일반적인 전동 액슬에 비해 모터의 철심에 사용하는 전자 강판을 75% 삭감할 수 있으며, 구리와 자석도 각각 70% 줄일 수 있다.

재료 사용량 절감을 목표로 하는 이유는 전기차 보급에 따라 모터 수요가 급증해서 향후 원자재 조달과 가격변동이 리스크가 될 전망이기 때문이다.

조사업체인 미국 S&P글로벌의 자동차 부문(전 영국 IHS마켓의 자동차 부문)은 전기차용 모터 철심에 사용하는 전자 강판 공급이 2025년 이후 부족할 위험이 있다고 지적한다. 계산상으로도 부족량이 2027년 35만 톤 이상이며, 2030년에는 90만 톤을 초과할 우려가 있다.

또한 전자 강판에 한정되지 않고, 구리나 자석도 "각 자동차 메이커의 전기차 판매 목표가 실현되면 쟁탈전이 일어난다(노무라 본부장)"라고 전망된다.

그래서 아이치제강은 재료 삭감을 위해 소형 전동 액슬을 개발한다. 2022년부터 2023년까지 전동 액슬의 차량 탑재성을 고려하여 문제를 해결할 예정이다.

_혼다 코키(닛케이 크로스 테크·닛케이 오토모티브)

028

보행자 보호 에어백

자동차에 치인 보행자의 머리를
충격에서 보호하는 실외 에어백

:
:
:
:
:
:
:

기술 성숙 레벨 | **상**   2030 기대지수 | **6.5**

교통사고 종합분석센터의 조사에 따르면, 일본의 보행자 사
망사고는 차체 전방 부위와 머리가 부딪쳐서 치명상을 입는
경우가 대부분이다. 이에 에어백 대기업인 도요타고세이는
보행자 머리 보호 에어백을 실용화했다. 탑재 차량이 보행자
와 충돌하면 에어백이 엔진룸에서 자동차 밖으로 펼쳐진다.
앞 유리창 아래나 프론트 필러와 같은 단단한 부위를 덮기
때문에 차체 전방 부위에 부딪힌 보행자의 머리를 충격에서
보호한다.

도요타고세이가 개발한 보행자 보호 에어백은 스바루가 2021년
출시한 신형 SUV(다목적 스포츠 차량) '레거시 아웃백'에 탑재되었다.
　프론트 필러를 덮는 부분에 에어백 내압을 유지하는 '체크밸브
구조'라고 부르는 독자 기술을 채택했다. 프론트 필러부와 머리

[자료 4-12] 보행자 보호 에어백 탑재 이미지
범퍼 내부의 센서가 보행자를 감지하면 엔진룸에서 나온다. 차량은 스바루의 SUV '레거시 아웃백'. (출처: 스바루)

가 부딪치면 에어백이 눌려져 내부의 밸브가 닫힌다. 이 기술에 의해 에어백의 다른 부분으로 공기가 흐르지 않아 내압을 유지할 수 있다.

다른 나라에서는 볼보가 2013년에 처음으로 보행자 보호 에어백을 실용화했다. 공급한 기업은 스웨덴의 오토립이다. 도요타고세이는 체크밸브 구조를 사용해서 보행자 보호 성능을 향상시켰다.

스바루는 보행자 보호 에어백 탑재에 적극적이다. 레거시 아웃백 이전에도 2016년에 '인프레사'에 사용했으며, '포레스터'와 '레보그'에도 표준으로 사용했다. 이 회사는 첨단운전자지원시스템(ADAS)인 '아이사이트'를 기반으로 안전 성능을 높이고 있는데, 충돌 안전 성능 향상을 위해 에어백도 계속 탑재할 전망이다.

반면 스바루를 제외한 일본 자동차 메이커는 보행자와 충돌 시

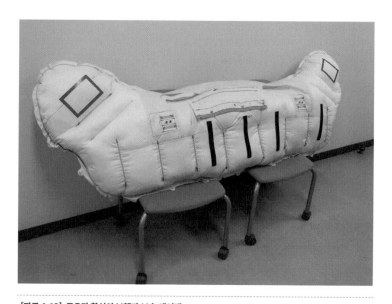

[자료 4-13] 도요타 합성의 보행자 보호 에어백

용량은 130L, 중량은 약 7.5kg. 충돌 위치의 불균형에 대응하기 위해 대형으로 한다. 충돌 시간도 어긋나기 때문에 일반 에어백 대비 3배가량 오랜 시간 부풀어 오른 상태를 유지한다. (출처: 닛케이 오토모티브)

에 머리에 주는 충격을 줄여주는 기능으로 '팝업 후드'를 사용한다. 보행자와의 충돌을 감지하면 화약이 폭발해서 프론트 후드를 들어 올린다. 후드 내부에 있는 엔진의 딱딱한 물질과 머리 사이에 공간을 만들어 충격을 줄인다. 주로 후드 위치가 낮고 엔진과의 공간이 작은 차량에 사용한다.

　보행자 보호 에어백을 펼칠 때 프론트 필러와 같은 단단한 부위를 덮기 때문에 안전성 측면에서 팝업 후드보다 좋아 보인다. 일본 시장에서 많이 사용하면 큰 효과를 기대할 수 있다. 교통사고 종합분석센터에 따르면, 일본은 외국과 비교해 교통사고 사망자 중에서 보행 중 사망자 수가 높으며 사인의 60% 가까이는 머리 손상이다.

보급하려면 자동차 평가를 변경해야 한다. 유럽에서 자동차를 평가하는 'Euro NCAP'은 자전거 운전자를 보호하는 방안을 논의하고 있는데, 2023년 이후에 평가 항목에 추가될 전망이다.

실현되면 일본의 자동차 평가 'JNCAP'에 도입될 가능성이 있어 자동차 메이커는 이에 대응해야 한다. 이런 움직임을 예상하고 도요타고세이는 에어백의 프론트 필러부를 위쪽으로 늘리는 등 에어백을 개량하고 있다.

보행자 보호 에어백은 이미 평가기관에서도 좋은 평가를 받았다. 이 에어백이 펼쳐질 때 감싸는 앞 유리창 아래나 프론트 필러가 보행자 머리 보호 성능 시험 부위로 포함되기 때문이다. 이들 부위의 평가에서 에어백 탑재 차량과 비탑재 차량은 차이가 난다.

문제도 있다. 에어백 비용이 비싸지만 에어백을 부풀리는 인플레이터 등의 기능을 낮춰 비용을 줄일 수 있다. ADAS 센서가 진화해서 보행자와 충돌이 불가피하다는 사실을 미리 감지할 수 있다면, 에어백을 부풀릴 시간을 오래 확보할 수 있다. 현재의 보행자 보호 에어백의 인플레이터는 충돌 후 단시간에 급격히 부풀어 오른다.

__혼다 코키(닛케이 크로스 테크·닛케이 오토모티브)

029

운전자의 뇌 기능 저하 예측

운전자의 이상을 예측해서 사고를 줄이다

기술 성숙 레벨 | **중**　2030 기대지수 | **20.9**

교통사고는 대부분 운전자의 부주의나 이상에 기인한다. 마쓰다는 자동차가 운전자의 부주의나 이상을 감지해 자동차를 제어하고, 차선을 유지하면서 정지시켜 사고를 막는 기술을 개발하고 있다. 운전자가 개입하지 않는 레벨4, 레벨5의 완전 자율 주행으로 사고를 감소하려는 움직임이 있지만, 모든 자동차가 자율 주행하지는 않는다.

2021년 11월 마쓰다가 발표한 운전자 보조 기술 '코-파일럿(CO-PILOT)'은 운전 중에 운전자가 쓰러지거나 조는 이상을 감지하면, 자동차를 안전하게 정지시키는 기술이다. 코-파일럿은 항공기의 부조종사를 말한다.

현재의 첨단운전자지원시스템(ADAS)인 '아이-액티브센스(i-ACTIVSENSE)'에 추가한 기능으로 2022년에 출시하는 새 플랫폼

'라지'를 적용하는 자동차부터 '1.0버전'을 도입한다. 2025년 이후에 개량판인 '2.0버전'을 투입할 계획이다.

1.0버전에서는 운전자가 쓰러지는 등 이상이 생긴 상황을 감지한다. 2.0버전에서는 운전자의 뇌 기능이 저하되는 이상을 예측하는 독자 알고리즘을 사용한다. 이상이 생기기 전부터 위험회피 동작을 이행할 수 있다면 안전성을 더욱 높일 수 있다.

마쓰다에 따르면, 운전자 이상으로 인한 내인성 사고 중에서 90%는 간질, 뇌혈관질환, 저혈당, 심질환으로 인해서인데 모두 뇌 기능 저하를 동반한다.

이에 마쓰다는 세 가지 알고리즘을 바탕으로 뇌 기능 저하를 예측하는 기술을 개발했다. 첫째, 운전 조작을 이용하는 알고리즘이다. 핸들이나 페달의 조작량과 평상시의 운전 조작량의 차이를 보고 뇌 기능의 저하를 추정한다. 둘째, 머리의 움직임이다. 머리의 진동을 보고 이상을 예측한다. 셋째, 시선이 특정 위치로 치우

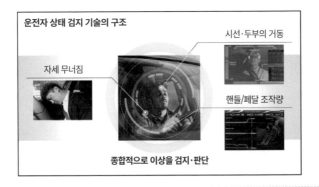

[자료 4-14] 운전자 상태 검지 구조
(출처: 마쓰다)

[자료 4-15] 2021년 12월 마쓰다는 도내 공공도로에서 자동 대피 기술을 시연했다
(출처: 닛케이 크로스 테크)

침을 보고 이상을 판정한다.

마쓰다에 따르면 "뇌 기능이 저하하면 색깔이나 휘도 등 주위와 다른 장소에 무의식적으로 시선이 쏠리는 경향이 있다." 정상적인 운전자는 의식적으로 거울이나 계기판에 시선을 집중하지만, 뇌 기능이 저하하면 이런 경향이 약해진다. 해상도가 VGA(약 30만 화소) 수준의 전방 카메라 영상에서 무의식적으로 주의를 기울이는 장소를 가시화하는 '세일리언시 맵(Saliency map)'을 작성하고, 운전자의 시선 방향과 겹쳐서 판정한다.(세일리언시 맵은 책의 94번 기술을 참조)

세일리언시는 현저성으로 번역한다. 세일리언시가 높은 곳에 운전자의 시선이 집중되면 뇌 기능이 저하되어 있을 가능성이 있

다고 판정한다. 시선 감지에는 기존의 운전자 모니터를 이용한다.

마쓰다의 기술자에 의하면, 이상을 예측하는 기술의 목표는 정해져 있다. 향후 과제는 검증 데이터를 모으는 작업이다. 뇌 기능이 저하되는 사례는 드물어서 검증에는 뇌 질환이 있는 환자의 협조가 필요하다. 더불어 세일리언시 맵 작성과 이상 판정에는 계산량이 크다는 과제도 있다.

상품전략본부의 도치오카 타카히로 기술기획부 주사는 운전자의 이상을 예측할 수 있으면, "사망 중상 사고를 30% 줄일 수 있다"라며 이점이 크다고 말한다. 고령화가 진행되는 일본에서 운전자 이상에 의한 사고는 큰일로 이어질 수 있다.

마쓰다는 완전 자율 주행차가 공공도로를 자유롭게 달리는 시대가 오려면 시간이 필요하다고 본다. 현재의 기술을 사용해 사고를 줄이려면, 코-파일럿처럼 운전자의 이상 감지와 자동 회피 기능을 조합하는 기술이 효과적이라고 생각한다.

_시미즈 나오시게(닛케이 크로스 테크),
타카다 타카시(닛케이 크로스 테크·닛케이 오토모티브)

030

충전 도로

주행 중인 전기차에 도로와 가로등이 전기를 공급

:
:
:
:
:
:
:

기술 성숙 레벨 | **중**   2030 기대지수 | **28.5**

도로를 주행 중인 전기차가 자동으로 충전할 수 있는 시스템. 도로에 매설한 코일을 사용해서 전자 유도에 의한 충전이나 레이저광을 활용하는 광 무선 충전 기술이 나오고 있다. 실용화되면 자동차의 전기화가 탄력을 받게 된다.

2022년에는 전기차나 자율 주행차를 위해 주행 중에 비접촉으로 충전하거나 차량용 센서로 검지할 수 없는 정보를 제공하는 등 도로에서 대응하는 기술이 개발되고 있다.

전기차의 문제 중 하나는 충전이다. 가솔린 자동차에 주유하는 경우와 비교해서 많은 시간이 걸린다는 점은 충전소를 늘리는 방식만으로는 해결되지 않는다. 비장의 카드로 기대되는 기술은 자동차 주행 중에 충전하는 방식이다. 기술 개발에 전력회사와 전기제품 메이커 등 다양한 회사가 임하고 있다.

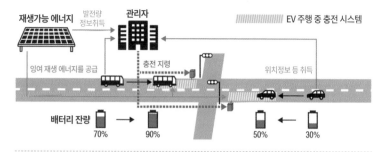

[자료 4-16] 간사이전력, 다이헨, 오바야시구미 3사가 개발하는 에너지 매니지먼트 시스템의 이미지
(출처: 3사 자료 제공, 닛케이 컨스트럭션)

간사이전력, 다이헨, 오바야시구미는 2021년 11월 신에너지·산업기술종합개발기구(NEDO)의 보조금 사업에 충전 시스템 개발이 채택됐다고 발표했다. 신호대기 등으로 정지시간이 긴 교차로 앞에 코일을 매설하고 전자 유도로 차량에 충전한다. 코일이 보내는 전자계가 주변에 미치는 영향을 평가하고 시스템 안전성을 검증한다. 코일의 적절한 매설 위치를 검토하며 내구성을 평가한다.

앞의 세 회사는 충전 시스템과 함께 도시 전체에서 충전을 제어하는 에너지 관리 시스템도 개발한다. 태양광 등 재생 가능 에너지를 활용해서 배터리 잔량을 관리하면서 차량의 위치정보를 바탕으로 충전 지령을 내리는 시스템이다.

국토교통성도 자율 주행과 도로의 연계에 관해 자동차 메이커와 고속도로 회사, 전기제품 제조기업 등 27개 사와 국토기술정책종합연구소에서 공동 연구를 시작한다고 밝힌 바 있다. 연구 주제는 두 개인데 자동차 위치 파악에 관한 보조 정보와 미리 읽는 정보다.

[자료 4-17] 스마트폰이나 드론, 주행 중인 EV에 광무선 충전
충전 방향을 바꾸는 기술은 간단하며, 전등에 한 개 설치하면 광범위하게 도달. 설치 비용을 억제하기 쉽다. (일러스트: 쿠스모토 레이코)

위치 파악에 관해서는 차량용 센서로 자동차 위치를 파악하기 쉬운 구획선이나 노면 표시 조건을 작성한다. 미리 읽는 정보에 대해서는 터널 출구 부근의 풍속이나 노면 상황을 미리 전달하는 사례 등을 예상한다. 정보 제공이 필요한 사례를 발굴하며 제공하는 정보 항목을 결정한다.

미야모토 도모유키 도쿄공업대학교 준교수는 출력이 kW급으로 큰 레이저 광선으로 주행 중인 전기차에 전력을 보내는 광무선 충전 기술을 제안한다. 고출력 레이저를 태양전지에 쏘아 전력을 보내는 기술이다.

미야모토 준교수는 지금까지 출력이 수와트(W)~수십와트(W)인 면발광 레이저(VCSEL, Vertical Cavity Surface Emitting Laser)로 드론을 충전하는 기술을 연구했다. 2020년 5월 자동차 기술학회에서 논문을 발표하고 출력을 kW급으로 높여 주행 중인 전기차에 충전하는 계획을 밝혔다. "자동화가 진행되는 공장 내를 달리는 무인 반송차(AGV)에 하는 충전이라면 5년 내로 실용화할 수 있다"라고 미야모토 준교수는 의욕을 불태웠다.

효율에서는 전자 유도 방식에 미치지 못하지만, 광무선 충전의 충전거리는 수십 미터~수 킬로미터로 압도적으로 길다. 레이저 광선은 먼 곳까지 똑바로 진행하기 때문이다. 거울을 사용하면 레이저 광선의 방향을 쉽게 바꿀 수 있다. 예를 들어 가로등에 레이저 광원을 설치하고 카메라로 차량의 움직임을 감지하면 주행 중인 차량에 레이저 광선을 쏘아 충전할 수 있다.

광무선 충전의 실용화는 우선 수와트급의 저출력 용도로 시작될 전망이다. 이스라엘의 와이차지는 수년 내에 수와트의 적외선 레이저로 4m 정도 앞에 있는 스마트폰에 충전하는 기술을 개발하고 있다. 최근에는 NTT도코모와 협력한다.

미야모토 준교수는 그 후에 수백W급으로 높여 하늘을 나는 드론으로 실용화할 생각이다. 레이저의 방향을 바꾸기 쉽고 먼 곳으로 충전하는 특징을 살리기 쉽기 때문이다.

kW급으로 높이는 시기는 나중이지만 기술적으로는 실현될 수 있다. 10kW급의 고출력 레이저가 실용화되어 있기 때문이다. 다르파(DARPA, 美국방부 고등연구계획국)는 100kW급 레이저를 개발하고 있다.

광무선 충전의 실용화를 위한 첫 번째 과제는 안전성 확보다. 레이저는 출력에 따라 안전기준이 정해져 있다. 레이저 광선을 쏠 때 사람을 피하는 기술이 필수다. 센싱 기술과 조합하면 사람을 피하듯이 광원에서 발사하는 레이저의 방향을 쉽게 바꿀 수 있지만, 반사광에 대한 대책을 생각해야 한다.

_ 아오노 마사유키(닛케이 컨스트럭션),
오쿠노 케이시로(프리랜서 작가),
타치노이 카즈에(프리랜서 작가),
쿠보타 류노스케(닛케이 크로스 테크·닛케이 전자)

031

인공지능 자동차 교육 학원

인공지능을 사용해서 사람의 운전 기능을 평가

> **기술 성숙 레벨 | 중**   **2030 기대지수 | 2.6**

자율 주행 기술에 사용되는 인공지능을 응용한 자동차 교육 시스템이 개발되고 있다. 학원 내의 크랭크, S자 커브, 언덕길 등을 주행하면 자동차에 설치된 센서가 주행 위치와 움직임을 감지하고 인공지능이 음성으로 지도한다. 지도강사 부족으로 고민하는 운전 교육 학원의 경영자와 전문 지도강사에 대한 데모 시연에는 반응이 좋으며 적용되면 세계 최초의 기술이 된다.

자율 주행을 개발하는 티어포의 무라기 유야씨가 리더가 되어 개발한 자율 주행 기술을 이용한 인공지능 운전 교육 시스템이 있다. 2020년 9월 후쿠오카현에 있는 자동차 교육 학원의 교육용 코스에서 열린 학원 경영자와 전문 지도강사를 위한 데모 시연에서 "이렇게 기능의 판정 정확도가 높을 줄은 몰랐다. 금방이라도 쓸 수 있겠다"라는 말이 나왔다.

참석한 학원 경영자들의 표정을 보고 "인공지능도 지도강사가 될 수 있다"라고 무라기는 확신했다고 한다.

인공지능 운전 교육 시스템은 교육용 자동차에 라이다(LiDAR, 적외선 레이저 레이더)와 같은 센서를 달고 인공지능으로 운전 기능을 판단하는 인공지능 지도강사 기능을 탑재한다. 라이다는 지도강사의 눈이고 자율 주행 인공지능은 지도강사의 뇌다. 면허시험을 치르는 수강생이 실제로 하는 운전과 자율 주행 시스템이 계산한 운전 조작량의 차이를 비교해서 수강생의 기능을 판정한다.

개발 리더를 맡은 무라기는 티어포에 입사한 지 두 달도 안 되는 2019년 말에 인공지능 운전 학습 시스템 개발 리더로 선정됐다. IT 기업에서 소프트웨어 엔지니어를 거쳐 이직한 지 얼마 되지 않았지만 상사로부터 "인공지능 지도강사를 만들면 세계 최초의 기술이 된다"라는 조언을 듣고 의욕에 불이 붙었다.

개발에는 무라기와 나고야대학교 출신의 자율 주행 벤처인 브

[자료 4-19] '인공지능 교관'을 실은 교습차
(출처: 닛케이 크로스 테크)

레인포의 멤버다. 시스템의 기초 부분은 이미 완성되어 있었기 때문에 무라기를 포함한 멤버는 학원에서 실용화를 위한 시스템 개발을 담당했다.

액셀과 핸들 조작의 동작을 분석하고 라이다에서 얻은 데이터와 지도 정보를 대조한다. 이들의 조합을 통해 차량 컨트롤과 급가속, 신호 위반 등을 평가한다. 운전 기능을 판정하는 평가시스템까지는 대체로 순조롭게 구축할 수 있었다.

반면 지도강사로서는 부족한 요소가 있었다. '눈으로 확인했는지 여부'는 면허시험에서 중요한 평가 대상이다. 그러려면 운전자의 얼굴 방향을 검지하는 구조가 필요하지만, 개발에 사용한 컴퓨터에는 얼굴 인식을 위한 GPU(화상처리 반도체)를 탑재하지 않았다. 차량 내부에 외장형 GPU를 설치하고 자동차 배터리에서 전원을 가져와 GPU를 작동시켰다.

하지만 개발 도중에 오토웨어(Autoware)의 갱신 알림이 왔다. 오토웨어는 티어포 등이 개발하는 자율 주행용 OS인데, 인공지능 운전 학습 시스템의 근간을 이룬다. 신호등이나 차선 등의 도로 정보를 취득하기 쉽도록 고정밀 지도의 포맷 등 기본 부분이 쇄신되었다.

이런 이유로 개발팀은 지도를 다시 만들고 자차의 위치 추정이 가능한지 확인, 오토웨어의 변경으로 운전 평가시스템의 정확도가 변하지 않았는지를 재평가하는데, 밤낮으로 임해 데모 시연회를 열었다.

큰 과제도 남아 있다. 자율 주행과 인공지능 이용은 사회와 크게 관련되어 있고 규제를 받는다. 현재의 도로교통법에서는 자격을 갖춘 지도강사 이외에는 가르칠 수 없다. 지도강사가 합승하지 않는 형태로 학습하면 자동차 면허를 취득하기 어렵다.

무라기를 중심으로 하는 개발 멤버는 관동의 지정 자동차 학원에서 실증 시험을 계속하고 있다. 지정 학원은 학원 내에서 임시 운전면허 기능시험을 볼 수 있다. 운전면허 취득에 직접 관여하므로 시스템 실력이 학원에서 인정받으면, 법 개정으로 이어질 수 있다.

2021년에는 티어포와 자동차 학원을 운영하는 미나미홀딩스는 인공지능 운전 학습 시스템을 판매하는 회사인 AI학원을 설립했다. 무라기는 이 회사의 임원으로 부임했다. 이 시스템을 활용한 '인공지능 페이퍼 드라이버 강습'을 2022년부터 후쿠오카현 오노기시 미나미후쿠오카 자동차 학원이 제공하고 있다.

_쿠보타 류노스케(닛케이 크로스 테크·닛케이 일렉트로닉스)

032

하늘을 나는 자동차

자동차처럼 간편하게 이동할 수 있는 전기 항공기

:
:
:
:
:
:
:

기술 성숙 레벨 | **중**　　2030 기대지수 | **23.7**

소인용 전동 수직이착륙(eVTOL)이 집중조명 받고 있다. 지금까지 없던 모빌리티의 가능성이 크게 주목받고 있다. 자동차로 이동하는 경우와 비교하면 몇 분의 1의 시간이면 된다는 점에서 도시의 정체 문제를 해결하는 수단으로 기대된다.

수직이착륙(eVTOL)기는 기존의 항공기에 비해 마치 자동차처럼 간편하게 승하차할 수 있어 '하늘을 나는 자동차(Flying Car)'로 불린다. 주로 '도시형 항공교통(UAM, Urban Air Mobility)', 즉 도시에서 '에어택시'로 이용될 전망이다.

　전기를 사용하면 온난화 가스 절감 외에도 연비 향상과 구조 간소화에 따른 유지보수 경감으로 비용 절감을 노릴 수 있다. 조종사가 필요 없는 자율 비행과 결합하면, 헬리콥터에 비해 운임을 대폭 절감할 수도 있다.

기종: Joby S4
기업: 미국 Joby Aviation 정원: 5인승 유형: 추력 편향
형식증명: FAA, 2023년 말 목표

기종: VoloCity
기업: 독일 Volocopter 정원: 2인승 유형: 멀티콥터
형식증명: EASA, 2023년 목표

기종: VX4
기업: 영국 Vertical Aerospace
정원: 5인승 유형: 추력 편향
형식증명: EASA, 2024년 목표

주: 사진은 시제기「SD-03」
기종: SD-05
기업: SkyDrive 정원: 2인승 유형: 멀티콥터
형식증명: 외교부, 2025년 초 목표

[자료 4-20] 엑스포에서 비행할 가능성이 있는 기체의 한 예
(출처: 각사, 그림은 닛케이 크로스 테크)

수직이착륙(eVTOL)기가 본격 시동하는 장으로서 '2025년 일본
국제박람회'(오사카·간사이 엑스포, 4월 13일~10월 13일)가 예상된다.

2025년 일본국제박람회협회는 2021년 8월, 오사카시의 유메시
마에 만드는 엑스포장 북서쪽에 '모빌리티 익스피리언스'라고 부르
는 장소를 마련했다. 사업자의 협력을 얻어 이착륙 시설, 정비 보관
창고, 관람 지역 등을 정비해 "다양한 종류의 하늘을 나는 자동차의
유람 비행, 공항이나 시내에서의 이동을 실현"하겠다고 발표했다.

오사카부가 2022년 3월 발표한 '오사카판 로드맵'에 따르면
2025년경에 면허를 취득한 조종사가 조종해서 한정된 노선에 정
기 운항한다. 2030년경에 자동화 비율을 높여 조종사가 탑승하
지 않는 원격 조종을 도입한다. 2035년 이후에는 사람이 조종에

			km 단가	운임총액	연간 예상 이용 인원수	필요 기체 수
이타미 공항 ↔ 난바역 루트 (직선거리 14.4km, 탑승률 100% 경우)	대형기	시작기	700엔	10,100엔	47,393명	4기
		성숙기	400엔	5,800엔	163,343명	11기
	소형기	시작기	1,900엔	27,400엔	18,489명	5기
		성숙기	400엔	5,800엔	163,343명	22기
도바시 료칸가 ↔ 답시지마 루트 (직선거리 9.6km, 탑승률 100% 경우)	대형기	시작기	1,700엔	16,200엔	11,776명	1기
		성숙기	700엔	6,700엔	57,887명	4기
	소형기	시작기	2,700엔	25,800엔	8,171명	2기
		성숙기	600엔	5,700엔	61,126명	8기

※ 대형기는 파일럿 외에 승객 4인, 소형기는 승객 1인의 기체를 예상

[자료 4-21] JAL이 실시한 운영 체제 및 사업모델 조사 결과 사례
(출처: JAL, 닛케이 크로스 테크)

관여하지 않는 자율 비행에 의한 고밀도 운항을 실현한다.

야노경제연구소는 2022년 5월 수직이착륙(eVTOL)기의 세계 시장 규모 예측을 발표했다. 2025년에는 146억 엔이지만, 2030년에 6조 3,900억엔, 2035년 19조 5,800억 엔, 그리고 2050년에는 122조 8,950억 엔으로 성장하려는 목표다. 참고로 자동차산업의 세계시장은 현재 400조엔 규모로 알려졌다.

그렇다고 해도 상업 운항을 위한 과제는 많다. 기체의 내공증명 취득, 조종사 면허증 정비, V포트(Vertiport, 수직이착륙용 비행장) 정비, 각종 제도 정비, 사회 수용성 확보 등이다.

법률상 내공증명을 취득한 기체가 없으면, 데모 비행은 할 수 있어도 상용운항은 할 수 없다. 2025년 엑스포 개최까지 취득할 수 있는 기체는 적다. 선두에 있다고 보는 기체는 독일의 볼로콥터, 미국의 조비 에비에이션, 영국의 버티컬 에어로스페이스 등이 있다. 구미의 업계 관계자에 따르면 2024년경에 내공증명을

취득할 수 있을 전망이다.

2~5인승이 중심인 수직이착륙(eVTOL)으로 어떤 수송 서비스를 전개할 수 있을까? 신에너지·산업기술 종합개발기구(NEDO)의 조사위탁 사업인 '하늘을 나는 자동차의 선도 조사 연구'에서 실시한 계산이다.

도시지역에서의 이용사례로 오사카 국제(이타미)공항에서 시내 중심부의 난카이 전철 난바역간까지 직선거리 14.4km의 루트, 지방에서 관광지역을 연결하는 사례로서 미에현 도바시의 료칸가와 답시지마간의 직선거리 9.6km의 루트. 두 루트에 대해 각각 1인당 운임과 예상 이용자 수, 필요한 기체 수 등을 계산했다.

사람 통행 데이터, 설문조사 등을 통해 루트별로 운임(km단가)별 예상 이용자 수를 산출하고 이용자 수를 충족시키기에 필요한 기체 수와 운항비용을 산출했다. 또한 예상 매출 규모를 비교해 채산성을 평가했다.

손익분기점에 이르는 운임은 대형기(조종사를 제외하고 4인 탑승)의 경우에 이타미 공항에서 난바역까지 초창기에는 10,100엔, 성숙기에는 5,800엔이다. 도바시 료칸가에서 고시지마 사이에는 각각 16,200엔과 6,700엔이다.

미래에는 택시 요금 수준으로 운임이 낮아지고 시간을 상당히 단축할 수 있기 때문에 경쟁 우위성을 낼 수 있다고 본다.

_우치다 타이(닛케이 크로스 테크·닛케이 일렉트로닉스),

네즈 타다시(실리콘밸리 지국)

033

우주 수송

소형 로켓으로 물자를 우주로 운반

:
:
:
:
:
:
:

| 기술 성숙 레벨 | **하** | 2030 기대지수 | **7.2** |

우주 비즈니스가 산업으로서 발전하기 위한 중요한 요소 중 하나는 수송 시스템의 확충이다. 인공위성을 이용한 통신서비스에서 달이나 화성으로 우주 탐사에 이르기까지, 우선 지상에서 우주로 물건이나 사람을 운반하지 않으면 안 된다. 수송을 얼마나 싸고 자주 할 수 있느냐가 우주 비즈니스의 관건이다. 민간 로켓 회사가 우주로 물자를 수송하기 위한 로켓을 개발하고 있다. 일본에서는 독자적인 활로를 모색하려고 혼다 등이 소형 로켓 개발 참가를 표명했다.

2021년 9월 말 혼다는 소형 위성을 궤도에 투입하는 소형 로켓 사업에 참여한다고 밝혔다. 서비스 개시는 2030년 이후가 될 전망이다. 소형 로켓은 탑재 기기의 제약이 적어 원하는 궤도를 겨냥해 넣을 수 있다. 택배로 치면 퀵 배달과 비슷한 이미지다.

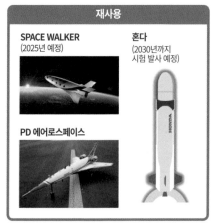

[자료 4-22] 로켓을 개발하는 일본 기업의 예

로켓의 1단을 재사용할지 일회용으로 할지에 따라 방향이 나뉜다. (출처: 닛케이 크로스 테크)

일본의 위성 사업자가 보면 일본에서 발사하면 장점이 많다. 해외에서 발사하는 경우, 절차에 상당한 시간이 필요하다. 위성을 현지로 수송하고 발사 전의 발사장 작업에 상당한 비용이 든다.

소형 로켓은 크게 두 종류가 있다. 로켓을 재사용하는 타입과 기존과 마찬가지로 쓰고 버리는 타입이다. 재사용 로켓은 1단 등을 대기권 아래로 귀환시켜 재사용한다.

재사용 로켓에서는 수직으로 이착륙하는 로켓식과 착륙할 때 비행기처럼 활주로에 내리는 날개식으로 나뉜다. 날개식의 재사용 로켓은 고도 100km 부근에서 귀환하기 때문에 대기권 재진입을 고려할 필요가 없어 비용이 상당히 저렴하다.

일본에서 주로 재사용 로켓을 다루는 곳으로 SPACE WALKER, PD 에어로스페이스, 혼다가 있다. 한편, 주로 쓰고 버리는 로켓을 다루는 곳으로 인터스텔라 테크놀로지스, 스페이스원 등이 있다.

　미국에서는 이미 스페이스X나 블루오리진과 같은 우주벤처가 대형 로켓을 수시로 발사하며 민간기업들의 경쟁이 일어나고 있다.

_우치다 타이(닛케이 크로스 테크·닛케이 일렉트로닉스)

034

우주 쓰레기 제거

역할을 마친 로켓 등을 소형 위성이
자기력으로 포획

:
:
:
:
:
:

기술 성숙 레벨 | 하   **2030 기대지수 | 17.2**

포획용의 인공위성을 지구 저궤도로 날리고 자기력을 사용
해서 '스페이스 데브리(우주 쓰레기)'를 제거하는 서비스가 개발
되고 있다. 우주 쓰레기 문제는 가속하는 민간기업의 우주
진출로 심각해지고 있다. 국제적인 가이드라인은 발표되었
지만 명확한 룰은 정비되지 않았다.

우주벤처인 아스트로스케일은 소형 위성을 이용한 우주 쓰레기
제거 기술을 개발하고 계속 실증하고 있다. 2021년 3월에는 기술
실증용 소형 위성인 '엘사-디(ELSA-d)'를 발사했다.

　2021년 8월의 실증 실험에서는 엘사-디를 이용해 우주 공간
에 방출한 모의 쓰레기를 다시 포획하는 데 성공했다. 모의 쓰레
기는 포획에 이용하는 '도킹 플레이트'라고 부르는 자성체 원판을
탑재하고 있어, 포획 위성이 접근해서 자기력으로 붙인다.

[자료 4-23] 엘사-디의 비행 모델
(출처: 아스트로스케일)

아스트로스케일은 기술 실증을 거듭해 2024년에 우주 쓰레기 제거 서비스의 상용화를 목표로 한다. 엘사-디는 한 기로 하나의 우주 쓰레기를 제거하는 구조다. 상용화할 때는 여러 개의 우주 쓰레기를 한 기로 제거할 수 있는 기능을 갖춘 상용 위성 '엘사-엠(ELSA-M)'을 이용한다.

아스트로스케일의 이토 미키 제너럴 매니저는 "2030년까지 우주 쓰레기 제거나 위성에 우주에서 연료 보급이라는 궤도 서비스를 상용화시키고 싶다"라는 목표를 말한다.

우주 쓰레기는 얼마나 심각한 상황인가? 유럽우주기구(ESA)가 발표한 2021년 9월 20일 기준 데이터에 따르면, 크기가 10cm 이상인 우주 쓰레기는 약 36,500개다. 1~10cm 크기는 약 100만 개라고 한다. 이들 물체가 회전하면서 초속 약 8km의 속도로 이동하고 있다. 지상이라면 도로 위에 여러 장애물이 있으며, 게다가 움직이는 상태라고 할 수 있다.

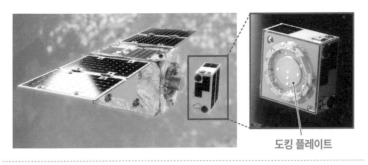

도킹 플레이트

[자료 4-24] 모의 우주 쓰레기를 포획하는 이미지
(출처: 아스트로스케일)

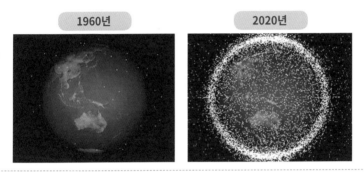

[자료 4-25] 인공위성과 우주 쓰레기는 가속도로 증가
궤도상 인공위성 등을 나타낸 이미지 그림. (출처: 스카파 JSAT)

쓰레기끼리 충돌해 분열되고 더욱 쓰레기가 늘어나는 경우도 많아서 앞으로 우주 쓰레기는 확실히 더 늘어날 전망이다. 그렇게 되면 우주산업 성장의 핵심으로 간주 되는 지구 저궤도에서의 경제활동을 저해할 위험이 있다. 쓰레기 제거에 더해 충돌을 회피하기 위한 항행 관제 룰이나 운영을 마친 로켓 본체와 위성이 쓰레기로 변하지 않도록 하는 구조 정비가 급선무다.

지상에서의 쓰레기 처리에 일정한 룰이 필요하듯이 우주 쓰레기 대책에도 국제 룰이 필요하다. 2002년에는 우주 기관들이 우주 쓰레기 조정위원회(IADC)에서, 2007년에는 유엔 우주공간평화이용위원회(COPUOS)에서 각각 우주 쓰레기 감소 가이드라인이 채택되었지만, 이후 논의는 좀처럼 진전되지 않았다. 근년에 이르러서야 비로소 움직임을 보이기 시작했다.

_ 우치다 타이(닛케이 크로스 테크·닛케이 일렉트로닉스)

035

저궤도 순회 위성

비지상 통신망 구축

기술 성숙 레벨 | 중   2030 기대지수 | 6.9

스마트폰과 PC 등이 인터넷 접속하려면 보통은 통신사가 철탑이나 콘크리트 기둥, 빌딩 옥상에 설치하는 기지국을 사용한다. 비지상 네트워크는 기지국에서 전파가 닿지 않는 해상이나, 인프라가 갖춰지지 않은 지역에도 네트워크를 구축할 수 있다.

우주를 이용한 비지상 네트워크(NTN, Non-Terrestrial Network) 구축이 진행되고 있다. 지구 표면에서 2,000㎞ 이하의 궤도에 인공위성을 띄우는 '저궤도 순회 위성'에서 데이터 통신을 하는 기술이다.

비지상 네트워크 사업에 임하는 회사로 스카이파 JSAT와 패스코가 있다. 두 회사는 2019년 3월 업무제휴를 하고 국내외의 저궤도 순회 위성을 이용한 지구관측, 혹은 통신사업자를 대상으로 위성 지상국을 이용한 데이터 송수신 서비스 제공 사업을 확대할

계획이다.

세계에서는 미국 옴니스페이스(Omnispace)와 프랑스 탈레스 아레니아 스페이스(Thales Alenia Space)가 비지상 네트워크를 추진한다. 2022년 5월에는 세계 최초로 5G에 대응하는 통신위성 'Omnispaces Spark−2' 발사에 성공했다. 두 회사의 5G 대응 NTN 계획 'Omnispace Spark' 프로그램은 도입 단계를 완료하고, 실용화를 위한 개발과 검증 단계에 접어들었다.

옴니스페이스는 글로벌 NTN을 실용화함으로써 수십억 명의 고객을 연결하는 세계 규모의 5G 접속이 가능할 전망이다. 21세기의 디지털 경제를 지탱하는 통신 인프라로서 전 세계의 이동통신 사업자나 파트너 기업, 고객의 이노베이션을 촉진하게 된다.

_하세가와 히로유(닛케이 크로스 테크·닛케이 뉴미디어),

카토 주코(작가)

036

우주 왕복선

지구 저궤도로 조종이 불필요한 여행을 목표로

:
:
:
:
:

기술 성숙 레벨 | **중**   2030 기대지수 | **5.8**

왕복용 우주선은 지구 저궤도를 자동 제어로 비행하는 기술로 미국 민간기업을 중심으로 개발하고 있다. 민간 우주여행이 잇달아 성공, 가속도가 붙어 늘고 있는 지구 저궤도 인공위성, 그리고 2022년에 시작된 본격적인 달 탐사와 개발 등 고성장 산업으로 꼽히는 우주 비즈니스의 문이 드디어 열리고 있다.

우주항공연구개발기구(JAXA)의 특별 참여원으로 있는 우주인 와카타 고이치는 "2021년은 바로 민간 우주여행이 개막한 해였다"라고 회고한다. 2021년 9월 미국 스페이스X가 민간인 4명을 태우고 우주여행 미션 '인스퍼레이션 4(Inspiration 4)'를 성공시키는 등 민간 우주여행 성공이 잇따랐기 때문이다.

이런 움직임을 와카타 씨는 다음과 같이 본다. "민간 우주여행이 확대되면 JAXA가 목표로 하는 지구 저궤도를 경제활동의 장

으로 만드는 노력에 기폭제가 될 것이다. 경쟁 원리가 작용해서
우주로 가는 수송 비용이 낮아지는 등 경제활동의 발전을 위한
조건이 갖추어질 것이다."

지구 저궤도란 지표에서 고도 2,000km 이하의 궤도를 말한다.
민간 우주여행은 지구에 가까운 우주 공간을 이용한 여행 비즈니
스다. 2021년에 우주여행을 성공적으로 마친 인스퍼레이션 4에
서 사용된 우주선 '크루 드래곤(Crew Dragon)'은 기존의 우주선에 비
해 자동 제어로 비행 범위를 확대하였다.

"미국 블루오리진의 우주선 뉴 셰퍼드(New Shepard)도 전자동으로
탑승자가 조종하지 않는다. 우주선의 각 시스템이 정상적으로 작
동하지 않을 때도 안전하게 비행하기 위한 검증은 필요하지만,
지구 저궤도로의 왕복 우주선은 자율 주행으로 안전하게 우주 비
행을 할 수 있게 되었다."

[자료 4-28]

(출처: JAXA/NASA)

인스퍼레이션 4에 참가한 민간인은 우주여행을 할 때 약 5개월에 걸친 훈련을 받았다. 왕복용 우주선의 자율 운행이 완성되면 지구 저궤도를 도는 민간 우주여행은 특별한 훈련 없이 우주로 갈 가능성이 있다. 와카타는 왕복용 우주선의 등장으로 "우주 이용은 많은 사람에게 더욱 가까워지고 있으며, 궁극적으로는 유인 우주 탐사의 효율적인 추진으로 이어진다"라고 보고 있다.

지구 저궤도의 민간 우주여행과 함께 각국이 개발에 주력하는 '달 탐사'도 있다. 2019년 5월 미국 항공우주국(NASA)은 '아르테미스 계획'을 발표했다. 지구와의 거리가 38만km로 멀어서 리스크가 더 큰 달 탐사와 개발은 정부 주도로 민간기업이 참가해서 진행된다.

아르테미스 계획에서는 2025년을 목표로 유인 달 착륙을 성공시키고, 이후에는 '게이트웨이(Gateway, 달 선회 유인 기지)'건설 등으로 달에 물자를 수송한다. "초기 단계에는 기지 규모가 국제우주정거장(ISS)과 비교하면 상당히 작다. 일본도 2020년 12월 정부 차원에서 미·일 간 달 선회 유인 기지 게이트웨이 양해각서에 서명하고 정식 참가를 결정했다. 게이트웨이의 준비 단계에서 미국, 유럽, 캐나다와 함께 일본이 파트너로서 참여할 수 있다는 사실이 중요하다."

일본에 기대하는 점은 유인 우주 기술로 달 탐사에 공헌하는 점이다. 크게 나누면 심해 우주 보급 기술, 유인 우주 체류 기술, 중력 천체 이착륙 기술, 중력 천체 탐사 기술의 네 개 분야다.

"초기 단계의 게이트웨이에서 생명 유지와 환경제어 시스템의 구성 요소를 제공한다. 게이트웨이에는 소형 거주동과 국제 거주동 등의 모듈이 있다. 거기에 일본의 유인 체류 기술을 반영하고 참가하기 위한 개발이 진행되고 있다."

달 탐사에도 민간 우주여행과 마찬가지로 탑승자가 훈련 없이 갈 가능성은 있는가. 와카타는 "달 탐사처럼 아직 확립되지 않은 미션에 대해서는 전문적으로 훈련받은 우주 비행사가 시스템 운용에서 주체적인 역할을 맡아 인류의 활동 영역을 넓혀 갈 필요가 있다. 우주선 운용의 자동화와 자율화는 그 후에도 계속된다"라며 현재 상황을 설명했다.

2022년 이후에 지구 저궤도에서의 경제활동은 점점 활발해질 전망이다. 일본은 다소 늦었지만 와카타는 "달 탐사에서 일본의 자동차 메이커 등이 길러 온 신뢰 높은 기술을 활용할 가능성이 있다. ISS에서 사용하는 카메라는 대부분 일본제다. 다양한 분야에서 일본의 산업계가 이미 가진 기술의 강점을 살려 우주 비즈니스로 연결해 나갈 수 있다"라며 기대를 건다.

_우치다 타이,
나카도리(닛케이 크로스 테크·닛케이 일렉트로닉스)

5장

건축
&
토목

037

방재 디지털 트윈

도시나 시설을 3차원으로 재현, 재해 상황을 예측

:
:
:
:
:
:

기술 성숙 레벨 | **중**　2030 기대지수 | **24.0**

디지털 트윈은 현실 세계를 컴퓨터의 가상공간에 쌍둥이처럼 재현한다. 센서나 카메라로 얻은 정보를 이용해 현실 공간의 변화를 가상공간에 차례로 반영하며, 제조설비의 보수나 건물의 관리 등에 활용한다. 국토교통성이 주도하는 '프로젝트 플라토(PLATEAU)', 가시마의 '사람·열·연기 연성 피난 시뮬레이터 피스터즈(PSTARS)' 등 디지털 트윈을 방재에 사용하는 움직임이 있다.

도쿄해상일동 화재보험과 응용지질은 방재 IoT(Internet of Things) 센서를 사용한 방재와 재난 감소 활동 지원 서비스를 개발하고 있다.

　후쿠오카현 구루메시에 있는 도쿄해상일동의 보험 대리점 두 개 점포에 응용지질이 가진 침수 센서 '칸수잇치(Kansu itchi)'를 설치해서 수위를 3단계로 측정할 수 있도록 설정했다.

[자료 5-1] 3차원 도시 모델에 침수 상황 반영
후쿠오카현 구루메시의 센서가 높이 45cm의 수위를 검지했을 때의 모습. (출처: 응용지질)

2021년 8월. 시간당 72mm의 비가 내렸을 때 1단계 높이 4cm에 있는 센서, 2단계 높이 45cm에 있는 센서가 각각 수위를 감지했다. 센서에서 얻은 데이터는 실제 침수 상황이나 침수 깊이와 맞았다. 센서로 검지하는 순간에 미리 등록한 관계자에게 경고 정보를 전달할 수 있었다.

양사는 센서로 수집한 데이터와 국토교통부가 주도하는 3차원 도시 모델 '플라토(PLATEAU)'를 결합한 방재 서비스도 제공한다. 센서로 검지한 수위를 사용해 침수 상황을 3차원 모델로 가시화한다.

도쿄해상일동은 인공위성의 SAR(합성 개로 레이더) 화상이나 인공지능을 사용해서 침수지역을 조기에 파악한다. 신속한 사정 업무를 지원하기 위해서다. 침수 센서로 얻은 데이터는 위성 데이터의 보정, 해석 정밀도의 향상으로 이어질 수 있다.

[자료 5-2] '사람·열·연기 연성 대피 시뮬레이터 피스터즈(PSTARS)' 화면 예
(출처: 가시마)

가시마는 시시각각 변하는 열과 연기 등의 상황이 사람의 행동에 어떤 영향을 미치는지 고려한 시뮬레이션 시스템을 개발했다.

대규모 상업시설이나 철도 관련 시설에서 화재가 발생했을 때, 사람들이 안전하게 대피할 수 있도록 안전성을 고려해 설계하고 건설하기 위해서다.

'사람·열·연기 연성 피난 시뮬레이터 피스터즈(PSTARS)'는 실제 건물의 데이터와 열과 연기에 관한 시계열 데이터를 기반으로 피난 시뮬레이션을 한다. 2021년부터 미국 마이크로소프트의 헤드 마운트 디스플레이 홀로렌즈2를 사용할 수 있도록 했다.

홀로렌즈2를 착용하면 실제 건물 구조가 가상공간에 3차원으로 재현되고, 그 안에서 사람이 피난하는 모습을 확인할 수 있다. 앞으로는 홀로렌즈2를 착용한 사람이 피난 시뮬레이션에 가상으로 참여할 수 있다.

가시마는 피스터즈(PSTARS)를 건물 설계 단계에서 이용할 계획이다. 건설 예정인 건물의 3차원 모델을 나타내는 BIM(빌딩 인포메이션 모델링) 데이터를 재현하고, 시뮬레이션 기능으로 화재가 발생했을 때 건물 안에 있는 사람이 직질하게 대피할 수 있는지 확인한다. 필요에 따라 피해를 억제하는 대책을 강구하여 더욱 안전한 시설 제공을 목표로 한다.

덧붙여 비즈니스 리더 1,000명에게 질문한 2030년 기대지수를 보면, 방재 디지털 트윈은 24.0이다. 2021년 100개 기술로 플라토(PLATEAU)나 응용 사례를 '3차원 도시 모델'로 소개했을 때 2030년 기대지수는 12.5였다.

_마나베 마사히코(닛케이 크로스 테크·닛케이 컨스트럭션),
타카시마 잇토(닛케이 크로스 테크·닛케이 컴퓨터)

038

도시 OS

스마트 시티를 실현하는 디지털 기반

:
:
:
:
:
:

기술 성숙 레벨 | 중　　2030 기대지수 | **20.7**

도시 OS는 결제나 에너지, 의료, 행정 등 여러 분야에서 데이터 유통이나 서비스 제공의 기반이 되는 시스템을 가리킨다. IoT 기기에서 데이터를 수집하고 분석하거나 도시 내부나 도시 사이에 서비스나 데이터를 연계하기 위해 사용된다.

도시 OS를 도입하는 곳으로 후쿠시마현 아이즈와카마츠시가 있다. 아이즈와카마츠시, 아이즈대학교, 액센츄어가 협력해서 도입한 도시 OS를 사용해서 주민 개개인에게 맞춤형 정보를 제공하는 행정 서비스를 가능하게 했다.

　중요한 점은 시민의 동의에 근거해 데이터를 수집하고 활용하는 '옵트인 방식'을 철저히 했다는 점이다. 개인정보를 제공하는 ID 등록자는 11,000명이 넘는다. 개인정보 관리도 포함해서 사업 운영과 시행은 시내의 기업과 병원이 설립한 '일반사단법인

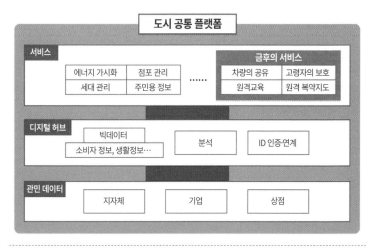

[자료 5-3] 시민 서비스를 지원하는 '도시 공통 플랫폼'
(출처: 파나소닉, 닛케이 크로스 테크)

스마트시티 아이즈'가 맡는다. 아이즈와카마츠시의 도시 OS는 나라현 쓰하라시, 지바현 이치하라시, 미야자키현 쓰농초, 오키나와현 우라에시에도 도입되었다.

파나소닉이 가나가와현 후지사와시에서 만드는 '후지사와 서스테이너블 스마트 타운(Fujisawa SST)'이 사용하는 '도시 공통 플랫폼'도 도시 OS라 할 수 있다. 2020년 3월에는 디지털 허브라 불리는 시민을 데이터 연계 기반에서 식별하는 ID 인증 기능, 세대와 시설의 정보를 수집하는 기능을 액센츄어가 개발한 시스템으로 대체했다. 아이즈와카마츠시에서 이용하며 폭넓은 애플리케이션과 제휴하기 쉽다.

파나소닉은 도시 공통 플랫폼의 이전 기술부터 독자 개발했지만 다양한 기능을 보유하게 되면서 향후 운용의 용이성을 고려해 새로운 시스템으로 대체했다.

이 외에도 JR히가시닛본이 JR다카나와 게이토에이 역 주변에서 전개하는 도시 조성 프로젝트인 다카나와 게이토웨이시티(가칭)에서도 거리의 편리성 향상을 위해 거리에서 취득하는 다양한 정보를 통합하는 도시 OS를 사용한다.

_노노무라 코오,
카와마타 히데키,
외란 유리코(닛케이 크로스 테크)

039

IoT 주택

주민의 건강이나 에너지 이용 상황 등을
자동으로 파악

：
：
：
：
：

기술 성숙 레벨 | **상**　　2030 기대지수 | **23.5**

실리콘밸리의 스타트업인 홈마(HOMMA)는 센싱 기술을 도입
한 '스마트 오케스트레이션(Smart Orchestration)'이라는 개념의 주
택을 만든다. 주택 내의 센서가 검지한 거주자의 일상 움직
임이나 작업 데이터를 모아 분석하고, 결과에 따라 주택 내
의 다양한 기기를 적절하게 제어한다. 검지한 데이터를 기본
으로 수리나 청소, 상품 배송, 배달 서비스와 제휴한다.

홈마는 소니에서 신규사업을 담당하고 라쿠텐의 간부도 역임한
홈마 타케시가 2016년에 창업했다. 디자인과 수납, 칸막이 외에
IoT 기술을 도입해서 데이터로 업데이트하는 테슬라 차량과 같
은 주택 건축을 목표로 한다.

홈마는 파나소닉, 야마하, 아이리스오야마, 조토테크노 등 일
본의 주택 설비와 기기 메이커와 협력했다. 홈마는 주택용 기기

[자료 5-4]
HOMMA
혼마 타케시(本間 毅) 씨

1974년 돗토리 출생. 츄오대학에 재학 중인 1997년에 웹 제작과 개발을 하는 '이에르넷'을 설립. 피아이엠(후에 야후 재판에 매각)의 설립에도 관여한다. 2003년 소니에 입사해, 네트워크 사업 전략 부문과 리테일 분야 신규사업 개발을 거쳐, 2008년 5월부터 미국 서해안에 부임했다. 전자책 사업의 사업 전략에 종사한 후에 라쿠텐에 입사. 2012년 2월 이 회사 임원에 취임해 디지털 콘텐츠 글로벌 사업 전략을 담당했다. 퇴임 후 2016년 5월에 실리콘밸리에서 홈마(HOMMA)를 창업. 미국 캘리포니아주 사우스 산호세 거주. (출처: 닛케이 크로스 테크)

를 제어하는 소프트웨어를 주로 개발한다.

2020년 6월에 건축한 신개념 주택인 '홈마원(HOMMA ONE)'은 4,000평방피트(약 370m²)로 미국에서도 대형 매물이다. 거실 다이닝의 한구석에 컴퓨터 사용을 예상한 작업장을 마련하고, 가족이 거실에서 머무르는 모습을 보거나 1층에 있는 아이의 놀이방을 확인할 수 있다.

주택에 들어가면 센서가 감지해서 밤이면 통로나 거실의 조명이 자동으로 켜진다. 사라졌다고 판단하면 꺼진다. 현관 열쇠는 스마트 폰의 앱에서 잠그거나 열 수 있다. 조명 상황을 확인하고 온, 오프도 가능하다.

아이디어를 반영한 홈마원은 200만 달러 정도로 이 지역에서 지난 14년간 가장 비싼 가격에 팔렸다. 큰 호응을 받은 혼마는 공동주택인 'HOMMA HAUS Mount Tabor'를 포틀랜드에 건설하

[자료 5-5] 'HOMMA HAUS Mount Tabor'
촬영 때는 아직 일부 건설 중이었다. (출처: 닛케이 크로스 테크)

[자료 5-6] 'HOMMA HAUS Mount Tabor'의 실내
조명을 켠 곳. (출처: 닛케이 크로스 테크)

고 2022년 3월부터 주민을 모집하기 시작했다.

타운하우스라 불리는 형태의 주택으로 한 동에 여러 채가 들어간다. 벽을 공유하는 2층짜리 독채가 나열한 느낌이다. 6개 동이

며 총 18채를 지었다. 넓이는 각 호당 약 1,150평방피트(약 107m²)
다. 월세는 3,000 달러 정도로 주변에 비해 10~20% 정도 비싸다.

HOMMA HAUS Mount Tabor는 홈마원에 도입한 기술을 바
탕으로 하는데, 통신이 안정될 수 있도록 각 주택의 허브(PC)와
센서 등의 기기를 연결하는 무선을 '지웨이브'에서 '지그비'로 바
꾸었다.

실내와 욕실의 주요한 LED 조명과 무선 조명 제어 시스템에는
아이리스오야마 제품을 이용했다. 허브를 통해 이 시스템에 지시
를 내린다. 홈마의 제어 시스템은 이러한 다양한 제품 및 무선 기
술을 일괄적으로 이용할 수 있다.

"향후 홈마원이나 Mount Tabor에서 배양한 소프트웨어나 노하
우를 플랫폼으로서 외부의 홈 빌더나 디밸로퍼에게 라이선스를
주고 사업을 확장하고 싶다. 라이선스 사업은 미국에서 시작해
언젠가는 일본에서도 하고 싶다. 10년 후에는 수십 건의 커뮤니
티 전체를 다루고 싶다."

혼마가 창업한 기업은 홈마가 두 번째다. 첫 번째는 대학생 때
동료 네 명과 웹 사이트를 제작 운영하는 회사를 만들었다. 약 8
년간 경영한 후에 타사에 양도했다. 그 후 소니와 라쿠텐에서 미
국 사업을 담당했다. 스스로 다시 창업할 생각은 없었지만 지금
의 홈마 사업모델 아이디어가 떠올라 생각을 바꿨다고 한다.

_네즈사다(실리콘밸리 지국)

040

가상 설계

인공지능과 IoT를 사용해서 가상공간을 설계,
오피스 환경 향상

:
:
:
:
:
:

기술 성숙 레벨 | **상**   2030 기대지수 | **9.0**

건축설계사무소인 아즈사설계는 인공지능과 IoT라는 디지털
기술을 활용한 앱 개발과 가상공간을 설계한다. 앞으로 건축
설계와 디지털 활용이 두 바퀴가 된다고 보기 때문이다.

개업한 지 2년이 지났으며 도쿄 아키하바라에 있는 e스포츠 시설
'에그제필드 아키바(eXeField Akiba)'의 설계에서 감리까지 담당한 기
업은 아즈사설계이며, 아키텍트 부문 BASE03에 소속한 이와세
코우키 씨.

　NTT e-Sports가 운영하는 에그제필드 아키바는 e스포츠의 정
착과 커뮤니티 형성, e스포츠 관련한 기술의 발전을 목표로 2020
년 8월 개업했다.

　에그제필드 아키바 안건을 이와세는 다음과 같이 되돌아본다.
건축설계사무소지만 디지털 업무를 많이 해왔기 때문에 고객과

통하는 언어가 있어 대등하게 이야기했다. 디지털 측면에서는 이런 일이 있고 건물 측면에서는 이런 일이 있다. 그러니까 이런 시설로 하지 않겠느냐고 제안할 수 있었다.

이번 안건에 앞서 2019년에 아즈사설계는 CG퍼스와 동영상, 가상현실(VR) 등 디지털을 사용한 가시화를 전문으로 하는 부서로 'AX팀'을 신설했다.

2020년 4월에 내놓은 내장 자재의 검색 앱인 '픽 아키(Pic Archi)'의 개발과 가상 전시장인 '뫼비우스 고리(Mobius Strip)' 설계는 이와세와 AX팀이 중심이 되어 작업했다.

이와세는 "전부는 아니지만, 건축도 서비스업처럼 변하는 부분이 있을 것이다. 그러한 움직임에 대응할 수 있도록 건축설계사무소도 변해갈 필요가 있다. 앞으로도 계속 건축설계와 디지털 활용의 두 바퀴로 나가고 싶다"라며 포부를 말했다.

아즈사설계가 디지털 기술을 받아들인 계기는 2019년 8월 준

[자료 5-8] 아즈사설계가 만든 가상 전시장 '뫼비우스의 띠(Mobius Strip)'
인터넷에서 누구나 볼 수 있다. VR 고글 등의 기기는 필요 없음. (출처: 아즈사설계)

공한 신본사 프로젝트였다. '건강하고 창조적인 오피스'를 개념으로 실증 실험을 겸해 인공지능과 IoT를 도입했다. 예를 들어, 사무실에 설치한 센서로 온도, 습도, 조도, 소음 등의 데이터를 습득하고 웨어러블 기기에서 수집한 사원의 심박수 등의 데이터와 상관관계를 분석했다. 결과는 사무실 환경 향상으로 연결된다. 이러한 시도를 이와세가 중심이 되어 진행했다.

학창 시절부터 3D 모델링 소프트웨어를 사용해 온 이와세는 2015년에 아즈사설계에 입사했을 때 위화감을 느꼈다. "BIM(빌딩 인포메이션 모델링)을 하고 있었지만, 시행착오 단계였다. 지금은 가장 앞서 달리고 있다고 자부하지만 당시는 '아직, 지금부터다'라고 느꼈다."

그렇다고는 해도 신입사원인 이와세는 건축설계 기술을 익히는 데 전념했다. 병행해서 프로그래밍을 공부할 여유는 없었다.

이와세가 활약하는 장소를 건축설계에 그치지 않고 디지털 분야에도 넓히는 계기가 된 사건은 3년 뒤인 2018년 입사한 엔지니어 와타나베 케이와의 만남이었다. 와타나베는 학창 시절에 스마트 하우스를 연구했다.

"와타나베와 같은 엔지니어가 있으면 내 아이디어를 키워 실현하기 위해 움직일 수 있다"라고 이와세는 생각했다. 건축설계 업무 중에 와타나베와 의논할 수는 없기에 매일 함께 점심을 먹고 인공지능과 IoT에 대한 의논을 거듭했다.

그러던 중에 본사 이전이 결정되면서 새 본사의 설계 담당을 사내 공모전에서 정하는 이야기가 나왔다. 이와세와 와타나베는 인공지능과 IoT 도입을 제안했다. 3위에 그쳤지만 제안한 내용을 심사위원이 지지해 1위 팀의 디자인에 포함하기로 했다.

그렇다고 순순히 진행되지는 않았다. 이와세는 "사내 회의에서 인공지능과 IoT를 사용해서 무엇을 할 수 있는지, 원래 건축설계 사무소가 하는 일인가라는 질문이 나왔지만, 답하지 못했다. 우리도 이해할 수 없었기 때문에 그저 고민만 했다"라고 회고했다.

이와세와 와타나베는 타사의 움직임이나 건설업계에서 싹트는 디지털 기술의 도입을 철저하게 조사해서 사내에서 다음과 같이 호소했다. "건설업계에도 움직임이 있다. 자사에서 실험하고 데이터를 습득해서 얻은 노하우를 건축에 적용할 수 있지 않을까. 해보지 않으면 모르고 고객에게도 설명할 수 없다."

이를 들은 경영진이 새로운 아이디어를 지지해서 인공지능과 IoT를 새 본사에 도입할 수 있었다.

_사카모토 요헤이(닛케이 크로스 테크·닛케이 아키텍처)

041

대형 패널 공법

단열재나 섀시의 일체 패널로 주택을 짓는다

....

기술 성숙 레벨 | **상**　2030 기대지수 | **6.0**

대형 패널 공법은 일반적인 단독주택의 경우에 건축 방식부터 섀시 부착, 외벽과 지붕의 방수 시공까지 하루 만에 끝낼 수 있다. 목수의 노력이나 시공 관리의 부담을 줄일 수 있으며 공기도 단축할 수 있다. 담당자 부족과 수주 경쟁이 동시병행으로 진행되는 가운데, 건축 현장에서 전에 없던 정도의 에너지 절약이 요구되는 현상에 대응한다.

대형 패널이란 기둥과 대들보 등의 재료를 조합한 프레임에 구조용 면재와 창대와 같은 깃털 무늬 재료를 부착하고, 여기에 투습방수 시트와 단열재, 섀시에 이르기까지 공장에서 하나로 제작한 제품이다.

　내외장을 제외한 건조물이며 주택건설 현장에서 세우기만 하면된다. 대형 패널이 만들어지는 과정인 수탁 제작을 주로 하는 우

[자료 5-9] 건축 현장에서 외벽용 대형 패널을 짓는 모습
일반적인 규모의 단독주택의 경우 건축 방식부터 섀시 부착, 외벽부터 지붕 방수 시공까지 하루 만에 완료된다.
(출처: 오스게 리키)

드스테이션을 예로 들어 보자. 미사와홈그룹 자회사인 테크노에
프앤씨가 가진 군마현 누마타시 공장의 우드스테이션은 대형 패
널을 제작하는 전용라인을 두고 있다.

먼저 발주자인 주택회사나 시공사가 우드스테이션과 연락해서
패널로 만들 건조물을 구성하는 재료의 치수와 배치를 결정한다.

이어서 재료를 조달한다. 기둥이나 대들보 등의 재료는 프리컷
트 회사가 누마타 공장에 납품한다. 섀시나 단열재 같은 건축자
재는 발주자가 지급하거나 우드스테이션이 조달한다. 발주자는
조달가격을 비교해서 판단한다.

재료가 갖추어지면 제작을 시작한다. 기둥과 대들보를 조립하
고 방수지나 단열재를 시공한다. 섀시도 설치한다. 작업과 절차

[자료 5-10] 섀시의 설치

일반 크기의 섀시는 작업자 2인 1조로 부착한다. 트리플 유리를 넣은 청소 창 등 크고 무게가 있는 섀시는 크레인으로 들어 올린다. (출처: 오스게 리키)

는 건설 현장과 완전히 같다. 대부분 인력으로 작업한다는 점도 변함이 없다.

　다만 공장 제작이 건설 현장보다 압도적으로 작업성이 좋다. 예를 들어 벽 패널이라면 구조재의 조립부터 투습방수시트나 몸통 시공까지 평평한 작업대에서 한다. 그 후에는 제작 중인 패널을 기계로 수직으로 세우고 승강용 발판이 부착된 작업대로 이동한다. 작업자가 작업하기 쉬운 높이로 발판을 상하 이동해서 섀시를 부착한다. 섀시 주위의 방수 시공이나 통기 몸통을 시공한다.

　평평한 작업대나 패널을 세운 작업대나 시공 환경에 좌우되는 공사 현장에 비해서 작업하기가 매우 쉽다. 일련의 공정에서 대형 패널이나 테라스 창의 섀시와 같은 중량물은 세우는 기계나 크레인으로 움직이기 때문에 작업자의 부담이 적고 작업속도도 빠르다.

작업성이 좋은 점은 패널 제작의 품질 확보로 이어진다. 현장에서 목수가 담당하는 작업을 공장 제작에서는 세분화해서 단일 기능공 작업으로 대체한다. 특정 작업을 같은 작업자가 반복해서 작업하므로 작업에 낭비가 생기기 어렵다.

더군다나 공장 제작에서는 건자재나 자재 낭비를 줄일 수 있다. 발주자의 설계에 근거해서 패널 단위의 '시공도면(패널 제작용 도면)'을 만들고 재료 단위로 수량을 맞출 수 있기 때문에 재료 손실을 줄일 수 있다. 재료 포장재도 공장에서는 한꺼번에 폐기할 수 있다.

공장 제작부터 현장에서 지을 때까지의 기간을 최단으로 하기 위해 발주 건물마다 현장에서 짓는 순서와는 반대로 제작한다. 제작한 순서대로 트럭에 실어 현장에 반입하면 마지막으로 하역한 재료부터 차례로 사용해서 지을 수 있다.

대형 패널의 전제가 되는 설계 요소의 확정, 현장에서 건축하는 계획의 입안, 현장에서 시공 지도는 우드스테이션의 현장 감독이 담당한다.

_오스게 리키(작가)

042

목조 건물

목조 건물을 공장에서 제작,
규격형의 단층 주택을 저렴한 가격으로 제공

:
:
:
:
:

기술 성숙 레벨 | **상**   2030 기대지수 | **4.6**

미쓰비시지쇼그룹의 종합 목재 회사인 'MEC Industry'는 목재 생산부터 단독주택 판매까지 모두 다룬다. 2022년 4월부터 가고시마, 구마모토, 미야자키 등 3개 현에서 목조 단독주택 사업을 시작했다. 목조 건물을 자사 공장에서 효율적으로 제작하고 규격형 단층 주택을 저렴한 가격에 제공한다.

MEC Industry가 판매하는 상품은 20~30대 가족을 타깃으로 하는 연 면적 약 100m²의 단층 주택과 시니어 세대를 타깃으로 하는 연 면적 약 75m²의 단층 주택이다. 내진 등급 3 수준을 확보한다.

연 면적 100m² 주택의 경우에 가격은 1,200만엔 정도로 설정했다. 미쓰비시지쇼 관련 사업추진실 CLT WOOD PROMOTION 유니트의 아오키 슈다이 부주사(MEC Industry 기획영업부장)는 "저가의

[자료 5-11] 주택의 구조를 구성하는 목조 유니트
벽은 틀 벽 공법의 패널, 바닥과 천장은 CLT(직교집성판)로 구성한다. (출처: MEC Industry)

단독주택 시세보다 한 단계 더 낮추고 싶다. 거기에 블루 오션(미개척의 시장)이 있다고 본다"라고 말한다.

단독주택 사업으로 연간 판매 300채에 매출 30억 엔을 목표로 한다. 가격을 낮추기 위해 MEC Industry는 현지 시공사의 협력을 얻는다. 원목 조달, 목제품의 제조, 가공, 조립 및 현장 시공, 고객 판매까지 모두 취급한다. 가고시마, 구마모토, 미야자키산 삼나무를 조달하려고 검토하고 있다. 종래의 목조주택 공급망에서는 각 단계마다 다른 사업자가 있어 중간 비용이 많이 발생했다.

또한 건물의 유니트화를 추진했다. MEC Industry는 면적 약 8m²의 상자형 유니트를 가고시마현 야수마치의 자사 공장에서 대량으로 생산한다. 공장에서 일부 내외장재나 주택 설비와 기기

를 시공한 뒤에 출하할 계획이다.

유니트의 크기는 가로 1.82m, 세로 4.55m, 높이 2.44m다. 벽은 틀벽공법의 패널로 구성한다. 가로 방향의 1변과 세로 방향의 2변에 벽을 설치한 유니트와 세로 방향의 2변에만 벽을 설치한 유니트의 두 종류를 만들어 주택 부위에 따라 구분해서 사용한다. 바닥과 천장은 CLT(직교집성판)로 구성한다. 바닥 패널은 두께 90mm, 천장 패널은 두께 150mm다.

건설 현장에서 유니트를 연결해서 칸막이벽 등을 시공한다. MEC Industry 기획영업부의 시게타 쇼헤이 개인영업과장은 "CLT는 치수 편차가 작아서 높은 정밀도로 유니트끼리 연결할 수 있다"라고 말한다. 기초 시공을 제외하고 짓기 시작한 뒤 인도

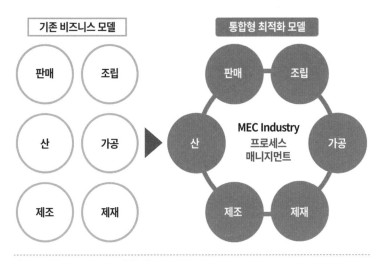

[자료 5-13] MEC Industry 사업모델
다른 사업자가 다루던 여러 공정을 통합한다. (출처: MEC Industry)

까지 1개월 정도면 끝낼 수 있다.

MEC Industry 설립은 2020년 1월. 미쓰비시지쇼를 중심으로 다케나카 시공사와 다이토요건설, 마쓰오건설과 같은 건설 회사, 건축 자재를 취급하는 미나미고쿠쇼구산, 건축용 금속 제품을 제조 및 판매하는 켄텍, 집성재 메이거인 야마사목재 등 총 7개 기업이 출자했다.

단독주택 사업 외에 건자재 사업에도 진출한다. 미쓰비시지쇼가 켄텍과 공동으로 개발한 'MI 덱키'라고 부르는 형틀재를 공급한다. 2020년에 특허를 취득했다.

__ 키무라 하야오(닛케이 크로스 테크·닛케이 아키텍처)

043

리파이닝 건축

건축물을 보수해서 재사용, 이산화탄소 배출 감소

⋮

기술 성숙 레벨 | 상   2030 기대지수 | 10.6

리파이닝 건축은 노후 건축물을 신축처럼 보수해서 자산가 치를 높이는 방법이다. 기존 건물을 재활용하면 이산화탄소 배출 감소 효과도 있다. 제조할 때 많은 이산화탄소를 배출 하는 건축자재의 사용량을 줄일 수 있기 때문이다.

건물의 경량화나 내진 보강을 통해 내진 성능을 현재의 건축기준 법령이 요구하는 수준까지 끌어올리고 가급적 건물을 재활용해 비용을 줄이면서 디자인과 용도, 설비를 대폭 쇄신한다.

아오키시게루(아오키시게루 건축공방 대표이사)가 제창해온 리파이닝 건축이 탄소 중립이라는 관점에서 새삼 각광을 받고 있다.

아오키시게루 건축공방은 미쓰이부동산과 2016년에 업무 제휴 하고 리파이닝 건축을 보급하고 있다. 1971년에 준공된 옛 내진 기준의 9층짜리 임대아파트인 샤트레 시나노마치를 신축에 뒤지

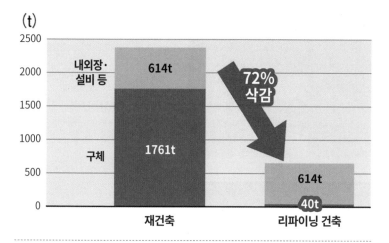

[자료 5-14] 구체(躯体)의 재사용 효과
이산화탄소 배출량을 1,721톤 줄일 수 있다. (출처: 미쓰이부동산, 닛케이 아키텍처)

지 않는 상태로 재생하는 공사도 그중 하나다. 양사의 작업은 샤
트레 시나노마치가 여섯 번째다.

 샤트레 시나노마치는 연 면적 2,610m²인 중규모 아파트다. 건
물 재생 수법으로 리파이닝 건축을 선택했다. 철골 철근 콘크리
트 구조(일부는 철근콘크리트 구조)인 기존 건축물의 84%를 재활용한
다. 이를 통해 건축자재 제조에서 생기는 이산화탄소 배출량을
재건축에 비해 72% 줄일 수 있다.

 배출량은 도쿄대학교 대학원의 기요이에 쓰요시 교수와 미쓰이
부동산의 공동 연구에서 산출했다. 건축물을 구성하는 콘크리트
나 철근, 철골의 사용량에 배출원 단위를 곱해서 계산한다.

 "샤트레 시나노마치에서 내놓은 이산화탄소의 삭감 효과에 대
해 상장 기업의 관심은 높다. 기업이 보유한 빌딩을 재생하는 안

내장의 해체 전

구체를 재사용

완성 후

[자료 5-15] 기존 건물의 내관, 해체 중의 모습, 내장을 - 새로운 그림의 이미지

해체 중인 사진 중앙, 철근을 짜고 있는 부분에 내진 벽을 설치한다. (출처: 아오키시게루 건축공방)

건도 다루고 싶다"라고 미쓰이부동산 레츠자산활용부 자산활용 그룹의 미야타 토시오 수석 컨설턴트는 말한다.

키요이에 교수는 "기존 건축물의 재활용 효과는 크다. 일반적으로 건설 시 이산화탄소 배출량 중에서 콘크리트와 철 제조에 따른 배출량이 약 90%를 차지하기 때문이다"라고 설명한다. 건축물을 재활용하면 공사비 억제와 납기 단축으로도 이어진다.

남는 비용을 단열 성능 향상 등에 사용하면 건물을 사용하면서 이산화탄소 배출량도 절감할 수 있다.

이산화탄소 배출량 절감 효과를 의미 있게 하려면 재생한 건물의 수명을 늘리고 주거하는 느낌을 좋게 해서 자산가치를 높여야 한다.

"신축과 동등한 수명을 갖지 못하면 장기적으로 이산화탄소 절감 효과가 있다고 할 수 없다. 신축보다 거주 성능이 나쁘면 결과적으로 건물의 수명은 **짧아진다**(설계를 담당한 아오키시게루 건축공방의 유카미 나오칸)."

샤트레 시나노마치의 재생에서는 기존 건축물의 보수와 내진 보강을 철저하게 했다. 내력에 필요 없는 벽을 제거해서 건축물을 경량화한 후, 필요한 곳에 내진 벽을 설치하고 기존의 대들보에 탄소섬유를 감았다. 철골 브레이스는 사용하지 않기 때문에 건물 디자인을 유지할 수 있다.

개구부의 단열 성능뿐만 아니라 바닥의 차음 성능도 개선한다. 후쿠비화학공업의 중량 바닥 충격음 저감재인 '사일런트 드롭'이라는 특수 재료를 천장 뒤에 깔아 놓는다. 슬래브를 두껍게 하는 방법보다 건물을 대폭 경량화할 수 있어 내진성에도 유리하다.

건물의 재활용으로 인한 이산화탄소 절감 효과에 주목하는 기업은 늘어나고 있다. 노무라부동산, 일본우정부동산도 오래된 점포의 건축물 일부나 지하 건축물을 재활용할 계획을 추진하고 있다. 도쿄대학교 대학원의 기요이에 교수는 "공사를 편하게 할 수 있으며, 환경부하를 줄일 수 있다는 이점이 더해짐으로써 지하 건축물을 재활용하는 사례는 앞으로도 늘어나지 않을까"라고 말한다.

_키무라 하야오(닛케이 크로스 테크·닛케이 아키텍처)

044

환경 DNA 분석

희귀생물의 서식 상황을 장기 모니터링,
보전 대책을 확실하게

> 기술 성숙 레벨 | 중   2030 기대지수 | **11.8**

환경 DNA 분석은 피부나 배설물 등 물속에 있는 생물의
DNA를 확인하고 희귀 동·식물류의 서식 상황을 파악한다.
타이세이건설은 도롱뇽 등 양서류의 보전 대책을 위한 서식
조사에 이용하여, 기존의 육안 조사와 비교해서 조사가 가능
한 기간을 길게 잡을 수 있음을 확인하였다.

타이세이건설은 2020년 2월부터 약 2년 동안 환경 DNA 분석 효
과를 확인했다. 기존의 습지에서 도롱뇽의 알 덩어리인 난괴를
작은 모래가 뒤섞인 산간지로 이식해서 대체 서식지로 삼았다. 약
1km에 걸친 비오톱 등 수역의 여러 곳에서 연간 각 250~500ml
의 시료를 채취했다. 시료를 실험실까지 냉장 수송한 뒤에 여과
한 잔사물에서 미량의 DNA를 추출했다. PCR 검사로 도롱뇽의
DNA를 증폭해 서식 여부를 확인할 수 있었다.

[자료 5-16] 크로산쇼우오의 유생
(출처: 현가와 마사시)

【순서 예】

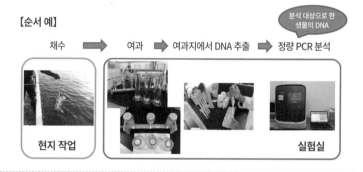

분석 대상으로 한 생물의 DNA

채수 ⇨ 여과 ⇨ 여과지에서 DNA 추출 ⇨ 정량 PCR 분석

현지 작업   실험실

[자료 5-17] 환경 DNA 분석 절차
(출처: 타이세이건설)

환경 DNA 분석을 사용하면 도롱뇽의 경우에 난괴에서 물속에서 서식하는 유생으로 성장할 때까지 반년 정도 모니터링을 할수 있다. 서식하지 못하고 있음을 알게 되면 "서식 장소를 재이전하는 등 빠르게 대책을 세울 수 있어, 확실한 종 보존으로 이어진다(클린에너지 환경사업추진본부 자연상생기술부의 우치이케 토모히로 생물다양성 기술실장)."

지금까지는 대체 서식지 상황을 전문 조사원이 난괴를 육안으로 확인하고 있으며, 모니터링을 할 수 있는 기간은 산란기인 초

봄 약 2개월밖에 되지 않아 유생까지 성장할 수 있는지 여부가 불분명했다.

"종래 방법에서는 전문 조사원에 의한 현지 확인이 필요했다. 환경 DNA 분석이라면 전문 조사원이 아니어도 채수할 수 있으므로 광범위한 조사가 쉬워졌다(기술센터 도시 기반 기술연구부 환경연구실 환경보전팀의 아카츠카 마요시코 부주임 연구원)."

이 회사는 앞으로 하천과 바다를 오가는 은어(鮎)의 회유 상황을 확인하기 위해서도 환경 DNA 분석을 사용해서 "물고기 길의 정비 등 각종 보전 대책을 강구한 후에 유효성을 증명한다(우치이케 실장)."

__사토 토무(닛케이 크로스 테크·닛케이 컨스트럭션)

045

중장비 자동화

자율 주행 중장비가 대규모 구조물을 건설

:
:
:
:
:
:

기술 성숙 레벨 | **상**　2030 기대지수 | **17.6**

컴퓨터의 지시에 따라 여러 종류의 무인 중장비가 자율 주행
으로 대규모 구조물을 건설한다. 국내외 건설 현장을 개혁하
는 기술이 현실이 되고 있다. 기술개발과 실행을 가속하기
위해 국가와 유관 기관은 안전 확보 및 건설기계 제어신호에
관한 기준 정비를 서두르고 있다.

가시마는 여러 종류와 여러 대의 무인 중장비를 자율 주행시켜
거대한 토목 구조물을 건설하는 기술인 '쿼드 악셀(A4CSEL)'을 아
키타현 내에서 건설 중인 나루세 댐의 제방 공사에 적용하고 있
다. 덤프트럭이 하역한 재료를 불도저로 밀고 그것을 진동롤러로
굳힌다. 일련의 작업을 하는 중장비 운전석에는 아무도 없다.

　동시에 가동하는 자동화 중장비 숫자는 최대 23대다. 피크시
에는 한 달에 30만m³나 되는 CSG재를 타설 하는 공사를 한다.

[자료 5-18] 나루세 댐의 시공 현장
불도저와 진동롤러가 자율 운전하면서 시공하고 있다. (출처: 닛케이 크로스 테크)

CSG는 현지에서 얻을 수 있는 돌이나 모래와 시멘트, 물을 혼합한 재료다.

　가끔 불도저나 진동롤러의 차량 간격이 좁아서 보고 있으면 아찔하다. 시공 현장을 총괄하는 가시마, 마에다건설공업, 타케나카 토목의 조인트벤처 나스노 쿄노부 소장은 "오히려 이렇게 가까이 모여 있는 중장비를 사람이 운전하면 더 불안하다"라고 말한다.

　확실히 중장비끼리 자동으로 일정한 거리를 유지하고 있어 뒤로 주행할 때 사람처럼 후방 확인을 게을리해 충돌 사고를 낼 걱정은 없다.

　현장을 내려다보는 고지대에 쿼드 악셀로 움직이는 중장비 관제실이 있다. 여기서 자동화 중장비를 지켜보는 사람은 IT 파일럿이라고 부르는 담당자들이다. 파일럿이라고 부르지만, 조종은

[자료 5-19] 나루세 댐 시공 현장의 '관제실'
'IT 파일럿'이 쿼드 액셀 가동 상황을 감시한다. (출처: 닛케이 크로스 테크)

하지 않는다. 창문을 따라 디스플레이를 배치한 넓은 책상에 와이셔츠 차림으로 앉아 디스플레이에 표시되는 정보와 창문 너머 현장 모습을 살핀다.

화면에는 현장 평면도에 불도저와 덤프트럭을 나타내는 아이콘과 ID가 나열되어 현장의 중장비처럼 움직이고 있다. 전체 관제용 디스플레이를 보면 중장비별 작업 진도나 완료 예정 시각을 파악할 수 있다.

지켜보는 동시에 관제실은 시공 결과 데이터를 확인한다. 이를 바탕으로 자동화 프로그램을 다시 쓰거나 설정을 변경한다. "예를 들어 블레이드의 각도를 10도로 누를까, 아니면 15도로 누를까. 그런 세세한 점에 주의한다." 나루세 댐에서 쿼드 악셀 운용을 총괄하는 가시마 기계부 자동화 시공 추진실의 데이시 요이치 담당 부장은 말한다.

오바야시구미와 미국 세이프에이아이(safe AI)는 2022년 7월에 중기덤프트럭 자율 주행을 위한 실증 실험을 일본의 건설 현장에서 2주간 실시했다고 밝혔다. 협업을 통해 자율화된 중기덤프트럭을 미국에서 수송해 와 일본의 통신환경에서도 문제없이 움직이는지 테스트했다.

양사가 추진하고 있는 기술은 미국 캐터필러(Caterpillar) 제품인 아티큘레이트 덤프트럭(중절식 차체 구조를 가진 덤프)의 자율 주행이다.

최대 적재량 약 24톤의 덤프에 라이다와 카메라, 자기 위치와 자세를 추정하는 GNSS(위성측위시스템의 총칭)/IMU(관성계측장치) 유니트와 컴퓨터를 장착하고 세이프에이아이가 개발한 제어 소프트

[자료 5-20] 실리콘 밸리에서의 실증 실험에 사용한 미국 캐터필러제의 아티큘레이트 덤프트럭
운전석 지붕에 LiDAR 등이 장착돼 있다. 안전 확보를 위해 운전자가 타고 있지만 핸들에는 손을 대지 않고 있다.
(출처: 오바야시구미, SafeAI)

웨어로 자율 주행시킨다. 덤프는 메이커나 형식에 상관없이 자율화할 수 있다.

2021년 11월에 실리콘밸리 산중에 있는 채석장에서 실시한 실증 실험에서는 토사 적재부터 하역까지 일련의 움직임을 자율화할 수 있는지 확인했다. 토사 적재 지점까지 주행한 후에 3포인트 턴(방향전환)을 해서 정지한다. 적재를 완료하면 재발진한다. 하역 지점에서 다시 3포인트 턴 하고 정지한다. 토사를 정해진 자리에 내리고 출발점으로 돌아온다. 이런 사이클을 3회 실시했다.

타이세이건설과 코마츠는 토사 운반부터 하역까지 자동화한 덤프트럭 '티-아이로보 리지드 덤프(T-iROBO Rigid Dump)'를 공동 개

[자료 5-21] 토사의 운반에서 하역까지 자동화한 덤프트럭 'T-iROBO Rigid Dump'
코마츠 제품인 리지드 덤프트럭 'HD465'를 기반으로 개발했다. (출처: 타이세이건설)

발했다. 숙련된 운전자가 타고 한 번 조종하면 차량이 통과한 위치와 방위, 속도 등을 기록할 수 있어 같은 경로를 주행할 수 있다. 2022년 1월에 미에현의 실험장에서 성능과 안전성을 확인했다. 2022년에 일본 현장에 도입을 목표로 한다.

코마츠 제품인 리지드 덤프트럭 'HD465'에 라이다와 카메라, GNSS 방위계, 통신기기, 컴퓨터를 탑재했다. GNSS 방위계 데이터를 기반으로 자율 주행 프로그램을 생성하고 차량에 전기신호를 보내 제어한다. 실증에서는 주행위치 오차를, 직진에서는 평균 10cm, 위치가 어긋나기 쉬운 커브에서는 최대 1m 미만으로 제어할 수 있었다.

자율 주행 프로그램 작성 시 경로에 따라 속도를 조절한다. 직선에서는 최대 시속 30km로 달릴 수 있다. 일반적인 유인 주행보다 빠르다. 돌리기 등 복잡한 조종이 필요한 장소에서 시간이 걸리더라도 전체 작업시간을 줄일 수 있다.

건설공사에서 자동화 시공 기술 개발을 가속하기 위해 국가와 유관 기관에서 기준 정비를 서두르고 있다. 국토교통부는 2022년 3월 14일 '건설기계 시공의 자동화 자율화 협의회'를 설립했다. 안전기준이나 시공관리기준과 같은 자동화 시공제도를 정비해 나간다.

토목연구소는 2022년에 건설기계 제어신호의 공통 룰을 실용화하는 회의 조직을 설립해서 민간기업에 효율적인 기술 개발을 촉진한다.

대형 건설사를 중심으로 자동화 시공 시험 도입이 진행되고 있지만, 안전 확보나 건설기계 제어신호에 관한 기준이 정비되지 않아 안전 확보 방안을 강구하기 번거롭고, 건설사와 메이커가 개별적으로 비밀 유지 계약을 체결하는 비효율성이 과제로 남아 있다.

_아사노 유이치(닛케이 크로스 테크),

나츠메 타카유키(닛케이 크로스 테크·닛케이 컨스트럭션),

하시모토 츠요시(닛케이 크로스 테크·닛케이 아키텍처),

시마즈 쇼리(닛케이 크로스 테크),

사토 토무(닛케이 크로스 테크·닛케이 컨스트럭션)

046

원격 조작 방식의
인간형 중장비

팔이 두 개 있는 인간형 중장비를
조종실에서 원격 조종

.
.
.
.
.

기술 성숙 레벨 | **중**　　2030 기대지수 | **15.4**

리츠메이칸대학교에서 탄생한 벤처기업인 진기잇다이(Man-
Machine Synergy Effectors)는 2022년 3월 JR서일본 및 일본신호와
개발하고 있는 '제로식 진기 버전2.0'을 전시회에서 선보였
다. 고층에서 무거운 작업할 때 사용하는 '공간 중량 작업용
사람 기계'의 실용 수준인 시제품이다. 원격 조작할 수 있는
인간형의 중장비 등 로봇 기술을 사용해서 가혹한 노동이나
위험한 장소에서 작업하지 않는 상황을 목표로 한다.

'제로식 진기 버전2.0'은 인간형 로봇이다. 전용으로 개조한 고층
작업차의 붐 끝에 부착해서 사용한다. 고층 작업차의 콕핏(운전석)
에 설치한 '진기 조작기 버전5.0'을 사용해 지상에서 원격 조작한
다. 2024년 봄, 실용화를 목표로 한다.

　진기잇다이의 카나오카 박사는 "관절의 움직임이나 손발의 수,

[자료 5-22] 지상에서 로봇을 조작하여 고소 작업이 가능
(출처: JR서일본)

[자료 5-23] 진기잇다이와 JR서일본, 일본신호가 공동으로 개발하고 있는
'공간 중작업 진기'의 실용 레벨 시제기
조종자가 지상에 있으면서 고소 작업을 할 수 있다. (출처: JR서일본)

머리 위치 등 사람에 가까운 형태기 조작하기 쉽다"라며 인형의 우위성을 설명한다.

가네오카 박사는 회사를 로봇 메이커가 아니라 첨단 로봇공학에 관한 지식재산을 개발해서 비즈니스를 전개하는 지식제조업이라고 정의한다. 인간형 중장비를 양산해 판매하는 비즈니스가 자사의 지식재산을 활용해 다양한 기업에 제품화 컨설팅 서비스를 제공한다.

지식재산 중의 하나가 '힘 제어 토크 제어 기술'이다. 이 회사의 기술을 사용한 로봇은 미묘한 힘 조절을 실현할 수 있기 때문에 사람처럼 미지의 대상물을 잘 다룰 수 있다. 일반 산업용 로봇은 좌표를 이용한 위치 제어로 움직이기 때문에 대상물의 강도나 형상에 따라 힘을 제어하기 어렵다.

__모리오가 레이유(닛케이 크로스 테크·닛케이 아키텍처)

047

건축용 3D프린팅

3D프린터로 창고나 화장실을 조형

기술 성숙 레벨 | 중   2030 기대지수 | 9.3

3D프린터는 디자인의 자유가 넓어질 뿐만 아니라, 인원과 자원 절약 및 납기 단축 등 다양한 효과를 기대할 수 있다. 세계에서는 주택에서 응용 사례가 나오고 있으며, 일본의 건설업계에서도 연구와 실험이 진행되고 있다. 홋카이도 도마코마이시에 있는 아이자와 고압콘크리트는 시멘트용 3D프린터를 이용해 공중화장실 두 개 동을 홋카이도 후카가와시에 있는 공장 부지에 조형했다.

아이자와 고압콘크리트가 사용하는 3D프린터는 스위스의 산업용 로봇 대기업인 ABB의 로봇 팔을 사용해서 네덜란드의 스타트업인 사이비 컨스트럭션(Cybe Consrucrion)이 개발한 제품이다.

몰터를 로봇 팔의 노즐에서 추출해서 적층 조형한다. 2~3분이면 경화되는 속건성 몰터를 사용하여 형틀을 사용하지 않고도 복

[자료 5-24]
아이자와 고압 콘크리트
아즈마 타이치(東 大智) 씨
아이자와 고압 콘크리트에서
3D프린터 기술의 언구개발을
담당하는 임원. 2011년 입사
한 32세(2021년 4월 기준).
(출처: 아즈마 타이치)

잡한 형상의 구조물을 빠르게 조형할 수 있다. 이 3D프린터를 사
용해서 만든 공중화장실 건물은 높이 약 2.7m, 바닥면적은 각각
약 10m²와 약 6m²다. 철근콘크리트 구조를 채용하고, 조형한 중
앙 공간의 외장을 형틀 대신으로 콘크리트를 채웠다. 실내의 벽
은 수직으로 벽을 따라 배치했다.

다만 3D프린터로 만든 벽은 구조체로 간주하지 않는다. 콘크
리트는 건축 기준법의 지정 건축 재료이며, 특수 몰터를 사용하
려면 장관 인정과 같은 성능 평가가 필요하기 때문이다.

3D프린터 건조물의 사용을 연구하는 히가시 다이치 이사는 말
한다. "3D프린터의 가능성은 무한대. 그동안 실현이 어려웠던
디자인의 건조물을 제작할 수 있다. 지진이 많은 일본은 3D프린
터로 만든 제작물을 구조부 재료로 아직은 사용할 수 없지만, 형
틀이나 오브제는 조형할 수 있다."

히가시는 2015년 연구개발 부문인 아이자와기술연구소의 연구

[자료 5-25] 아이자와 고압 콘크리트가 '인쇄'한 화장실 건물 두 동
왼쪽은 인도용 프로토타입. 오른쪽은 일본 국내용 (출처: 아이자와 고압 콘크리트)

원이 된 일을 계기로 3D프린터 연구개발에 나서게 됐다. 네덜란드와 독일 등 최첨단 기술을 시찰하기 위해 여러 차례 바다를 건너고 디자인을 데이터로 만들기 위한 절차와 로봇 제어, 재료 제어를 배웠다.

3D프린터로 화장실 건물을 제작해 인도에 설치하는 프로젝트는 2019년에 시작했다. 이를 위해 조직된 'SDGs 팀'의 리더에 히가시가 발탁되어 팀을 이끌게 되었다.

"당초에는 3D프린터를 사용해 인도에 설치한 화장실을 제작한다는 목표만 있을 뿐이고 무엇부터 의논해야 할지도 몰랐다(히가시)." 그러나 인도 현지를 시찰하고 나서 팀의 분위기가 바뀌었다. 인도는 화장실 사정이 나빠 위생 문제가 심각하다. 현지인들과 대화하면서 사정을 알고 어떤 화장실이 필요한지 이해함으로써 디자인 등에 대해 의견을 나누게 되었다.

그래도 디자인은 난항을 겪었다. "3D프린터를 사용하면 그동안 실현하기 어려웠던 형태도 제작할 수 있다. 무엇이든 할 수 있

[자료 5-26] 아이자와 고압 콘크리트의 3D프린터
(출처: 아이자와 고압 콘크리트)

[자료 5-27] 3차원 프린터를 사용하여 특수 모르타르를 추출하는 모습
(출처: 아이자와 고압 콘크리트)

기 때문에 디자인을 결정하는 데는 시간이 걸린다"라고 히가시는 설명한다.

전체 디자인을 검토하기 전에, 여러 개의 재료를 3D프린터로 제작해서 그것들을 조립할지 혹은 3D프린터로 전체를 하나의 물체로 제작할지부터 의논했다.

커뮤니티 장소로서 화장실 이용을 촉진하기 위해 함께 설치하는 벤치 등에 대해서도 검토했다. "여러 장의 스케치를 그리고 점토로 모양을 만드는 작업을 반복했다. 팀에서 정한 디자인을 아이자와 사장에게 가져가면 '3D프린터의 가능성을 드러내도록 지금까지 없었던 디자인을 만들면 좋겠다'라며 몇 번이나 반려했다(히가시)."

제안하고 반려되기를 반복하고 팀 결성 후 약 1년이 지났을 무렵에야 디자인이 정해졌다. 조형에는 현장에 로봇을 반입해서 기초 위에 로봇 팔로 직접 인쇄하는 현장 프린팅을 사용한다. 로봇 하부에 주행용 벨트를 달아 현장을 자율 주행시킨다.

인도에 설치하는 시제품 화장실 건물은 상하수도와 연결하지 않고도 사용할 수 있도록 한다. 홋카이도 아사히카와시의 마사카즈덴코가 개발한 톱밥으로 배출물을 처리하는 기술이나 아크암 홀딩스가 개발한 공기 중의 습기에서 물을 만드는 기술을 활용한다. 실제로 인도에서 화장실 건물을 설치하려면 소재 개발 등 문제가 남아 있지만 하나씩 팀에서 해결할 예정이다.

_키무라 하야오, 사카모토 요헤이(닛케이 크로스 테크·닛케이 아키텍처)

6장

검사
&
진단

048

법의학용 IoT 냄새 센서

냄새를 분석해서 사인이나 학대 여부를 검증

: : : : : : : : : :

기술 성숙 레벨 | 중　2030 기대지수 | 6.2

냄새 분석 기술을 개발하는 레본(REVORN)은 나가사키대학교
와 공동으로 법의학 현장에서 실증 실험을 진행하고 있다.
센서와 인공지능을 이용하는 레본의 기술로 시신에서 발생
하는 냄새를 분석해서 학대 여부 등을 검증한다. 냄새는 법
의학 분야에서 경험칙에 기초한 판단 요소로 사용되어왔다.
레본의 기술로 객관적인 근거가 될 수 있다.

'냄새에서 '어쩌면'을 없애겠다'라는 미션을 내세우는 레본은
2016년 창업한 스타트업이다. 독자의 IoT, 냄새 센서인 오브레
(OBRE), 냄새 데이터를 관리하는 이이니오이 클라우드(iinioi cloud)
를 개발해서 제공한다.

　오브레(OBRE)는 냄새를 흡입하는 노즐과 펌프, 냄새를 계측해서
전기신호로 변환하는 센서, 데이터를 송수신하는 심카드가 하나

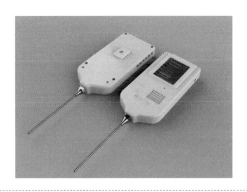

[자료 6-1] IoT 냄새 센서 '오브레(OBRE)'
(출처: 레본)

로 되어 있다. 센서는 수정 진동자로 이뤄졌으며 디바이스 한 대에 19가지 센서를 탑재한다.

외부 공기를 흡입해서 얻은 냄새 데이터는 이이니오이 클라우드에 자동으로 업로드된다. 여기에는 장르를 불문하고 다양한 데이터가 축적되어 있으며 이들을 교사 데이터로 사용해서 기계 학습시킨 인공지능도 가동된다. 계측한 냄새가 무슨 냄새와 가까운지를 인공지능이 분석해서 '바나나와 일치율 80%'라는 식의 결과가 오브레(OBRE) 화면에 표시된다.

냄새 분석 기술을 법의학 분야에 응용하려고 나가사키대학교와 실험을 진행했다. 나가사키대학교 대학원 의치약학종합연구과의 이케마츠 카즈야 교수는 "레본의 기술을 사용하면 냄새를 수치화해서 누구나 사용할 수 있는 객관적인 지표가 되는 수준이 실험 목적이다"라고 말한다.

냄새는 그동안 객관적인 지표라고 할 수 없었다. 이케마쓰 교수

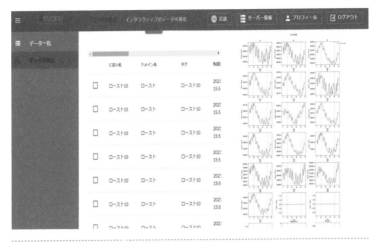

[자료 6-2] 이이니오이 클라우드(iinioi cloud) 화면 이미지
특정 '냄새'에 대한 각 센서의 반응 패턴이 제시되어 있다. (출처: 레본)

에 따르면 "법의학 실무에서 특이한 냄새를 경험할 기회가 많지만, 경험칙에 따라 냄새의 의미를 판단해 왔다." 청산중독이면 아몬드 냄새가 난다고 교과서에 적혀 있어도 실제로 맡아보지 않으면 감을 잡기 어렵다. 체질상 아몬드 냄새를 느끼지 못하는 사람도 있다.

실증 실험에서는 '사인 판단을 위한 사인과 냄새의 관계', '알코올 섭취 유무나 음주 후 경과 시간, 알코올의 종류, 음주량의 추정', '피학대 아동의 특이한 냄새의 검토'라는 주제에 오브레 (OBRE)를 사용할 수 있는지 검증한다.

예를 들어 육아를 포기한 피학대아동은 목욕시키지 않는다는 이유로 특이한 냄새가 나는 경우가 있다. '네그렉트 냄새'라로 불리는데 현장에서 인식은 되지만, 이 상태를 그대로 학대의 근거로 삼을 수 없기에 답답해하는 관계자도 많다.

"학대 사안은 옥신각신하기에 하나라도 많은 객관적인 지표가 필요하다. 학대 검증에 사용은 특히 기대가 크다(이케마츠 교수)."

실증 실험에서는 이케마츠 교수가 중심이 되어 각 주제에 대해 오브레(OBRE)를 사용해 냄새를 수집한다. 어떤 냄새인지 라벨을 부착해서 교사 데이터를 축적한다. 법의학 현장에서 실용적으로 사용할 수 있는 수준으로 인공지능을 키워 나간다.

효과를 실증할 수 있으면 냄새를 객관적인 지표로 사용할 수 있게 된다. 더욱이 법의학자의 부담을 줄이고 기술 계승으로 이어질 가능성이 있다.

_오오와 타카유키(닛케이 크로스 테크·닛케이 디지털헬스)

049

배뇨 예측 센서

하복부에 센서를 장착, 방광 내 소변량을 측정

. . . .

기술 성숙 레벨 | **상**   2030 기대지수 | **4.1**

2022년 4월 요양보험의 특정 복지 용구 판매 종목에 '배설 예측 지원기기'가 추가되었다. 요양보험 복지 용구 대여와 판매 종목의 변경은 2012년 이후 10년 만이다. 배설 예측 지원기기란 '방광 내의 상태를 감지해서 소변량을 추정하여 배뇨 기회를 간병이 필요한 사람이나 간병인에게 통지하는 기기'다. 센싱 기능을 사용한 배뇨 예측 디바이스로 디프리(DFree)가 이에 해당된다.

트리플더블유재팬(Triple W Japan Inc.)이 개발한 디프리(DFree)는 이용자의 하복부에 초음파 센서를 장착하고, 방광 내 소변량을 모니터링해서 배뇨 타이밍을 예측한다. 2017년 요양시설 등 법인용으로 장치를 이용한 '디프리(DFree) 배설 예측 서비스' 제공을 시작했다. 2022년 3월 현재 의료기관도 포함해 약 300개 시설이 서

[자료 6-3] 배설 예측 지원기기 '디프리홈케어(DFree HomeCare)'와 화면
(출처: 트리플더블유재팬)

비스를 이용하고 있다.

　요양보호복지용구 판매에 배설 예측 지원기기를 종목 추가한 일정에 맞춰 '디프리홈케어(DFree Homecare)'를 2022년 3월 출시했다. 센서는 지금까지와 같지만, 집에서 사용하는 경우를 예상하고 전용 태블릿으로 통지하거나 기록하도록 해서 인터페이스를 알기 쉽게 했다.

　소변이 고이는 상태는 10단계로 파악한다. '이제 슬슬 통지' '나왔을지도 모른다는 통지' 등 태블릿에 크게 표시된다. '배뇨 없음' '배뇨 있음' 버튼을 누르면 기록할 수 있다. 배뇨 횟수나 시간 등의 경향을 파악해서 간병인의 부담을 줄이고, 간병 계획에 반영한다.

고령 세대를 예상해서 센서 본체와 전용 태블릿을 블루투스로 직접 연결해 인터넷 환경이 없이도 사용할 수 있도록 했다. 소매 희망 가격은 9만 9,000엔이다. 요양보험의 특정 복지 용구 구입비의 연간 한도액인 10만엔 이내로 억제했다.

지금까지의 복지용구 대여와 판매에서 비슷한 사례가 없는 기기라서 이용자용 설명서를 충실하게 만들고 케어 매니저에 주지시켜야 한다. 설명회를 요청하면 회사의 스탭이 가능한 한 대응한다고 한다.

__이시가키 코이치(닛케이 헬스케어)

050

이어폰형 뇌파계

청각을 자극하고 마취 효과 보조에도 이용

:
:
:
:
:
:
:

기술 성숙 레벨 | **중**　2030 기대지수 | **8.3**

스타트업인 비스타일(VIE STYLE)은 개발 중인 이어폰형 뇌파
계 '비존(VIE ZONE)'을 의료에 응용한다. 국립암연구센터 히가
시병원과 공동으로 비존(VIE ZONE)을 사용해서 내시경 치료
시 마취의 수준(진정심도)을 모니터링하는 시스템을 개발한다.
모니터링뿐만 아니라 청각을 자극해 마취 효과를 보조하려
는 구상도 있다.

이어폰형 뇌파계 '비존(VIE ZONE)'의 외형은 좌우 일체형 무선 이
어폰 그 자체다. 좌우 귀에 삽입하는 이어 칩이 전극으로 되어 있
어 외이도(귓구멍의 어귀에서 고막에 이르기까지의 'S' 자의 터널 모양으로 된 부분)
로부터 뇌파를 취득한다.

　임상 데이터를 수집하고 뇌파계 프로그램으로 의약품의료기기
종합기구(PMDA)에 승인받은 뒤에 2023~2024년 실용화를 목표

[자료 6-4] 청각 자극으로 뇌에 작용할 수도 있다
(출처: 비스타일)

로 한다.

진정심도 모니터링은 마취가 적절하게 듣고 있는지 파악하는 기술이다. 국립암연구센터 히가시병원의 야노 도모노리 소화관 내시경 과장은 간편하게 뇌파를 측정할 수 있는 비존(VIE ZONE)을 사용해 "환자의 안전을 확보하고 우리 의료진이 안심하고 내시경 치료에 집중할 수 있는 새로운 진정심도 모니터링 방법의 실현을 기대한다"라고 말했다.

내시경 치료 등 마취과 의사가 입회하지 않는 중간 정도 마취하는 현장에서 간편하고 신뢰할 수 있는 진정심도 모니터링 방법이 지금까지 없었다. 그래서 내시경 의사와 간호사가 환자의 의식상태나 혈압 등 바이탈 사인을 확인하면서 진정심도를 관리하고 있다.

나아가 진정의 개입도 노린다. 모니터링 중 각성 징후가 나타

났을 때 "뇌파 상태에 맞춰 청각 자극을 줌으로써 마취제를 추가
하지 않고도 진정심도를 유지할 수 있지 않을까"라고 비스타일
(VIE STYLE)의 이바라키 타쿠야 CNTO(최고뇌과학책임사)는 보고 있
다.

_오오와라 타카유키(닛케이 크로스 테크·닛케이 디지털헬스)

051

혈당 측정기가 부착된
스마트 워치

바늘로 찌르지 않고 측정할 수 있다

⋮
⋮
⋮
⋮

기술 성숙 레벨 | **중**　　2030 기대지수 | **14.8**

당뇨병 환자에게 혈당치 측정과 컨트롤은 중요하다. 팔에 차고 있기만 해도 혈당을 측정할 수 있는 스마트 워치가 개발되고 있다.

프랑스의 스타트업인 PK바이탈리티는 2022년 7월 말 '케이워치 글루코스(K'Watch Glucose)'라고 부르는 손목시계형 혈당 측정 디바이스의 임상시험 결과를 공개했다.

2022년 6월에는 회사의 디바이스를 사용한 결과와 기존의 혈당 측정 결과의 평균 절대적 상대적 차이(mean absolute relative difference, MARD)가 16%로 나타났다. 2022년 5월에는 19%, 2021년 12월에는 29%였다.

수치 개선을 바탕으로 PK바이탈리티의 창업자는 "수개월 이내에 검증을 마치고 당뇨병 환자의 기대에 부응하는 CGM(지속 글루

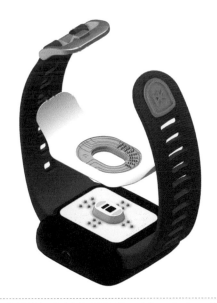

[자료 6-5] 손목시계형 혈당치 측정 장치 케이워치 글루코스(K'Watch Glucose)
일회용 패치에 센서가 부착되어 있다. (출처: PK바이탈리티)

코스 모니터링)을 제공하겠다"라고 밝혔다.

CGM은 피하에 센서를 찔러 간질액의 당 농도를 지속적으로 측정하는 기술인데 케이워치 글루코스(K'Watch Glucose)를 사용하면 찌를 필요가 없어진다.

디바이스 뒷면에 접착 패치를 부착하여 사용한다. 패치에는 길이 1mm 미만의 바늘(마이크로포인트라고 부른다)과 바이오 센서가 내장되어 있다. 디바이스와 패치를 팔에 붙여도 통증이나 출혈은 없다. 접착 패치는 피부를 자극하지 않도록 만들어져 7일 정도 사용할 수 있다.

마이크로포인트에 스며든 간질액을 바이오 센서가 계측해서 혈당치를 계산한다. 디바이스 표면에 있는 버튼을 누르면 몇 초 만에 혈당치가 표시된다. 설정한 혈당치를 넘으면 디바이스가 진동하면서 경고한다. 등록해 둔 관계자에게 통보할 수도 있다.

케이워치 글루코스는 혈당치에 더해 보행한 숫자나 이동한 거리 등의 행동 데이터, 소비 열량도 측정할 수 있으며, 모든 데이터를 전용 앱으로 보낸다. 가격은 미정이지만 2021년에는 199달러와 199유로를 목표로 한다고 보도되었다.

바늘을 찌르지 않는 혈당치 모니터링은 애플워치에서도 가능해질 전망이다.

_타니타 나오키(닛케이 드래그 인포메이션)

052

당뇨병 모니터링

인슐린 투여량을 원격으로 측정

:
:
:
:
:
:

기술 성숙 레벨 | 상   2030 기대지수 | 7.8

당뇨병 환자의 혈당과 인슐린 투여량을 원격으로 모니터링하는 서비스가 확대되고 있다. 노보 노르디스크제약은 2022년 2월 인슐린 투여 데이터를 자동으로 기록하고 스마트 폰과 연결할 수 있는 인슐린 펜형 주입기를 출시했다.

인슐린 펜형 주입기는 노보펜6와 노보펜 에코플러스의 두 종류가 있다. 노보펜6는 최대 투여량 60단위인데 1단위로 투여량 설정이 가능하다. 노보펜 에코플러스는 최대 투여량 30단위인데 0.5단위로 투여량 설정이 가능하다. 3ml펜필 카트리지로 판매되는 다섯 종류의 인슐린 아날로그 제제를 사용할 수 있다.

어떤 인슐린 펜도 마지막으로 주입 버튼을 눌렀을 때의 설정 단위 수와 거기에서 경과 시간(초 단위)을 본체의 메모리 표시에서 확인할 수 있다. 최근 최대 800회분 주입 버튼을 누른 이력을 자동

[자료 6-6] 투여 데이터를 자동 기록할 수 있는 인슐린 펜형 주입기
노보펜6(위)와 노보펜 에코플러스(아래). (출처: 노보 노르디스크제약)

기록해 NFC(근거리 통신 시스템)의 스마트 폰 앱으로 무선 전송한다. 배터리 교환이나 충전이 필요 없다. 사용 연수는 5년으로 되어 있다.

데이터를 무선 전송할 수 있는 당뇨병 관리 앱은 스마트 e-SMBG(아크레이), 프리스타일리브레 링크(애보트재팬), 싱크헬스 (H2), 메디세이프 데이터 공유(테르모), 로슈DC재팬(마이슈가) 앱이다.

매일 환자의 인슐린 투여 정보를 자동으로 기록할 수 있고, 맞춤형 당뇨병 치료에 필요한 정보를 얻을 수 있어 환자와 의사의 대화에서 질적 향상을 기대할 수 있다.

도쿄여자의과대학교 내과학강좌 당뇨병·대사내과 분야의 미우라 준노스케 준교수는 "환자가 수치를 부정확하게 당뇨병 수첩에 기재하는 경우가 있다. 자동으로 기록하면 정확한 진료 판단에 도움을 주는 정보가 된다"라고 평가한다.

혈당치에 관해서도 프리스타일리브레 등의 지속 글루코스 모니터링(CGM) 기기를 사용한 모니터닝이 2020년도 진료수가에서 좋은 평가를 빈으면서 사용이 확산되고 있다. 저혈당 리스크를 미연에 방지할 수 있어 당뇨병 치료의 질저 향상으로 이어질 것으로 기대된다.

_혼요시 아오이(닛케이 드래그 인포메이션)

053

기름 제거 종이로 진단

얼굴의 피지를 닦으면 파킨슨병을 조기 판정

. . . .

기술 성숙 레벨 | **하**   2030 기대지수 | **4.1**

'기름 제거 필름'으로 얼굴의 피지를 닦아내서 해석하면 파
킨슨병을 조기에 진단하는 기술을 연구하고 있다. 이 기술을
사용하면 파킨슨병과 관련된 RNA(리보핵산)가 포함된 피지를
비침습으로 쉽게 채취할 수 있다. 지금까지 피부의 RNA를
채취하려면 피부를 잘라내는 등 대대적인 방법이 필요했다.

카오는 사람의 피지에 포함된 RNA(리보핵산)를 해석하는 독자 기
술을 개발하고 있으며, 2019년부터 프리퍼드네트웍스(Preferred
Networks: PFN)와 공동으로 연구하고 있다. 파킨슨병 치료와 연구를
진행하는 준텐도대학교도 참여해서 조기진단 적용을 목표로 연
구하고 있다.

2021년 9월에 카오, PFN, 준텐도대학교는 피지에 포함된 RNA에
파킨슨병 환자 특유의 정보가 포함되어 있다는 사실을 발견했다.

| 피지 채취 | 피지 RNA 추출 | 피지 RNA 발현량 분식 | RNA 정부취득 | 기계학습 모델 구축 |

[자료 6-7] 피지 RNA 정보취득과 기계학습 모델 구축 흐름
(출처: 프리퍼드네트웍스)

정상인과 파킨슨병 환자의 피지를 기름 제거 필름으로 채취해서 차세대 시퀀서로 피지 RNA의 발현량을 분석했더니 약 4,000종류의 RNA 정보를 얻을 수 있었다. 그중에서 파킨슨병 환자에게서 크게 변하는 200~400종류의 RNA에 주목해보니 파킨슨병과 밀접하게 관련된 여러 개의 RNA가 증가하는 경향을 볼 수 있다.

여기에 피지 RNA와 나이, 성별 정보를 이용해 기계학습 모델을 구축했다. 피지 RNA를 이 모델로 분석하면 파킨슨병 판별이 가능하다는 사실을 발견했다. 연구 성과는 영국 과학잡지인 〈Scientific Reports〉 온라인판에 공개됐다. "이번 성과로 의료 분야에 응용하기 위한 첫 단계에 섰다"라며 카오 생물과학연구소 피지 RNA 프로젝트의 이노우에 타카라 프로젝트 리더는 말한다.

향후 실용화를 위해 사례를 늘려 해석할 필요가 있다. 진단 등 의료 분야는 카오에게 신규사업 영역이다. 카오는 사업 전개 방침을 향후 검토해 나갈 예정이다.

＿타카하시 아츠비(닛케이 크로스 테크·닛케이 디지털헬스),
이마이 타쿠지(작가)

054

치매 진단 지원 소프트웨어

뇌 화상을 해석해서 조기 발견

기술 성숙 레벨 | 상   2030 기대지수 | 24.0

뇌 화상을 해석하는 컴퓨터 프로그램이 2021년 6월 치매 진단 지원용 의료기기 프로그램으로 약사승인을 받았다. 2017년에 설립된 스타트업인 스플링크(SPlink)가 개발한 '브레이니어(Braineer)'다.

치매 환자는 2025년 700만 명에 이를 전망이라 초고령국가인 일본에는 매우 중요한 문제다.

스플링크(SPlink)의 아오야마 히로키 대표이사는 "예방에서 진단까지 원스톱으로 지원한다"라는 목적을 가졌다.

이를 위해 인지능력 측정용 디지털 앱인 'CQ test', 치매 조기 발견을 지원하는 뇌 검사용 프로그램인 '브레인 라이프 이미징(Brain Life Imaging)', 약사승인을 받은 뇌 화상 해석 프로그램인 '브레이니어'를 개발하고 있다.

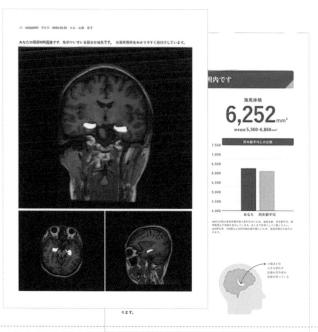

[자료 6-8] 뇌 건강 상태를 가시화하는 브레인 라이프 이미징(Brain Life Imaging)
(출처: 스플링크)

CQ test는 인지기능을 테스트하는 앱으로 컴퓨터나 태블릿에서 이용할 수 있다. 예상하는 이용자는 정상인으로 건강한 단계부터 뇌 상태를 파악해 치매 징후를 발견한다.

브레인 라이프 이미징은 회사의 핵심 제품으로 뇌 검사에 사용한다. 머리의 자기공명진단장치(MRI)에서 얻은 화상을 인공지능으로 해석한다. 기억과 학습의 중추를 관장하는 뇌 내 해마 영역의 부피를 측정해서 뇌의 건강 상태를 가시화하고 알기 쉬운 보고서를 진료자에게 제공한다.

의료기관을 전국에 전개하는 의료법인 미나미도후쿠그룹(후쿠시마현 고리야마시)에서 도입했다. 2021년 11월에는 지멘스 헬스케어와 사업 제휴하여 의료 플랫폼에서 브레인 라이프 이미징을 제공하기 시작했다.

브레이니어는 머리 MRI의 화상 데이터에서 뇌의 위축을 정량화, 수치화해 진단에 도움이 되는 정보를 의사에게 제공한다. 의사의 지식이나 경험에 좌우되는 치매 진단의 오진을 막으려는 목적이다. 브레이니어의 약사승인을 계기로 킨키대학교, 나고야시립대학교, 도쿄대학교 의학부 부속 병원과 공동 연구를 시작했다.

_진보 시게키(닛케이BP종합연구소),
코구치 마사키(스풀)

055

앉기만 해도 심장 진단

음향 센서를 내장, 심장과 혈관 상태를 추정

기술 성숙 레벨 | 중   2030 기대지수 | **12.3**

앉기만 해도 심장이나 혈류 상태를 추정할 수 있는 의자를 개발하고 있다. 자동차용 시트를 취급하는 델타공업, 그룹 기업인 델타투어링, 히로시마대학교 의학부로 구성된 산학 협력 연구팀이 개발한다. 연구팀은 심장 진동을 감지하는 음향 센서를 개발한다. 이 센서를 내장한 의자에 앉으면 등에서 심장 진동을 감지할 수 있다.

델타공업, 델타투어링, 히로시마대학교가 개발한 심장 진동을 감지하는 음향 센서는 0.5~80Hz의 진동을 포착하는 콘덴서형 마이크로폰과 델타투어링이 개발한 자동차용 시트 소재인 '3D-NET'로 구성된다.

3D-NET는 폴리에스테르계 실을 입체적으로 짜낸 소재로 마이크로폰의 진동 감지면을 덮듯이 접촉한다. 3D-NET를 이용해

[자료 6-9] 센서가 내장된 의자에서 심장의 진동을 감지하고 있는 모습
(출처: 닛케이 크로스 테크)

마이크로폰이 심장 진동을 감지한다.

음향 센서로 포착하는 0.5~80Hz의 진동은 주파수에 따라 가청역보다 낮은 주파수의 진동인 '심첨박동'과 청진기로 포착되는 가청역의 주파수 진동인 '심음'으로 나뉜다. 개발한 음향 센서로 심첨박동 데이터를 기록할 수 있다. 심첨박동은 기존에는 촉진으로 파악했다.

수집한 데이터를 비교 검토하거나 해석함으로써 "심첨박동에 관한 연구가 진행될 전망이다"라며 히로시마대학교의 명예교수이며, 야스다여자대학교 간호학부 교수인 요시스 마사오는 기대한다.

한편 심음은 심장병 조기 발견에 도움이 될 전망이다. "의자에 앉기만 해도 간단히 심장 진동을 감지할 수 있다면, 심장 상태를 확인할 수 있는 빈도가 늘어나 조기에 대동맥판막 협착 등을 발견하기 쉬워질 수 있다"라고 요시스 교수는 지적한다.

대동맥판막협착은 심장 꽈막이 기능하지 않아 혈액을 배출하기 어려운 증상이지만 발견하기 어렵다고 한다. 자각 증상이 없는 초기 단계에서는 심전도가 정상인 경우도 많아 초음파 검사나 청진기에서 심잡음이 들렸을 때 드러난다.

0.5~80Hz의 진동을 포착하는 콘덴서형 마이크로폰을 3D-NET로 덮는 이유는 '확률 공명'이라고 부르는 현상을 발생시켜, 미약한 진동을 포착하기 쉽게 하기 위해서다. 확률 공명이란 입력값에 일부러 노이즈를 추가해서 진동을 공명시키는 기술이다. 3D-NET는 이런 노이즈를 추가하는 역할을 한다.

이용자의 호흡 등으로 생기는 신체 움직임에 따라 3D-NET

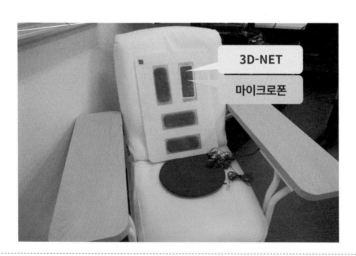

[자료 6-10] 의자 뒷면에 음향 센서가 내장되어 있다
촬영을 위해 센서를 별도로 준비해 설치했다. (출처: 닛케이 크로스 테크)

안에서는 마찰음이 발생한다. 마찰음의 주파수는 3D−NET를 구성하는 섬유의 고유 진동수 등에 의해 결정된다. "우연히 마찰음의 주파수가 심장의 진동을 공명시키는 데 적합했다"라고 델타투어링의 후지타 에츠노리 상무이사는 회상했다.

연구팀은 흉부만이 아니라 등과 허리에서도 심장 진동을 감지할 가능성이 크다고 보고 의자를 실용화하기 위해 신규 데이터를 모으기 시작했다. 대동맥판막협착 환자에게 음향 센서가 내장된 의자에 앉게 해서 질환 특유의 심장 진동을 감지할 수 있는지 확인한다. 또한 음향 센서와 취득한 심장의 진동을 해석하는 소프트웨어 판매도 검토하고 있다.

_타카하시 아츠키(닛케이 크로스 테크·닛케이 디지털헬스)

056

포톤 카운팅 CT

정밀하고 저피폭으로 측정할 수 있다

기술 성숙 레벨 | **상**　　2030 기대지수 | **8.8**

토카이대학교 의학부 부속 병원은 차세대형 검출기를 갖춘 '포톤 카운팅 CT(Computed Tomography, 컴퓨터 단층 촬영)'를 2022년 6월부터 임상에 응용하고 있다. 고화질 저피폭이며 물질 선택적인 이미징이 가능하다. 기존의 CT로는 발견하기 어려웠던 작은 암 등 초기 단계 질병을 조기 발견할 수 있다. 기기는 지멘스 헬스케어의 네오톰 알파(NAEOTOM Alpha)다. 일본에 최초로 도입되었다.

지멘스 헬스케어가 개발한 네오톰 알파가 구비한 포톤 카운팅 검출기는 카드뮴 텔루라이드(CdTe) 단결정으로 만든 반도체를 사용한 방사선 검출 소자로 구성돼 있다. 검출기에 체내를 투과한 X선 포톤(광자)이 닿으면 포톤의 에너지마다 전자가 발생한다. 이 에너지 값을 펄스 정보로 해서 픽셀마다 계측한다. 기존의 CT가 이

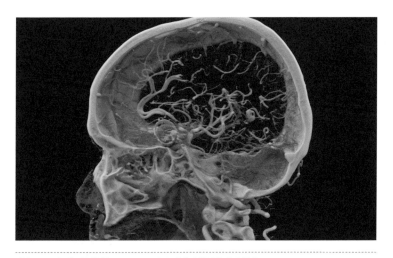

[자료 6-11] 네오톰 알파(NAEOTOM Alpha)에서 촬영한 머리 혈관
(출처: 지멘스 헬스케어)

용하는 검출기는 X선을 일단 가시광선으로 변환한 후에 전류정보로 만들기 때문에 X선의 에너지 정보의 적분치 밖에 얻지 못했다. CT는 검출기를 64열이나 128열 등으로 다열화해서 성능을 올려왔지만, 검출기 구조 자체가 새로워진 사례는 약 25년 만이다.

포톤 카운팅 CT는 애노드(X선 포톤에서 변환된 전자가 흘러나오는 전극)를 미세하게 하면 화소 수를 늘릴 수 있으며, 포톤을 개별로 카운트함으로써 고해상도 화상을 얻을 수 있다.

도카이대학교의 모리 마사키 의학부장은 "예를 들어 췌장암은 1cm라도 진행 암인 경우가 많아 가능한 작은 단계에서 찾아야 한다. 정밀하고 섬세한 화상을 얻을 수 있는 이 CT를 사용하면 수mm 레벨로 검출할 수 있지 않을까"라며 기대를 나타냈다.

저피폭도 실현된다. 포톤 카운팅 CT로 부비강을 촬영하면 실

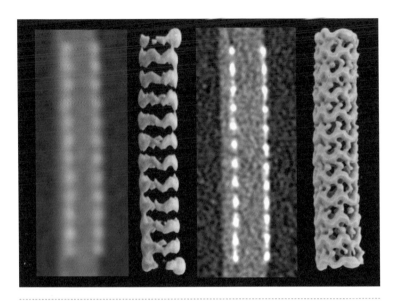

[자료 6-12] 포톤 카운팅 CT(오른쪽)와 기존형 CT(왼쪽)의 비교
혈관 스텐트를 촬영했다. (출처: 지멘스 헬스케어)

효선량은 0.0063mSv(밀리시버트, 방사능이 인체에 미치는 영향을 나타내는 단위)다. 이는 일본의 자연방사선에 의한 하루분의 피폭량이다. 기존의 CT로 부비강을 촬영하는 경우 실효선량은 0.2~0.8mSv로 자연방사선에 의한 1~4개월분 피폭에 해당한다.

포톤 카운팅 CT는 70cm가 넘는 광범위한 촬영을 0.9초 만에 할 수 있다. 기존의 CT는 약 10초 걸렸다.

엑스레이 포톤의 에너지 정보를 계측할 수 있기 때문에 스펙트럴 이미징이 가능하다는 사실도 큰 특징이다. 에너지 정보에 따라 체내의 물질을 식별함으로써 혈류 부분이나 염증이 있는 부분이나 칼슘 성분 등 물질을 선택해서 강조하거나 제거한 화상을

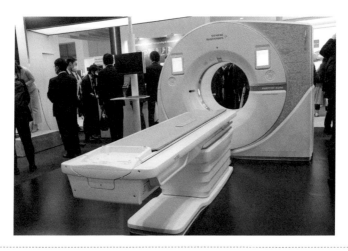

[자료 6-13] 포톤 카운팅 검출기를 탑재한 CT '네오톰 알파'
(출처: 닛케이 크로스 테크)

만들 수 있다.

이를 통해 예를 들어, 보존 요법으로 골융합을 할 수 있는 골절인지, 아니면 뼈 이식이 필요한지 판단하는데, 도움이 되는 화상을 얻을 수 있다.

토카이대학교 의학부 부속 병원 화상진단과의 하시모토 준 진료과장은 스펙트럼 이미징의 임상 응용으로 "석회화 부분을 제거한 화상으로 순수한 혈관 내강을 표현하고, 심장 주위에 있는 관상동맥의 협착 정도를 파악한 뒤에 진단으로 이어가겠다"라고 말했다. 기존의 CT 화상에서는 석회화 부분이 있으면 관상동맥 협착 정도를 알기 어려웠다.

포톤 카운팅 CT는 타사도 개발하고 있지만 지멘스 헬스케어가 세계 최초로 2021년 출시했다. 일본에서는 2022년 1월 제조판매를 인증받았다. 기격은 약 10어 엔이며 실제 가겨은 하이엔느 CT의 약 2배다.

_에모토 테츠로(닛케이 메디컬),
타카하시 아츠비(닛케이 크로스 테크·닛케이 디지털헬스)

057

증강현실 피트니스

증강현실(AR) 기술로 피트니스를 지원

:
:
:
:
:
:

기술 성숙 레벨 | 상   2030 기대지수 | 6.0

스포츠 관련 기업 등이 AR(증강현실)과 VR(가상현실)을 피트니스에 활용하는 서비스에 뛰어들고 있다. 미국 라이트복서(Liteboxer)는 VR 복싱 피트니스 서비스를 제공하기 시작했다. VR 헤드셋을 이용한 피트니스 콘텐츠는 앞으로 열리는 메타버스 사업의 추진력이 될 전망이다.

VR(가상현실)피트니스를 다루는 미국 핏XR(FitXR)의 샘 콜 CEO는 잠재적으로 1조 달러 규모로 알려진 메타버스 산업을 발전시키는 열쇠는 피트니스라고 지적했다.

미국 라이트복서는 2022년 3월부터 '라이트복서 VR(Liteboxer VR)'로 부르는 VR 기술을 사용한 피트니스 지원 서비스를 시작했다.

미국 메타(전 페이스북)가 판매하는 VR 헤드셋 '퀘스트2'에서 사용할 수 있는 VR 콘텐츠로 VR 공간에 펀칭 디바이스가 재현돼 이

[자료 6-14] 라이트복서(Liteboxer)가 'CES 2022'에서 발표한 VR 서비스
(출처: 라이트복서 공식 동영상)

를 펀치하면서 트레이닝한다. 다른 이용자와 1대 1로 맞붙어 득점을 겨룰 수도 있다.

이 회사는 원래 벽걸이식이나 스탠드식 펀칭 디바이스를 사용해서 복싱 피트니스를 할 수 있는 '라이트복서'를 개발해서 제공했다. 디바이스에는 여섯 개의 타깃이 설정되어 있어 프로그램이나 랜덤하게 빛나는 타깃을 펀치한다.

라이트복서 VR의 구독 비용은 한 달에 18.99달러다. 종래의 라이트복서도 이용할 수 있는 완전 구독제는 한 달에 29.99달러다.

피트니스에 AR(증강현실)을 사용하는 방식도 있다. 미국 모조비전(Mojo Vision)이 개발한 스마트 콘택트 렌즈인 '모조렌즈(Mojo Lens)'는 AR 그래픽과 피트니스 퍼포먼스 데이터를 착용자의 자연스러운 시야를 방해하지 않고 오버레이할 수 있다. 스포츠용품 메이커인 독일 아디다스는 모조에 투자하고 트레이닝 앱인 '런타스틱(Runtastic)'에 모조렌즈를 조합할 목표를 세웠다.

모조렌즈는 디스플레이 및 무선 링크와 눈의 움직임을 감지하는 모션 센서를 탑재한 스마트 콘택트 렌즈인데 2022년 6월부터 장착 테스트를 시작했다.

_와타나베 후미토시(언론인)

7장

치료

058

광면역 치료제

빛에 반응하는 물질을 사용해서 암세포를 파괴

.
.
.
.
.
.
.
.
.

기술 성숙 레벨 | 상   2030 기대지수 | **23.9**

빛에 반응하는 물질을 정맥주사 한 뒤에 조사하면 암세포를 파열시키고 면역이 생긴다. 이런 구조를 사용해서 두경부암에 사용하는 광면역 치료제와 레이저 조사용 의료기기가 승인되어 사용이 가능한 의료시설이 늘어나고 있다. 라쿠텐그룹의 미키타니 히로시 사장이 미국 국립위생연구소(NIH)에 있던 고바야시 히사타카의 연구에 주목하고 투자해서 개발했다.

라쿠텐메디컬재팬은 2022년 4월 19일 두경부암에 사용하는 광면역 치료제인 '아카룩스'와 레이저 조사용 의료기기인 '바이오블레이드(Bio Blade) 레이저 시스템'을 사용하는 치료를 제공할 수 있는 시설이 62개(4월 15일 시점)가 될 예정이라고 발표했다.

아카룩스는 빛에 반응하는 화합물을 암 항체약인 세툭시맙(Cetuximab)과 결합한 항체 약물 복합체다. 아카룩스를 정맥주사 한

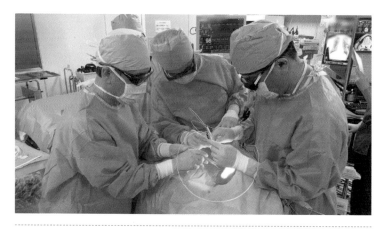

[자료 7-1] 국립암연구센터 히가시 병원에서의 광면역 요법 치료 모습
(출처: 라쿠텐메디컬)

뒤 20시간에서 28시간 뒤 빛을 조사하면 암세포 표면에 결합한 복합체의 구조가 바뀐다. 그 영향으로 세포막의 투과성이 변화해 세포 내로 물을 끌어들여 암세포를 괴사시킨다. 동시에 그 성분이 주위로 누출되어 면역을 활성화한다.

아카룩스와 바이오블레이드는 2020년 9월에 제조와 판매를 승인받았다. 바이오블레이드는 2020년 12월, 아카룩스는 2021년 1월에 각각 판매를 시작했다. 시설 조건과 의사 조건, 강습 수강 등의 조건이 있으며, 관련 학회와 협력해서 훈련하면서 서서히 보급되고 있다.

2021년 8월 25일 개최된 설명회에는 아카룩스를 사용해서 치료한 국립암연구센터 히가시병원의 하야시 류우이치 부원장이 나와 외과수술 후 재발해서 절제 불능으로 진단된 두경부암 환자에게 광면역 치료를 2회 시행한 사례를 소개했다.

[자료 7-2] 미국 국립암연구소의 코바야시 히사타카 씨
(출처: 닛케이바이오 테크)

턱에 5cm 정도의 종양이 생긴 환자에게 1차 치료했더니 3주 만에 종양 조직은 괴사했지만, 일부에 종양세포가 남아 2차 치료했다. 하야시 부원장은 "인상적으로 세포 상해 효과가 높다. 1회의 레이저 조사 시간도 수십 분으로 짧다. 기존의 방사선 치료와 달리 반복적으로 실시할 수 있다는 점도 장점이다"라고 설명했다.

일본에서는 국소 진행이나 재발한 두경부암에 조건부 승인을 받았다. 해외에서의 승인은 국소 재발 두경부암을 대상으로 시험 중에 있는 글로벌 3상 임상시험 결과를 보고 이뤄질 전망이다.

이런 식의 광면역 요법은 미국 국립위생연구소(NIH)에 있던 고바야시 히사타카의 연구에 근거한다(현재는 미국 국립암연구소). NIH가 특허 라이선스를 제공한 미국의 스타트업에 2016년 미키타니 사장이 개인 출자하고 경영에 참가했다. 2019년 3월에 라쿠텐메디컬로 사명을 변경했다.

고바야시 히사타카는 1995년에 NIH로 유학을 떠났다. 항체에 방사성 동위원소를 결합해서 진단이나 치료에 사용하는 연구를 했을 때, 빛을 조사하면 활성화되는 화합물의 존재를 알았다. 파장이 긴 근적외광을 조사해 빛이 나는 화합물이 있으면 진단에 쓸 수 있겠다는 생각으로 연구했다.

고바야시에 의하면, 아카룩스에 사용하는 광반응성 화합물은 어떤 기업과 이미징 공동 연구에서 나온 성과다. "특이한 이미징이 가능하면 특이한 치료도 할 수 있다"라는 아이디어를 학생 때부터 갖고 있었다. 고바야시는 "화합물을 독성이 낮도록 설계하면 암세포만 죽일 수 있는 매우 안전한 치료법이 될 수 있다"고 생각했다.

라쿠텐메디컬의 도라이시 타카시 사장에 의하면, 이 광면역 치료제를 빨리 세상에 내놓기 위해 미국의 브레이크 스루 테라피나 일본의 조건부 조기 승인 제도를 검토했다. 미국과 일본을 포함한 글로벌 3상 임상시험을 확실하게 진행하면서 일본에서도 실용을 서둘렀다. 두경부암 치료에서 일본은 외과수술 선진국이다. 면역 체크 포인트 저해제의 이용은 미국이 더 빨랐다. 이런 점도 일본에서 먼저 개발하고자 하는 판단으로 이어졌다.

_하시모토 무네아키(닛케이 바이오테크·닛케이 비즈니스)

059

중분자 신약

먹는 약으로 세포 속의 표적을 노린다

:
:
:
:
:
:

기술 성숙 레벨 | **하**　　2030 기대지수 | **13.8**

중분자 신약은 항체약과 같은 고분자약보다 적은 분자량의
약을 만드는 기술을 말한다. 중분자약은 세포 내의 표적에
직접 작용할 수 있는 특징이 있어 먹는 약으로 만들 수 있다.
항체약은 세포 밖에서 표적만 노릴 수 있어 먹는 약으로 만
들 수 없다. 주가이제약은 중분자 신약을 '제3의 기둥으로 삼
겠다'고 선언하고 투자를 계속하고 있다.

주가이제약은 중분자 신약을 가속하기 위해 2022년 10월 준공
예정인 주가이 라이프 사이언스 파크 요코하마에 특수 제제의 기
술을 개발하기 위한 전용 건물을 마련했다.

　중분자 신약의 생산설비로는 우키마연구소에 45억 엔을 들여
실험동을 마련하며, 후지에다공장에는 총액 800억 엔을 넘는 임
상 시험약 및 상업용 생산설비를 정비한다.

연구개발 상황을 보면 자체 개발한 중분자약 LUNA18은 2021년 10월부터 1상 임상시험을 시작했다. LUNA18은 다양한 유전자 변이를 가진 RAS(세포 증식과 관련된 단백질)에 저해활성이 기대되는 경구의 범RAS 저해제인데, 고형암을 대상으로 개발하고 있다.

주가이제약은 중분자 신약 플랫폼을 싱가포르에 있는 연구 자회사로 정비하고 있다. 중분자 약을 개발하는 토대로 환상 펩타이드를 선택해서 방대한 수의 환상 펩타이드를 합성하고 평가한다. 분자량 1,500 정도의 환상 펩타이드의 '약이 되기 쉬운 성질'을 정량적으로 규정한다. 조건을 충족하는 비천연형 환상 펩타이드 라이브러리도 준비했다. 여기서 히트 화합물을 스크리닝하여 더욱 양질의 리드 화합물을 특정하고 최적화한다.

리드 화합물의 개발과 최적화, 화합물의 제조는 화학 합성으로 실시한다. 표적 단백질과 히트 화합물의 입체 구조 해석을 위해 대학 등 외부와 제휴한다. X선 결정 구조나 초저온 전자현미경 등의 수법을 사용한다.

플랫폼을 사용해서 개발한 후보로 급성질환용 주사제, 암용 경구제 두 종류, 오사카대학교와 공동 연구 중인 면역질환용 경구제 등 열 개 품목이 리드 화합물 특정에서 최적화 단계에 있다. 2~3년 뒤에는 LUNA18에 이은 임상 진입을 기대한다.

_하시모토 무네아키(닛케이 바이오테크·닛케이 비즈니스)

060

미토콘드리아 기능 개선제

각종 질환의 원인이 되는 기능 이상을 치료

여러 질환의 원인으로 미토콘드리아 기능 이상이 지목된다. 미토콘드리아의 기능 이상을 개선하는 치료제가 개발되고 있다. 일부는 이미 실용화되어 치료 효과를 보인다.

미토콘드리아는 세포 내의 에너지인 ATP(아데노신삼인산)를 생산하는 공장으로 다양한 장기가 정상으로 작동하기 위해 필수적인 세포 내 기관이다.

유전자 이상이나 고령으로 인해 미토콘드리아에 장애가 생겨 난치병을 지정받은 미토콘드리아병을 비롯해 프레일(신체 및 인지기능저하)과 당뇨병, 협심증, 신장병, ALS(근위축성 측삭경화증), 난청 등 다양한 질환이 생긴다.

이러한 질환에 새로운 치료법으로 미토콘드리아 기능 개선을 목표로 하는 치료 연구가 진행되고 있다. 그중 하나가 미토콘드리

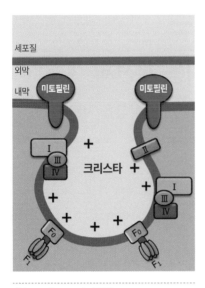

세포질

외막

내막

미토필린   미토필린

I
III
IV

크리스타 +

II
I
III
IV

F_0

F_1

[자료 7-3] MA-5가 작용하는 구조

미토콘드리아 내막에 존재하는 미토필린과 결합하여 주머니의 입을 조이는 듯한 작용을 함으로써 내막상에 존재하는 호흡쇄 복합체를 밀집시켜 ATP를 생산시키기 쉬워진다. (출처: 도호쿠대학교 아베 타카아키 교수)

아 내막의 단백질에 작용해서 ATP 생산을 촉진하는 저분자화합물 'MA-5'다. 도호쿠대학교 대학원 의학계연구과와 의공학연구과 병태액성 제어학 분야의 아베 타카아키 교수 그룹이 안전성을 평가하고 체내에서의 MA-5의 대사 및 배설을 확인하는 1상 임상시험을 시작했다.

그동안 아베 교수 등은 MA-5가 ATP 생산을 촉진하는 작용이나 산화 스트레스를 감소시키는 작용을 한다고 확인했다. MA-5는 미토콘드리아 내막에 존재하는 미토필린이라는 단백질과 결합해서 "주머니처럼 내막 구조를 변화시킴으로써 ATP 생산에 관련하는 단백질을 밀집시켜 ATP를 생산하기 쉬워진다."(아베 교수)

MA-5를 투여하면 활성화된 미토콘드리아가 세포 내에 늘어나며, 기능 부전을 겪고 있는 미토콘드리아가 배제되어 세포 기능이 개선된다.

미토콘드리아에 의한 ATP 생산은 다른 질환에도 중요하다. 요세관 세포는 미토콘드리아 호흡에 의한 ATP 생산에 의존해서 여과와 재흡수를 수행한다. 신장 세포에는 미토콘드리아가 대량으

[자료 7-4] 루카 사이언스의 Rick C. Tsai 사장(왼쪽)과 시노하라 토모아키 최고집행책임자(coo)
(출처: 닛케이 바이오테크)

로 존재하며, 심근과 마찬가지로 ATP에 의존한다는 사실이 확인
되었다.

기초 실험이나 동물실험을 통해 MA-5 투여로 심근 장애나 신장
장애, 간 장애, 대사 장애가 개선된다. ALS, 라이소좀병, 변형성관
절염, 근위축, 청력 등에도 개선 효과가 있다는 결과를 얻었다.

미토콘드리아를 의약품으로 개발하고 있는 스타트업도 있다.
스가누마 마사시 대표이사 최고과학책임자(CSO)가 2018년 12월
창업한 루카사이언스는 그중 하나다.

기능이 저하된 장기나 세포의 미토콘드리아를 건강한 것으로
교체하면 질환이 낫는다는 컨셉에 따라 형태가 유지된 미토콘드
리아를 장기나 세포에 이식해서 치료하는 기술을 연구한다. 회사
명의 LUCA는 Last Universal Common Ancestor(모든 생물의 공통 조

상)의 약자로 미토콘드리아를 의미한다.

스가누마 CSO는 바이오 스타트업 캠퍼스를 2000년 창업하고 약 10년간 대표이사를 지낸 뒤에 진료소를 경영하면서 미토콘드리아병의 의약품 개발을 지원하는 일반사단법인 고이노보리를 설립했다. 이번 기술과 만나 루카사이언스를 창업했다.

창업의 바탕이 된 기술은 미토콘드리아를 상처 없이 추출하는 'iMIT'와 다양하게 변하는 'MITO-porter(미토-포터)'다. iMIT는 도쿄농공대학교 대학원 공학부의 오타 요시히로 준교수가 개발했다. 세포막에 구멍을 뚫어 미토콘드리아가 누출되도록 한다. 최소한의 피펫 조작과 원심분리로 봉지 형태의 구조를 유지한 채 미토콘드리아를 추출할 수 있다. MITO-porter는 미토콘드리아 내에 물질을 전달하는 기술로 홋카이도대학교 대학원 약학연구원의 야마다 유마신 교수가 개발했다.

루카사이언스가 노리는 영역으로 심장, 암 면역, 호흡기, 산부인과, 중추신경계가 꼽힌다. 심근경색 후의 재관류 시에 활성 산소가 발생해서 미토콘드리아에 손상을 입히면 주입해서 회복한다. 심근경색 모델 쥐를 사용해서 재관류할 때 미토콘드리아를 주입하고 효과를 확인했다. 사람에게는 심근경색 후의 카테터 치료 직전에 미토콘드리아를 카테터 경유해서 투여하는 방법을 시도한다. 나고야대학교 순환기내과와 공동 연구를 시작했다.

_카토 유지(닛케이 메디컬),
노무라 카즈히로(닛케이 바이오 테크)

061

키메라 항원 수용체
T세포 치료법

유전자를 직접 투입, 암세포를 파괴

:
:
:
:

기술 성숙 레벨 | **하**   2030 기대지수 | **17.6**

혈액암을 중심으로 암 표식 단백질을 인식하고 암세포를 파괴하는 키메라 항원 수용체 T세포(CAR–IT, 카티) 치료법이 여러 개 실용화되고 있다. 어떤 환자에게도 동일한 'CAR–T 치료의 모토'가 되는 유전자를 투여하는 새로운 치료법이 개발되고 있다. 세포를 배양하거나 가공할 필요가 없고 품질에 편차가 생기기 어렵다. 현재의 CAR–IT 치료법은 환자나 정상인에게서 추출한 세포에, 치료에 필요한 유전자(CAR 유전자)를 도입해 투여하기 때문에 품질이 떨어질 수 있으며, 시간과 비용이 많이 든다.

유전자 치료는 생체 외(ex vivo, 엑스비보)에서 환자에게서 추출한 세포나 정상인에게서 채취한 세포에 유전자를 도입하는 'ex vivo의 유전자 치료'와, 생체 내(in vivo, 인비보)에 직접 유전자를 도입하는 'in vivo의 유전자 치료'로 구분한다.

전달 매체가 다양해지면서 ex vivo의 유전자 세포 치료를 in vivo로 대체하려는 움직임이 있다. 환자의 자가 세포를 추출하지 않고 바로 투여할 수 있다. in vivo 유전자 치료 후보로 암을 대상으로 한 키메라 항원 수용체 T세포(CAR–T) 치료법이 거론되고 있다. 전달 매체를 개발하면 CAR 유전자의 발현을 일과성으로 하고 유해 현상을 줄일 가능성도 있다.

미국 사나바이오테크놀로지는 T세포 등 표적 세포에 전달할 수 있는 파라믹소바이러스를 기반으로 한 전달 매체 '퓨소좀(Fusosome)'을 활용해서 암을 대상으로 한 CAR–T 치료법을 개발하고 있다.

모더나와 카리스마테라퓨틱스는 2022년 1월 제휴했다. 카리스마의 단구와 마크로퍼지를 이용한 세포 치료법 기술과 모더나의 기술을 융합해서 키메라 항원 수용체 단구(CAR–M) 치료법을 개발한다. 암세포를 인식하는 CAR 유전자를 코딩하는 mRNA를 지질 나노입자에 봉입해서 투여하고 특정 표적을 인식하는 CAR–M을 체내에서 제조해 암을 공격하게 한다.

미국 펜실베이니아대학교 연구팀은 2022년 1월 심부전을 대상으로 하는 CAR–T 치료법을 발표했다. 심부전 쥐에 mRNA가 효율적으로 T세포로 전달되는 현상과 항섬유성 CAR–T 세포가 일과성으로 생산되는 현상을 확인했다. 심기능의 회복 등이 인정되었다고 한다.

_쿠보타 후미유(닛케이 바이오테크)

_062_

핵산 표적제

단백질이 되기 전의 핵산에 작용,
다양한 질환에 적용

:
:
:
:
:

기술 성숙 레벨 | **중**　　2030 기대지수 | **10.0**

핵산 표적제는 단백질의 기반이 되는 핵산(mRNA)에 작용하는
저분자약(저분자 화합물)을 말한다. 일례로 미국 PTC테라퓨틱
스(Therapeutics)가 개발하고, 스위스의 로슈가 제조한 '에브리스
디'는 척수성근위축증 치료제로 2020년 미국에서 승인됐다.
예를 들어 항체의약의 표적이 되는 단백질로 번역되기 전의
mRNA에 직접 결합해 번역을 억제하면, 핵산 표적제 시장이
확장되어 항체의약의 거대 시장을 대체할 가능성이 있다.

핵산 표적제의 신약을 개발하는 스타트업이 국내외에 생기고 있
다. 2016년 11월 설립된 베리타스인실리코(Veritas In Silico)는 나카
무라 신고 대표이사가 개발한, mRNA에 내재하는 부분 구조의
존재 확률을 계산하는 기반 기술을 이용해 핵산을 표적으로 하는
신규 핵산 표적제를 개발하고 있다.

현재, 이 회사가 핵산 표적제를 적용하는 대상 질환으로는 "암 영역이 30%, 신성정신 질한 영역이 23%, 희귀 질환 엉역이 19%로 상위를 차지한다."(나카무라 대표이사)

화합물을 만드는 기술에도 목표를 세웠다. 베리타스인실리코의 신약 기반 기술을 이용해서 mRNA의 표적 구조와 히트 화합물 복합체의 입체 구조를 X선이나 핵자기 공명 장치로 해석하고 양자화학으로 계산한다. 그다음에 다면 평가해서 화합물에 우선순위를 매기고 구조 활성 상관관계로 최적화한다.

2019년에는 닛산화학, 테이진팜, 아사히카세이팜과 공동 연구 계약을 체결했다. 2021년에는 코와와 공동 연구 계약을 했다. 이어 2021년 7월에는 도레이와 2021년 11월에는 시오노기제약과 공동 신약 연구 계약을 체결했다.

공동 신약 연구에서는 시오노기제약이 중점 영역에 위치하는 감염증과 정신 신경계 질환의 여러 유전자를 대상으로 하며, mRNA의 표적 구조에 작용해 효과를 내는 저분자 화합물 개발을 목표로 한다.

저분자 화합물의 전 세계 개발, 제조, 판매를 위한 독점 협상권은 시오노기제약이 갖는다. 베리타스인실리코는 계약 일시금과 연구비를 얻는 동시에 개발 단계에 따라 최대 총 850억 엔을 받을 가능성이 있다. 매출액에 따른 로열티를 받을 권리도 가진다.

_쿠보타 후미(닛케이 바이오 테크)

063

디지털 테라퓨틱스

스마트폰용 앱 등 IT를 사용해서
예방, 진단, 치료

．
．
．
．
．
．

기술 성숙 레벨 | **상**　2030 기대지수 | **16.9**

근거에 기반해서 질환 치료에 개입하는 컴퓨터 소프트웨어를
디지털 테라퓨틱스(DTx)라고 한다. 디지털 테라퓨틱스를 포
함한 의료기기 프로그램의 실용화를 촉진하기 위해 일본 정
부가 주도해서 승인 프로세스와 보험 상환 등에 대한 논의를
진행하고 있다.

디지털 테라퓨틱스(DTx)를 설치하는 하드웨어로는 스마트폰, PC,
VR용 헤드셋 등이 있다. 최근에는 게임 형식의 프로그램으로 뇌
를 자극하는 기기나 VR로 몰입도를 높인 영상 체험을 통해 환자
의 인지에 개입하는 기기 등 다양한 메카니즘을 가진 디지털 테
라퓨틱스가 개발되고 있다.

　세계 각국에서 디지털 테라퓨틱스의 개발을 촉진하는 시도를
하고 있다. 미국에서는 2013년 FDA(미식품의약국)가 의료기기 프로

그램의 약사 규제 방침을 제시하는 가이드라인을 공개했다. 이어서 FDA는 2017년에 의료기기 프로그램의 승인 프로세스를 정비하기 시작했다. 제품이 아니라 개발한 기업에 초점을 맞춘 승인 프로세스 확립을 목표로 한다.

일본에서는 2014년 의약품 의료기기등법(구 약사법)의 개정으로 소프트웨어 의료기기(의료기기 프로그램)가 이 법의 규제 대상이 되었다. 2020년 11월 후생노동성은 '의료기기 프로그램 실용화 촉진 패키지 전략'을 공개하고 승인심사제도 및 승인심사체제 정비를 검토했다. 그 결과, 후생노동성은 2021년 3월 의료기기 프로그램에 대해 심사관리실과 조사회, 단일 상담창구 설치를 발표했다.

동시에 후생노동성은 '의료기기 프로그램의 해당 여부에 관한 가이드라인'을 공개했다. 개발한 소프트웨어가 의료기기 프로그램에 해당하는지 여부를 개발자가 판단하기 위한 기본적인 사고방식을 보였다.

2022년 진료수가 개정에서는 프로그램 의료기기의 평가를 명확하게 한다는 관점에서 의료 진료수가 점수표의 의학관리 부분에 기기를 사용하는 경우의 항목이 신설됐다.

스가 요시히데 내각이 2021년 6월에 각의 결정한 성장전략 실행계획에서는 치료용 앱 등 의료기기 프로그램 개발과 실용화를 촉진하고, 개발기업의 예상 가능성 향상에 이바지하기 위해 심사체제 전반에 대해 재검토한다는 내용이었다.

2020년 8월 큐어 앱(Cure APP)의 니코틴 의존증 치료용 앱이 약사승인되어 일본 최초의 디지털 테라퓨틱스가 탄생했다. 아울러

2022년 4월에는 이 회사의 고혈압 치료 보조 앱도 약사 승인됐다. 이 시스템은 고혈압 환자가 사용하는 스마트폰용 앱, 의사가 환자의 데이터를 PC에서 확인하는 시스템, 데이터를 포괄하는 클라우드로 구성된다.

환자는 일상에서 혈압, 식사 등 생활 습관 정보를 앱에 입력한다. 이를 기반으로 앱의 알고리즘이 환자를 3단계로 구분한다. 단계를 구분하는 기준은 생활 습관이나 환자의 행동 변화 단계를 바탕으로 한다. 구분한 단계에 따라 환자의 행동 변화를 재촉하는 조언이 앱에 표시된다.

이 회사는 2020년 1월부터 12월까지 임상시험을 했는데 20세 이상 65세 미만의 고혈압 환자 약 400명이 참여했다. 4주마다 내원해서 일본 고혈압학회가 정한 가이드라인에 따른 표준 생활 습관 개선 지도만 받는 그룹과 가이드라인에 따른 지도 외에 앱을 이용하는 그룹으로 나누어 평가했다.

12주 후의 혈압은 자유행동혈압(ABPM)으로 24시간 혈압, 동 주간 혈압, 동 야간 혈압, 조조 가정혈압, 취침 전 가정혈압, 진찰실 혈압에서 앱을 이용한 그룹이 낮은 경향을 보였다.

이 회사는 비알코올성 지방간염, 알코올 의존증, 암 환자의 약물치료 지원을 위한 치료용 앱을 개발하고 있다. 세 번째 기술은 암 환자의 증상이나 부작용 상황을 모니터해서 암 환자의 부담을 덜어준다.

시오노기제약은 2019년 3월 미국 아킬리인터렉티브 랩에서 소아 주의력결핍 과잉행동장애(ADHD)를 대상으로 하는 게임 형식의 치료용 디지털 테라퓨틱스를 일본과 대만에서 독점 개발권과 판매권을 취득했다. 2020년 4월 일본에서 이 앱의 2상 임상시험을 시작했다.

스미토모파마(4월 1일 상호 변경)는 2000년 8월 DTx 스타트업인 세이브메디컬(Save Medical)이 2형 당뇨병 환자를 대상으로 개발하는 치료용 앱의 공동 개발 계약을 체결했다. 세이브메디컬은 2020년 5월 이 앱의 약사 신청을 위한 3상 임상시험을 시작했다. 그러나 주요 평가항목인 HbA1C의 베이스라인에서의 변화량이 미달됨에 따라 2022년 2월 앱 개발을 중단한다고 발표했다.

사스메드는 2021년 5월부터 11월까지 불면증을 대상으로 한 치료용 앱의 검증 시험을 실시했다. 그 결과, 치료군은 샴 앱군과 비교해 불면 중증도의 지표로 사용하는 아테네 불면 척도(AIS) 판정 결과가 유의미하게 개선되었다고 한다. 이 결과를 바탕으로 2022년 2월 불면증 치료용 앱 승인을 신청했다.

이 회사는 유방암 환자를 위한 운동 치료용 앱, 진행 암 환자를 위한 어드밴스 케어 플래닝용 앱, 만성 콩팥병 환자를 위한 신장 재활치료용 앱 등을 개발하고 있다.

_사토 레이나(닛케이 바이오테크)

064

복합현실 의료

복합현실(MR)을 이용해서
원격지 환자를 3차원으로 확인

:
:
:
:
:
:

기술 성숙 레벨 | 중   2030 기대지수 | **35.6**

현실 화상을 가상공간에 표현하는 복합현실(MR, Mixed Reality)
기술을 사용해서 원격의료를 실현하는 기술이 있다. 나가사
키대학교와 일본 마이크로소프트 등은 류마티스 환자를 대
상으로 한 원격의료 시스템을 개발했다. 낙도의 환자를 전문
의가 원격으로 정확하게 진료할 수 있는 체제를 구축해서 진
료의 질적 향상을 목표로 한다.

낙도에 있는 나가사키현 고토중앙병원에 내원한 환자와 원격지
에 있는 나가사키대학교의 전문의를 연결하는 기술은 '뉴러스
(NURAS, Nagasaki University Rheumatoid Arthritis remote medical System)'라 부르
는 복합현실(MR) 시스템이다. 마이크로소프트 제품으로 3차원 동
영상 촬영 카메라인 '애저 키넥트 DK(Azure Kinect DK)'와 복합현실
용 헤드 마운트 디스플레이 '홀로렌즈2(HoloLens2)'를 사용해서 손

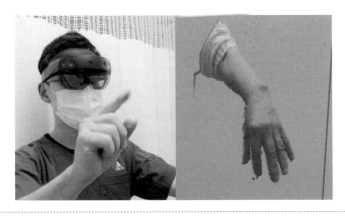

[자료 7-5] 복합현실(MR) 기술로 원격지에 있는 환자의 손을 투영
(출처: 일본 마이크로소프트)

발의 관절이 부어오르는 류마티스 환자를 진료한다. 류마티스 전문의는 멀리 있는 환자의 부위를 3차원 영상으로 실시간 관찰할 수 있다.

일본 마이크로소프트는 2021년 3월 나가사키대학교, 나가사키현 고토중앙병원, 나가사키현, 고토시 등과 실증 실험으로 제휴한다고 발표했다. 나가사키대학교 등은 앞으로 위와 같은 시스템을 다른 질환의 진료에도 이용할 계획이다.

실증 실험에서는 마이크로소프트의 인공지능 기술도 진료에 응용한다. 진료하면서 얻은 관절 화상을 인공지능으로 해석해서 관절이 부은 상태를 이전의 진료와 비교할 수 있는 구조를 도입한다. 나아가 진료 시 영상에서 환자의 표정도 인공지능으로 해석해서 불안과 만족도 등을 평가하는 기능을 검증한다. 환자와의 대화를 음성 입력으로 전자 카르텔에 기록하는 기능도 검증한다.

마이크로소프트의 복합현실(MR)은 파킨슨병 원격의료 시스템에 응용된 사례가 있다. 준텐도대학교가 회사의 'Kinect v2'와 'HoloLens'를 이용한 시스템을 개발해서 원격 환자의 자세와 손바닥의 개폐 정도, 보행 등 운동 증상을 확인했다.

_타카하시 아쓰비(닛케이 크로스 테크·닛케이 디지털헬스)

065

병원 CRM

환자 상태에 맞춰 입원과 퇴원을 가능하게 한다

:
:
:
:
:
:
:
:

기술 성숙 레벨 | 상 **2030 기대지수 | 7.0**

병원이나 요양시설에서 '병상 관리 업무지원 시스템'이 점점 더 중요해지고 있다. 환자의 입원 기간과 병상 상황을 화면으로 한 번에 볼 수 있고, 환자 상태에 관한 의사나 간호사의 코멘트도 한 곳에서 관리할 수 있다. 환자의 상황에 맞추어 입원과 퇴원을 지원할 수 있기 때문에 광의의 CRM(고객 관계 관리)이라 할 수 있다. 지역포괄 케어 시스템 구축이라는 관점에서도 장점이 있다.

교토시 라쿠와카이 오토와 병원(548 병상)은 병상 관리 업무지원 시스템인 '메디-사이너스(MEDI-SINUS)'를 도입했다. PC 화면에 400개 정도까지 병상 가동 상황이 일람 표시된다. DPC/PDPS(진단군 분류별 포괄 평가 지급 제도)에 근거해서 각 환자의 입원 기간과 중증도, 의료 간호 필요도로 구분한 환자 비율을 실시간으로 확인

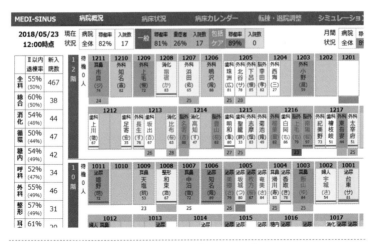

[자료 7-6] 병상 관리 업무 지원 시스템 '메디-사이너스(MEDI-SINUS)' 화면 예
(출처: 닛세이 정보 테크놀로지)

할 수 있다.

병상 관리 업무 지원 시스템에서 빈 병상은 하늘색으로 나타낸다. DPC 대상 병상에서는 전국 평균 입원 일수를 초과하면 분홍색으로 나타내며, 기간이 임박하면 노란색으로 나타난다. 각 환자의 간호 필요도뿐만 아니라, 지역포괄 케어 병동 등 다른 종류의 병상 진료수가 점수와 DPC 병상의 점수도 비교해서 표시할 수 있다. 정보는 매일 현장의 컨퍼런스 등에서 공유하며, 어느 정도 회복한 환자의 퇴원을 지원한다.

아울러 인근의 라쿠와카이 오토와 재활병원(186 병상)에도 동일한 시스템을 도입해서 정보를 공유한다. 다른 병원으로 이동하라는 허가에서 이동 완료까지 16일이 걸리던 이전 조정은 11일로 단축했다. 개인병원에서 환자 입원을 의뢰하면 PC에서 확인하고, 즉시 대답할 수 있어 신속하게 대응할 수 있게 됐다.

이 시스템에서는 환자 상태에 관한 의사와 간호사의 코멘트도 일원화할 수 있다. 이에 따라 퇴원 조정에 걸리는 시간과 입퇴원 지원 컨퍼런스 자료 작성에 걸리는 시간도 대폭 단축할 수 있다.

여러 시설을 운영하는 법인뿐만 아니라 지역의료 연계를 원활하게 하는데도 병상 관리 업무지원 시스템은 효과적이라고 할 수 있다.

_토요카와 타쿠(닛케이 헬스케어)

066

의료 로봇

수술, 진료, 조제, 재활을 지원

:
:
:
:
:
:
:

| 기술 성숙 레벨 | 중 | 2030 기대지수 | 39.1 |

의료 로봇 중에 수술을 지원하는 로봇 보급이 새로운 단계에 접어들 것으로 기대된다. 보험 진료로서 로봇 지원 수술을 할 수 있는 방식이 확대되고 있으며, 일본 의료계의 요구를 반영하기 쉬운 일본제 로봇이 2020년 8월 제조판매 승인을 취득했다. 한편 의료기관 내의 청소, 점검, 약제 운반을 돕는 로봇 도입도 추진된다.

닛케이BP종합연구소는 매년 100개 기술 시리즈에서 다룬 기술에 대해 비즈니스 확대나 신규 비즈니스 창출의 중요성을 비즈니스 리더에게 묻는 조사를 하고 있다. 기대가 높은 기술에 대해 계속해서 조사하고 2022년과 2020년의 결과를 비교해 보았다.

의료 로봇(수술이나 진료, 조제, 재활 지원)에 대해 2022년 6월 조사에서는 '지금(2022년) 중요성이 높다'를 선택한 비율은 43.5%, '2030

넌 중요성이 높다'는 39.1%로 양쪽 다 매우 높다. 코로나19로 의료체제의 지속에 위기감이 반영된 결과로 보인다.

중요성이 높다고 생각하는 기술이 현시점에서 어느 단계에 있니고 생각하는가? 라는 질문에는 '보급(많은 사람이 이용하고 있다)'이 5.7%, '실용화(상품이나 서비스로서 일부 사람이 이용하고 있다)'가 62.8%, '연구·개발(상품화의 준비 단계))'가 28.0%였다. 의료 로봇으로 어떤 생각을 하는지에 따라 다르지만 60% 이상의 응답자가 '실용화'라고 본다는 사실은 기대감의 표현이라고 할 수 있다.

2020년 8월 조사에서는 '5년 후(2025년) 시점에서 중요성이 높다'라고 한 응답자의 비율은 28.9%, '지금(2020년) 중요성이 높다'라고 한 비율은 16.5%였다. 이때는 코로나19를 의식해 의료 로봇의 용도를 현장의 '약 운반, 소독 자동화'로 한정했었다.

_닛케이BP종합연구소 미래 비즈니스 조사팀

067

간호 로봇

인공지능을 탑재한 인간형 로봇의 이용이 시작된다

. . . .

기술 성숙 레벨 | 중   2030 기대지수 | **58.3**

기계학습 등 인공지능을 사용해서 직원이 초기 조작을 한 뒤에 단독으로 상황을 파악하고 자율적으로 동작하는 간호 로봇의 실험이 진행되고 있다. 머리 부분에 카메라를 탑재하고 시설 내부의 3차원 지도를 자동으로 작성하며 자기 판단으로 이동한다. 입주자나 직원의 얼굴을 식별하고, 음성으로 커뮤니케이션할 수 있다. 다리 부분에는 초음파 센서나 적외선 센서 등을 탑재해서 주위와의 거리를 계측한다. 의자나 사람이 쓰러져 있는 경우에는 자동으로 감지해서 충돌을 회피하고 직원에게 통보한다. 물품 운반, 시설 내의 정기 순찰과 감시, 긴급 시의 연락, 입주자와의 커뮤니케이션 등의 용도가 예상된다.

간호 로봇에 대해 2022년 6월 비즈니스 리더 1,000명에게 물어보니 '2030년 중요성이 높다'고 답한 비율이 58.3%, '2022년 중요성이 높다'고 답한 비율이 50.3%였다. 모두 본서에서 다룬 100개 기술 중에서 가장 높은 숫자이며, 비스니스 리디의 기대감을 알 수 있다.

2020년 8월 조사에서 간호 로봇을 '5년 후(2025년) 시점에서 중요성이 높다'라고 한 응답자의 비율은 35.6%, '지금(2020년) 중요성이 높다'라고 한 비율은 14.2%였다. 2년 전의 결과와 비교하면 2022년의 기대감이 크게 늘었다.

2022년 6월 조사에서 간호 로봇이 현시점에는 어느 단계에 있다고 생각하느냐? 라고 물었더니 '보급(많은 사람이 이용하고 있다)'이 3.6%, '실용화(상품이나 서비스로서 일부 사람이 이용하고 있다)'가 47.1%, '연구개발(상품화의 준비 단계)'가 47.3%라는 결과였다.

_닛케이BP종합연구소 미래 비즈니스 조사팀

068

장 환기법

항문에 액체를 넣고
장에서 전신으로 산소를 보낸다

⋮

기술 성숙 레벨 | **하**   2030 기대지수 | **0.9**

도쿄의과치과대학교의 다케베 타카노리 교수는 새로운 호흡 관리법으로 '장 환기법'을 개발했다. 관장하듯이 항문에 액체를 넣고 장에서 전신으로 산소를 보낸다. 호흡부전에 대한 새로운 호흡 관리법을 모색하는 가운데 '장 호흡'에 주목하고 연구한 결과, 쥐와 돼지 등 포유류에서도 장 호흡으로 호흡부전이 개선됨을 밝혔다.

장 환기(Enteral Ventilation: EVA)법의 연구 성과는 2021년 5월 국제과학지 〈Med〉 온라인판에 발표됐다. 다케베 교수, 나고야대학교 대학원 의학계 연구과 호흡기외과학의 요시카와 토요후미 교수, 교토대학교 호흡기외과의 다테 히로시 교수의 공동 연구다.

　장 환기는 코로나19 등에 의한 호흡 부전 치료, 근육 파열 환자의 호흡 관리, 응급의료 현장에서 응급처치 등 예상되는 용도는

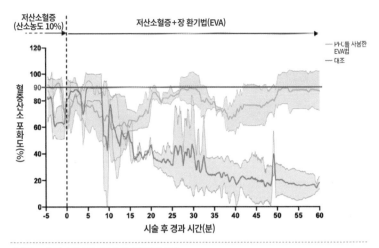

[자료 7-7] 장 호흡으로 마우스의 호흡부전 개선
산소포화도가 90을 밑돌면 호흡부전으로 간주된다. (출처: 다케베 교수)

많다.

심각한 호흡부전에 새로운 치료법을 개발하기 위해 여러 생물의 호흡법을 조사했다. 주목한 방법은 물속에서는 아가미로 호흡하고 진흙 속처럼 산소가 부족한 환경에서 장 호흡으로 전환하는 미꾸라지였다.

미꾸라지와 사람은 신체 구조도 다르고 생태도 다르지만, 공통점도 있다. "미꾸라지는 모세혈관이 밀집한, 장관후부의 후장이라고 부르는 점막의 얇은 부위에서 산소를 흡수한다. 사람도 항문 부근의 직장에 정맥총이라 불리는 매우 풍부한 혈액순환이 있고, 점막도 약간 얇다. 약을 매우 잘 흡수하기 때문에 엉덩이로 약을 투여하는 좌약이 옛날부터 사용되고 있다."(타케베 교수)

미꾸라지에서 발견한 사실을 바탕으로 쥐에 시험하기 시작했다. 치사할 수 있는 저산소 환경에서 쥐 항문으로 산소 가스를 주입하고 생존율이 증가하는지 조사했다. 산소 가스를 주입한 그룹은 아무것도 하지 않은 그룹에 비해 분명히 생존율이 상승했다. 후장의 점막이 매우 얇아 쥐의 직장 점막을 얇게 한 뒤에 산소 가스를 주입했더니 생존율이 월등히 높아졌다.

이어서 퍼플루오로탄소(PFC)에 산소를 충전하고 치사할 수 있는 저산소 환경에서 쥐에 관장하듯이 항문으로 직접 주입했다. 쥐는 저산소 환경에서 저산소혈증에 빠졌으나, 주입한 후에는 혈중 산소 포화도가 상승해 개선 상태가 60분 뒤까지 이어졌다. 아무것도 하지 않은 쥐는 산소포화도가 현저히 떨어졌고 호흡부전이 악화됐다.

돼지에게도 비슷한 연구를 하였는데 혈중 산소포화도와 산소 분압의 현저한 개선이 인정됐다. 쥐를 이용한 안전성 시험에서는 뚜렷한 유해 현상이 인정되지 않아 사람에게 임상 응용할 가능성이 현실화되었다.

호흡부전에 대한 장 환기법은 2022년 사람을 대상으로 한 임상시험 개시를 목표로 했다. 임상시험은 2021년 설립한 EVA테라퓨틱스가 주도했다. 이 회사는 장 환기법의 실용화를 목적으로 한 스타트업으로 다케베 교수가 설립자다. 의약품 의료기기 업계의 베테랑이 경영진에 들어가서 의약품 의료기기 종합기구(PMDA)와의 임상 상담과 승인 신청, 제품화를 담당했다.

의료현장에서 장 환기법을 사용하려면 링거백과 같은 봉투에 퍼플루오로카본을 채우고 병원에서 산소를 충전하는 방법을 생

[자료 7-8]
도쿄 의과치과대학
종합연구기구 첨단의시공학 창성연구부문 교수
창생의학 컨소시엄 장기발생·창생유니트장
다케베 다까노리(武部 貴則) 씨

1986년생. 요코하마시립대학교 이하부 졸업. 2013년 iPS 세포로부터 혈관 구조를 가지는 인간 간원기(미니 간)를 만들어내는 것에 세계 최초로 성공. 디자인이나 광고의 수법으로 의료 정보를 전달하고, 새로운 의료로의 업데이트를 목표로 하는 '스트리트·메디컬'의 보급에도 힘쓴다.

2021년 12월 뛰어난 차세대 연구자를 발굴해 지원하는 일반사단법인 '스텔라 사이언스 파운데이션'을 설립해 이사를 맡았다. 요코하마시립대학교 첨단의과학 연구 센터 커뮤니케이션 디자인 센터장/특별 교수. 신시내티 소아병원 오르가노이드센터 부센터장. 저서에 《치료로는 너무 늦다. 사람들의 생활을 디자인하는 '새로운 의료'의 재정의》(니혼게이자이신문 출판)가 있다.

(출처: 이나가키 준야)

각할 수 있다. 백에 관장용 노즐을 부착해 두고 호흡이 어려운 환자의 항문에 노즐을 넣어 500ml정도를 2~3분에 걸쳐 주입한다. 백이나 노즐은 전통 있는 관장 메이커에 제조를 의뢰하는데, 기존 제품을 장 환기법에 맞게 수정한다. 이를 위해 의약품이 아니라 의료기기로 승인 신청했다.

"지금까지의 연구를 토대로 하면 주입한 후 몇 분 만에 산소가 전신에 퍼져 최소 30분 정도는 저산소 상태의 개선이 계속될 것으로 보인다. 임상시험에서 안전성이나 유효성을 검증하고 늦어도 5년 이내에는 실용화할 수 있도록 하겠다. 향후 과제는 퍼플루오로카본의 대량 저가 공급을 확보하는 일이다. 장 환기를 지속적으로 실시하는 방법도 개발하고 싶다."라고 타케베 교수는 말했다.

전례가 없는 연구라서 처음부터 순조롭게 진행되지는 않았다.

처음 3년 정도는 장 호흡을 주위 사람들이 이해하지 못했다. 과거의 지식도 없고 참고문헌도 없으며 연구비도 없다. 하지만 쥐와 돼지에서 실험 결과가 나오자 어느 정도 이해하게 되었다.

2020년부터 시작된 코로나19로 중증의 호흡기 합병증 환자가 늘어나고 호흡부전 치료 수요가 높아졌다. 인공호흡기와 체외식막형 인공 폐가 부족해서 사회문제가 됐다. 장 호흡 연구에도 빛이 보이고 일본 의료연구개발기구(AMED)의 '코로나19에 관한 연구' 등 대형 연구비를 지원받을 수 있었다.

_사다 세츠코(작가)

8장

워크 스타일
&
비즈니스

069

머티리얼즈 인포매틱스

인공지능을 사용해서 재료 개발을 지원

:
:
:
:
:
:

기술 성숙 레벨 | 상   2030 기대지수 | **20.6**

기계학습 등을 활용해 재료 개발 효율을 높이는 머티리얼즈 인포매틱스(MI)에 화학 메이커와 재료 메이커가 나서기 시작했다. 과거의 실험 데이터를 이용해서 훈련한 기계학습 모델을 사용해 재료 후보의 구조나 생성 프로세스에서 재료의 기능이나 특성을 예측한다. 반대로, 어떤 기능이나 특성을 만족하는 재료의 분자 구조나 생성 프로세스를 예측하기도 한다.

머티리얼즈 인포매틱스(MI)를 추진하는 부문을 설립하고 인재를 육성하고 있는 기업으로 아사히카세이, 스미토모화학, 닛폰제온, 미쓰이화학, 미쓰비시케미칼, AGC 등이 있다. 예를 들어, 합성고무를 제조하는 닛폰제온은 사내에 축적한 약 200만 건의 실험 데이터와 약 10만 건의 레시피 데이터를 활용한다. 고객이 타이어에 요구하는 특성에서 역 해석해서 레시피를 생성하는 기계

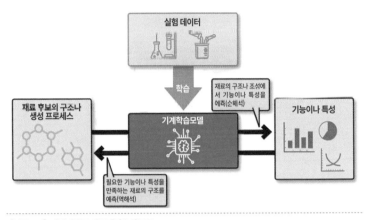

[자료 8-1] 머티리얼즈 인포매틱스의 구조
재료의 기능이나 특성을 인공지능이 예측. (출처: 닛케이 컴퓨터)

학습 모델을 개발하고 있다. 기존에는 고객이 레시피를 요구하면 기술자가 일주일 정도 시간을 들여 레시피를 준비했다.

기계학습 모델을 개발하려면 대량의 실험 데이터를 준비할 필요가 있다. 일본의 메이커는 실험 데이터를 올바르게 수집하고 축적하며, 실험 횟수를 늘리고, 가상 실험으로 데이터를 늘리는 등의 준비를 하고 있다.

실험 데이터의 수집과 축적을 위해 MI용 데이터 매니지먼트 플랫폼을 정비한다. 실험 결과 등 수치 데이터를 축적하는 데이터 베이스와 논문이나 실험 노트 등 비구조화 데이터를 축적해서 검색할 수 있게 하는 검색 엔진을 조합한다.

예를 들어 아사히카세이는 과거의 실험 데이터에 더해 사내와 사외에서 수집한 논문이나 특허문서, 제품 카탈로그 등의 기술문서, 과거의 실험 노트 등을 필요에 따라 검색해서 추출할 수 있도

[자료 8-2] 스위스 켐스피드 테크놀로지스가 개발하는 재료 자동 합성기
(출처: 에이엠알)

록 한다. 여기에 더해 축적한 실험 데이터를 사용해 기계학습 모델을 개발하기 위한 도구인 'IFX-Hub'도 정비해 회사의 연구자가 재료 후보를 인공지능으로 좁힐 수 있도록 하고 있다.

실험 횟수는 사람이 담당해온 실험 프로세스를 기계로 자동화해서 단위 시간당 실험 횟수를 늘리는 '하이스루풋 실험'이나 '자동 실험'을 진행 중이다. 재료 후보가 되는 시약의 합성이나 합성한 시약의 여과와 정제, 재료 후보의 물성 측정 등의 실험 프로세스를 로봇 기술을 사용한 실험 장치로 자동화한다.

미쓰비시케미칼의 머티리얼즈 디자인 랩에 소속된 호리타 카즈미 선임연구원은 유기 반도체 레이저의 재료 후보를 압축하는 실험에서 재료 합성부터 정제, 물성 평가까지 전자동화하는 연구를 하고 있다.

우선, 아다치 치하야 규슈대학교 교수가 개발한 유기 반도체 레이저 재료의 일부를 재조합해서 40개의 재료 후보를 만들었다. 재료 후보의 실험 새료는 스위스의 켐스피드 테크놀로지스의 재료 합성 로봇이 합성했다. 40개의 재료 후보를 평가한 결과, 유력한 재료 후보를 8개 발견했다. 사동 실험에 소요된 시간은 이틀이다. 미쓰비시케미칼은 재료 합성이나 온도 변화를 자동화하는 장치를 이용하려고 검토 중이다.

가상 실험으로 실험 데이터를 늘리기 위해 슈퍼 컴퓨터로 분자 수준의 시뮬레이션을 한다. 1990년대부터 실시해온 방법이지만 최근에는 실험 시뮬레이션 결과를 교사 데이터로 사용해 실험 결과를 예측하는 기계학습 모델을 개발하는 수법을 사용한다.

기계학습 모델에 의한 결과 예측이 통상적인 시뮬레이션에 비해 압도적으로 빠르게 완료된다. 가상 실험에서 재료 후보를 압축하는 데 걸리는 시간을 단축할 가능성이 있다.

통계수리연구소가 중심이 되어 진행하는 '데이터 구동형 고분자 재료 연구를 개혁하는 데이터 기반 창조' 프로젝트에서는 슈퍼 컴퓨터인 후가쿠를 사용해서 폴리머의 물성 시뮬레이션을 대량으로 실시한다. 10만 종류 이상의 폴리머에 관한 가상 실험 데이터베이스를 구축하고 데이터를 기계학습 모델 개발에 이용한다.

이 프로젝트에는 미쓰비시케미칼, JSR, 미쓰이화학, 아사히카세이, 덴소 등 14개 민간기업이 참여하고 있다.

__마모토 히로코(닛케이 크로스 테크·닛케이 컴퓨터)

070

영상을 이용한 원격 검사

원격지에 있는 검사원과 현장을 연결한다

．
．
．
．
．
．
．

기술 성숙 레벨 | 상   2030 기대지수 | 19.4

네트워크를 통해 현장과 검사원(발주자)의 사무소를 연결해 원격지에서 검사하는 구조가 정비되고 있다. 예를 들어 가시마와 리코는 2021년 12월 여러 명이 언제든지 원격으로 360도 라이브 송신 영상에 참여할 수 있도록 했다고 발표했다. 현장에 있는 담당자, 원격지에 있는 담당자가 같은 가상현실 (VR) 공간에 들어가 하천 공사 현장을 확인하거나 의견 교환을 할 수 있다.

360도 카메라를 사용하면 '지금까지의 한정적인 각도에서는 확인할 수 없었던 부분도 놓치지 않으며 모든 원격 참가자는 마치 현장에 있는 것처럼 주위 상황을 확인할 수 있다'라고 한다. 또 참가자끼리 커뮤니케이션을 취하기 쉬워져 '지금까지보다 신속하게 합의를 볼 수 있다'라고 한다.

이런 구조를 사용해 공장의 원격 검사를 실시했다. 360노 카메라와 웹캠을 가진 사원이 공사에서 사용할 부재를 만들고 있는 공장에 가서 외관 검사하는 모습을 라이브로 송신한다. 공사 관계자는 원격지에서 영상을 보면서 검사에 참여했다. 종래에는 공사 관계자 전원이 공장에 갈 필요가 있었다.

닛케이BP종합연구소는 매년 100개 기술 시리즈에서 다룬 기술에 대해 비즈니스 확대나 신규 비즈니스 창조를 위한 중요성을 비즈니스 리더에게 묻는 조사를 하고 있다.

영상을 이용한 원격 검사에 대해 2022년 6월 비즈니스 리더 1,000명에게 물었더니 '2030년에 중요성이 높다'라고 답한 비율이 19.4%, '2022년 중요성이 높다'라고 답한 비율이 24.0%였다.

2020년 8월 조사에서 영상을 사용한 원격 검사를 '5년 후(2025년) 시점에 중요성이 높다'라고 한 응답자의 비율은 19.1%, '지금(2020년) 중요성이 높다'라고 한 비율은 31.1%였다.

장래의 기대는 크게 변하지 않았지만, 지금 기대한다는 비율은 2022년이 2020년보다 낮다. 2020년은 코로나19가 확산되어 원격 검사나 비접촉 같은 기술에 대한 기대가 높았기 때문으로 보인다.

_닛케이BP종합연구소 미래 비즈니스 조사팀

071

가상 사무실

가상공간에서 회의,
등신대 아바타가 실시간 회의 참석

:
:
:
:
:

기술 성숙 레벨 | **중**　　2030 기대지수 | **15.5**

아바타(분신)나 가상 사무실을 사용해 원활한 업무환경을 지
원하는 툴이 나타나기 시작했다. 오피스 워커와 재택 워커의
물리적 거리에서 생기는 커뮤니케이션 갭을 메우기 위한 목
적이다.

미국 메타플랫폼스(전 페이스북)는 2021년 8월 컴퓨터 그래픽으로
작성한 가상공간에서 회의나 세미나를 개최할 수 있는 서비스
'호라이즌 워크룸(Horizon Workrooms)'의 오픈 베타 버전을 발표했다.
　미국 마이크로소프트 리서치는 등신대 아바타를 가상공간이 아
닌 리얼한 사무실에 3차원 영상으로 투영하는 'VROOM(Virtual
Robot Overlay for Online Meetings)' 개발을 추진한다.
　호라이즌 워크룸은 자신과 똑같은 가상현실(VR) 아바타를 사용
해 가상공간에서 회의할 수 있다. 아바타 시스템인 '오큘러스 아

바타'는 얼굴 부위, 체형, 복장 등 100경 종류를 조합할 수 있기 때문에 자신과 비슷한 아바타를 만들 수 있다.

가상 오피스에서 브레인스토밍하거나 화이트보드에 아이디어를 쓸 수도 있다. 여러 명의 이바다가 참시하는 가상 회의에시는 착석하는 위치에 따라 목소리가 들리는 방식이 달라진다. 참석자들이 실제로 한 방에서 책상을 둘러싸고 있듯이 느끼게 하기 위해서다.

메타는 호라이즌 워크룸을 복합현실(MR) 체험의 장소라고 여긴다. 오픈 베타 버전은 오큘러스 퀘스트2를 사용할 수 있는 국가라면 무료로 다운로드할 수 있다.

한편 브롬은 등신대 아바타를 리얼한 사무실에서 이동시킬 수 있다. 사무실에 있는 작업자와 재택 작업자가 실제로 사무실에서 마주하고 있는 것처럼 회의할 수 있다. 원격 작업자는 윈도 혼합현실(Windows Mixed Reality) 헤드셋을 장착하고 사무실 작업자는 홀로렌즈 AR(HoloLens AR) 헤드셋을 장착한다. 일대일 대화는 검증을 완료했다. 향후, 여러 사람의 대화를 검증하고 실용화를 진행한다.

_도쿠나가 타로(닛케이BP종합연구소)

072

피플 애널리틱스

인재 채용이나 배치에 인공지능을 이용

기술 성숙 레벨 | **상**   2030 기대지수 | **10.0**

인재에 관한 데이터를 수집 분석해서 인재 관리의 의사결정에 도움이 된다. 데이터를 분석할 때는 통계학, 인공지능, 텍스트 마이닝, BI(비즈니스 인텔리전스) 등의 기술이나 방법을 사용한다. 지금까지는 상사나 인사 담당자의 감이나 경험에 의존하기 일쑤였다. 원격근무가 침투하면서 부하 관리나 젊은 사원과의 인게이지먼트가 과제로 등장한 환경이 배경에 있다.

피플 애널리틱스로 부하를 성장시키는 매니저의 특성을 파악하거나 젊은 사원의 동기부여 향상으로 이어지는 방식을 사용하는 사례가 나오고 있다.

목적은 인사와 관련된 의사결정의 정밀도를 높이기 위해서다. 경영환경이 바뀌고 인재와 일하는 방식이 다양해진 지금은 사람에 관한 의사결정의 좋고 나쁨은 업적의 좋고 나쁨으로 직결된다.

기업명	계획
NEC	인과 분석을 통해 '팀을 변화시키는 지식' 획득 및 사내 전개
NTT 커뮤니케이션즈	워크 스타일 변화를 통해 보여 온 데이터 활용
시스멕스	인사 담당자의 개입 없이 개인과 조직의 희망을 매칭해서 인재 배치를 결정
미쓰비시케미칼	참여 조사의 결과 분석과 과제 해결에 대한 접근법

[자료 8-3] 피플 애널리틱스을 적용하는 기업 예
(출처: 피플 애널리틱스&HR테크놀로지협회의 'Digital HR Competition 2022(피플 애널리틱스 부문)' 결과, 휴먼 캐피털 온라인)

그동안 깨닫지 못했던 과제를 찾을 수도 있다. 사원의 기술, 성격, 가치관 데이터와 업무 성과와의 상관관계를 분석하면 부서별로 어떤 사람이 활약하고 있는지 파악할 수 있다. 인재와 업무의 미스 매치를 막을 수 있다.

인사 정책을 입안하는 담당자는 인사 부문이지만, 지금까지는 데이터를 수집 분석하는 인재나 환경이 갖추어져 있는 기업은 극히 드물었다. 그러나, 2010년경부터 데이터를 수집 분석하기 위해 IT 툴을 이용하는 비용이 급속히 하락했기 때문에 환경에서 저해 요인은 거의 해소되었다. 따라서 사내외의 데이터 사이언티스트의 협력을 받거나 인사 부문에서 데이터 인재를 육성하여 피플 애널리틱스를 도입하는 기업이 늘어나고 있다.

__요시카와 카즈히로(휴먼 캐피털 온라인)

073

인간 디지털 트윈

인간의 복제품을 IT로 만들어 소비 행동을 예측

⋮

기술 성숙 레벨 | 중   2030 기대지수 | 11.3

디지털 트윈은 현실 세계의 데이터를 이용해서 '디지털 쌍둥이'를 만드는 기술이지만 인간에게 응용하려는 시도가 있다. NTT는 2027년에 개인의 디지털 트윈으로 '또 하나의 나(Another Me)'를 재현한다는 목표를 세웠다.

NTT는 2020년 3월, '디지털 트윈 컴퓨팅 연구 센터'를 설립했다. 여기서는 '아이온(IOWN, Innovative Optical and Wireless Network)'이라 부르는 가까운 미래의 스마트 커뮤니케이션 기반을 구상한다.

 아이온은 현실 세계의 도시나 개인을 사이버 공간에 재현하는 거대한 디지털 트윈을 구축한다. 인간의 인격이나 사고방식이라는 내면을 포함한 정보를 디지털화하는 '인간 디지털 트윈' 구상도 포함한다.

 인간 디지털 트윈은 현실 세계의 인간이 가진 신체 요소에 그치지 않고 내면 요소까지 디지털 세계에서 재현한다. 즉 개성이나 심성, 시고, 기능 등의 퍼스낼리티를 디지털 데이터로 다룬다. 키와 같은 신체 요소와 합치면 고도로 개인화된 상품이나 서비스를 제공힐 수 있다고 한다.

인간 디지털 트윈을 움직여 어느 학교, 어느 회사, 어느 분야로 진출하면 원하는 생활을 얻을 수 있을지 예측한다는 식의 가능성도 살펴본다.

다만 인간 디지털 트윈에는 개인정보 유출이나 프라이버시 침해라는 윤리 문제가 발생할 수 있다. 가상 사무실에 인간 디지털 트윈을 응용하면 현실 세계에서 사람 사이의 연결고리가 희석될 위험도 있다.

NTT는 인간 디지털 트윈이 사회에서 활약할 수 있는 조건을 ELSI(윤리적, 법적, 사회적 과제/Ethical Legal and Social Issues)의 관점에서 검토하고 기술적인 과제에 더해 사회적 과제도 발굴하는 연구를 한다.

___도쿠나가 타로(닛케이BP종합연구소)

074

온라인 교육

어디에 있어도 교육과 연수를 받을 수 있다

:
:
:
:
:
:
:

기술 성숙 레벨 | 상   2030 기대지수 | 16.5

교육이나 연수의 온라인 서비스화가 급히 진행되고 있다. 인터넷과 PC만 있으면 어디에 있어도 교육과 연수를 받을 수 있게 되었다. 다만 기업의 경우에는 원격근무와 마찬가지로 코로나19 대책으로 단숨에 도입한 곳이 많기에 수강자의 흥미를 끌고 학습을 지속시키는 점이 과제라 할 수 있다.

닛케이BP종합연구소는 매년 100개 기술 시리즈에서 다룬 기술에 대해 비즈니스 확대나 신규 비즈니스 창조에서의 중요성을 비즈니스 리더에게 묻는 조사를 하고 있다. 기대가 높았던 몇 가지 기술은 계속 조사하고 2020년과 2022년의 결과를 비교해보았다.

온라인 교육은 2020년 8월 조사에서 '지금(2020년) 중요성이 높다'라고 한 비율이 51.8%로 매우 높았다. 2020년은 코로나19가 확산하고 원격근무에 대한 기대가 높았기 때문이다. '5년 후(2025년)

시점에서 중요성이 높다'라고 한 응답자의 비율은 26.4%였다.

2022년 6월에 온라인 교육을 물었더니 '지금(2022년) 중요성이 높다'라고 답한 비율은 36.3%로 2년 전보다 떨어졌지만, 비율로는 상당히 높다. '2030년 중요성이 높다'라고 답한 비율은 16.5%였다.

2022년 6월의 조사에서 '온라인 교육이 현시점에 어느 단계에 있다고 생각하는가?' 라고 물었더니, '보급(많은 사람이 이용하고 있다)'이 49.6%, '실용화(상품이나 서비스로서 일부 사람이 이용하고 있다)'가 46.3%, '연구 개발(상품화의 준비 단계)'이 3.9%라는 결과를 얻었다.

실제로 온라인 교육 서비스는 유료와 무료를 포함해 많아지는 단계에 접어들고 있다. 학습상황 데이터를 분석하고 어떤 학습이 좋은 결과로 이어졌는지를 파악하는 러닝 애널리스트(학습 분석)도 사용되고 있다.

_닛케이BP종합연구소 미래 비즈니스 조사1팀

073

조리 로봇

조리 작업 자동화로 인력 부족에 대응

:
:
:
:
:
:

| 기술 성숙 레벨 | 중 | 2030 기대지수 | 10.4 |

식당의 인력 부족으로 조리 로봇이 주목받고 있다. 배식 로 봇이 활용되고 있지만 셀프서비스 형식의 매장에서는 조리 인력이 필요해 자동화가 과제였다. 조리 로봇을 활용하는 매 장에서 성과가 나오고 있어 향후 개발이 가속될 전망이다.

JR동일본 그룹에서 역 구내의 음식 사업을 취급하는 JR동일본 크로스 스테이션의 푸드 컴퍼니(JR-Cross)는 자사가 운영하는 '소 바이치페리에 마쿠하리점'에 조리 로봇을 도입했다. 메밀국수를 삶는 작업을 자동화해서 매장 운영에 필요한 인원을 줄였다.

　JR-Cross가 제휴한 기업은 조리 로봇 연구개발과 서비스를 제 공하는 커넥티드로보틱스다. 식당 근무를 경험한 사와토 테츠야 가 2014년에 창업한 벤처기업으로 로봇을 사용해 요식업계의 인 력 부족에 대응하려는 목표를 가진다.

[자료 8-4] 메밀국수를 삶는 조리 로봇
(출처: 닛케이 로보틱스)

소바이치페리에 마쿠하리점에 도입한 기계는 두 대의 협동 로봇이다. 한 대가 메밀국수를 소쿠리에 투입하면 다른 한 대가 삶고 미지를 제거하고 조이는 작업을 한다. 한 시간에 150인분의 메밀국수를 삶는다.

역 구내에 있는 메밀국수 가게처럼 메뉴가 적은 곳이면, 로봇이 해야 할 동작은 그리 많지 않고 자동화가 쉽다. 소바이치 브랜드의 매장에서는 우동류는 취급하지 않고 면류는 메밀국수만 취급한다. 제공하는 메밀국수도 한 종류여서 자동화가 쉬웠다고 할 수 있다.

일반적으로 로봇 팔을 사용한 조리 자동화에 대해 '로봇 동작을 가르치는 비용이 비싸다', '채소나 고기처럼 부정형 식재료와 유연물 식재료는 현재의 팔로 다루기가 기술적으로 어렵다'는 문제가 있다.

JR-Cross는 2022년 6월까지 총 네 개 매장에 메밀 삶는 작업을 하는 조리 로봇을 도입했다. 향후, 로봇 도입을 전제로 매장을 신규 설계하고 기존 점포를 바꾼다. 커넥티드로보틱스(Connected Robotics)는 "2026년까지 JR-Cross가 운영하는 역 메밀국수 매장 30점에 도입을 목표로 한다"라고 한다.

_쵸요 케이코(닛케이 크로스 테크·닛케이 로보틱스)

076

드론 배송

사람 손을 빌리지 않고 상품을 배송

:
:
:
:
:
:

기술 성숙 레벨 | 중   2030 기대지수 | 36.2

드론 전문 기업인 ACSL과 드론의 중심 제어 기술을 보유한 에어로넥스트는 2022년 3월 양산형 물류 전용 드론 '에어트럭(AirTruck)'을 선보였다. 5kg이 넘는 화물을 옮길 수 있는 일본 최초의 물류 드론이다.

ACSL과 에어로넥스트가 공동 개발한 물류 전용 드론인 에어트럭은 에어로넥스트가 특허를 보유한 드론 중심 제어 기술 '4D 그래비티(4D Gravity)'를 이용해 화물의 흔들림을 억제하면서 안정적인 비행을 한다.

4D 그래비티는 회전날개 등 비행 부분과 화물 부분을 분리해서 짐벌로 결합하는 '분리 독립구조'를 가진다. 이 때문에 기체가 기울어져도 무게 중심이 변하지 않고 화물 부분은 수평을 유지할 수 있다. 통상적으로 드론은 비행 부분과 화물 적재용 장치가 하

[자료 8-5] 멀티콥터형 물류 전용 드론 '에어트럭(AirTruck)'
크기는 전개 시 1.7m×1.5m, 수납 시 1.0m×1.5m, 높이 0.44m. 기체 중량은 10kg, 페이로드 5kg. 최대 비행 속도
는 10m/s, 최대 비행시간은 약 50분, 최대 비행거리는 20km. (출처: 닛케이 크로스 테크)

나로 되어 있다.

페이로드(최대 적재량)는 ACSL의 기존 기체(ACSL-PF2)의 3kg 미
만에서 5kg으로 확대했다. ACSL의 와시타니 사토시 사장 겸
COO(최고 집행 책임자)는 "5kg이라면 택배에서 주류인 80 사이즈에
맞아 대부분의 물류 니즈에 대응할 수 있다"라고 말한다.

기체 상부의 커버를 열고 화물을 넣는다. 착륙한 후에는 기체
하부에서 드론이 자동으로 화물을 내리는 기구를 갖췄다. 이 때
문에 드론 초보자도 다룰 수 있고 배치도 가능하다. 에어트럭을
사용한 드론 배송은 홋카이도 가미시로쵸, 야마나시현 코스게무
라, 이바라키현 사카이쵸, 후쿠이현 쓰루가시, 홋카이도 히가시
카와쵸가 도입한다. 다섯 곳의 지자체 책임자는 '신스마트 물류

추진을 위한 지자체 광역 연계 협정'을 체결했다. 향후 현장 사례
와 노입 방법이 경험을 공유하고 시식을 축저해서 활용한다.

_우지나 타이(닛케이 크로스 테크·닛케이 일렉트로닉스)

077

세라믹 3D프린팅

세라믹을 적층해서 정밀한 3차원 구조를 조형

: :
: :
: :
: :
: :
: :

기술 성숙 레벨 | 중   2030 기대지수 | 3.5

3D프린터에서 사용하는 소재로서 정교하고 복잡한 입체 모델을 조형할 수 있는 세라믹 소재에 이목이 집중되고 있다. 미쓰이금속광업은 파인세라믹스를 사용한 3D프린팅 수탁 서비스를 시작했다. 아사히글라스세라믹스(AGCC)는 3D프린터용 세라믹 조형재인 '브라이톱(Brightorb)'을 개발해 엔지니어링 이외의 용도에서 가능성을 찾는다.

미쓰이금속광업은 2022년 4월 애즈원, 호주의 리토즈와 협력해서 '파인세라믹스 3D프린팅 수탁 서비스'를 시작한다고 발표했다.

파인세라믹스는 내열성과 마모성이 뛰어나 반도체에서 의료까지 폭넓은 분야에서 사용되고 있다. 파인세라믹스 3D프린팅 서비스는 정밀하게 제어된 조형 및 오더 메이드의 니즈가 높아지는 우주 항공기 분야, 자동차 분야, 치과와 재생의료 분야에서 수탁

[자료 8-6] 브라이톱(Brightorb)을 사용한 조형 예
(출처: AGC세라믹스)

[자료 8-7] 알루미나를 사용한 조형물의 예
(출처: 미쓰이금속)

을 고려한다.

현시점에 대응이 가능한 재료로 알루미나가 있다. 지르코니아, 실리카, 질화규소, 아파타이트도 순차적으로 사용할 수 있도록 한다.

애즈원은 연구 기기나 의료용 제품을 취급하는 종합 상사이다. 리토즈는 고밀도 고정밀도의 3차원 조성이 가능한 세라믹 3D프린터를 개발하고 있다. 미쓰이금속의 소성 기술을 더해 부가가치가 높은 서비스를 목표로 한다.

한편 아사히글라스 세라믹스가 개발한 3D프린터용 세라믹 조형재 '브라이톱'은 극미립(약 50마이크로미터)의 인공 세라믹스 비즈와 수분으로 경화하는 알루미나 시멘트로 이루어진 혼합 분말이다. 브라이톱을 사용하면 3D CAD로 설계한 정밀한 조형물을 ±

0.5mm의 고정밀도로 조형할 수 있다.

게다가 그동안 과제였던 소성 후의 수축률이 1% 이하로 매우 작아서 3D프린터에 적용하기 어려웠던 스테인리스강이나 주강용의 정밀한 거푸집으로서 엔지니어링 분야에 적용하기 시작했다. 또 이 회사는 조형 정밀도가 높다는 특징을 이용해 아트 디자인 등 크리에이티브 분야의 니즈에 맞추어 용도를 확대하고 있다.

_ 카모이 히로시(닛케이BP종합연구소)

078

임베디드 파이낸스

일반 사업 회사가 자사의 서비스에
금융 기능을 삽입한다

⋮

기술 성숙 레벨 | **상**　2030 기대지수 | **3.9**

임베디드 파이낸싱(임베디드 금융)은 일반 사업 회사가 자사
의 서비스에 금융 기능을 더하는 방식이다. 야마다홀딩스나
NTT도코모가 임베디드 파이낸스에 임하고 있다. 금융업과
비금융업의 경계가 모호해지고 새로운 사업 기회가 생길 수
있다. 기존에는 스스로 은행 면허를 취득하고 진입하는 형태
가 일반적이었다.

야마다홀딩스(야마다 HD)는 임베디드 파이낸스를 활용해 은행 서
비스에 진출한다. 스미신SBI인터넷은행의 BaaS(Banking as a Service)
를 이용해 자회사인 야마다파이낸스서비스를 통해 2021년 7월
새로운 금융 서비스인 '야마다 네오 뱅크'를 시작했다. "우리가 원
했던 것은 은행이 아니라 은행 기능이었다"라고 야마다HD의 후
루타니노 켄이치 사업통할본부 금융 세그먼트 대표(야마다파이낸스서

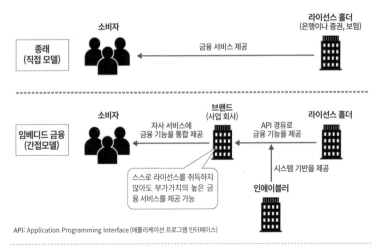

종래
(직접 모델)

소비자

라이선스 홀더
(은행이나 증권, 보험)

금융 서비스 제공

임베디드 금융
(간접모델)

소비자

자사 서비스에
금융 기능을 통합 제공

브랜드
(사업 회사)

API 경유로
금융 기능을 제공

라이선스 홀더

스스로 라이선스를 취득하지
않아도 부가가치의 높은 금
융 서비스를 제공 가능

시스템 기반을 제공

인에이블러

API: Application Programming Interface (애플리케이션 프로그램 인터페이스)

[자료 8-8] 임베디드 파이낸스의 구조
(출처: 인프큐리온(Infcurion) 자료, 닛케이 크로스 테크)

비스 대표이사 겸무)는 설명한다.

야마다네오뱅크는 야마다HD가 취급하는 스마트폰 앱 '야마다
디지털 회원' 이용자용으로 예금이나 결제, 융자 서비스를 제공
한다. '야마다 포인트'를 모으거나 앱을 사용해서 ATM을 이용할
수 있다.

산하에 야마다덴키, 주택 관련의 야마다홈즈와 히노키야그룹,
오오츠카가구를 가진 강점을 살려 주택 담보 대출에 가구나 가전
의 구입 자금을 포함하려고 한다.

임베디드 파이낸스에 의해 사업 회사(브랜드)는 은행(라이선스 홀더)
과 손잡고 자사 서비스에 금융 기능을 접목해서 제공할 수 있다.
기존에는 야마다HD와 같은 비금융기업이 은행 서비스를 제공하
려면 은행 면허를 취득하고, 고객에게 상품과 서비스를 제공하는

기업명	제휴처	개요
NTT도코모	미쓰비시UFJ은행	2022년 거래상황에 따라 공통 포인트 'd포인트'를 부여하는 디지털 계좌 서비스를 제공할 계획. 자체 주택담보 대출 및 자산운용 분야 연계도 검토. 양사에서 합작회사를 설립할 예정
SHOWROOM	GMO아오조라넷은행	라이브 방송자가 시청자로부터 받은 선물은 즉시 환금이 가능하도록
컬처컨비니언스클럽 (CCC)	스미신SBI넷은행	2021년 3월부터 그룹사의 T머니를 통해서 약 7,000만명의 T회원을 대상으로 'T NEOBANK' 제공을 개시. 은행 거래에 따라 공통 포인트 'T포인트' 부여
세븐은행	스마트플러스	2022년 여름에 세븐은행 계좌 보유자를 위해 상장 주식 투자와 같은 서비스를 제공할 계획
일본항공(JAL)	스미신SBI넷은행	2020년 4월부터 그룹사 JAL페이먼트포트를 통해 'JAL NEOBANK' 접수를 시작했다. 은행 거래에 따라 마일리지 부여
PERSOL TEMPSTAFF	민나노은행	2021년 10월 민나노은행에 '템프 스탭 지점'을 개설. 등록 직원이 동행. 스마트폰 앱을 사용해서 입출금 등의 거래가 가능하도록
픽시브	민나노은행	2021년 9월 민나노은행에 '픽시브 지점'을 개설. 픽시브가 운영하는 서비스를 이용하는 크리에이터나 팬은 동행 스마트폰 앱을 사용해서 입출금 등의 거래가 가능하도록
야마다홀딩스	스미신SBI넷은행	2021년 7월부터 그룹사인 야마다파이낸스서비스를 통해 '야마다 NEOBANK' 제공을 개시. 가구와 가전 구입 자금을 통합한 주택 융자를 제공

[자료 8-9] 임베디드 파이낸스를 이용하여 자사 서비스에 금융 기능을 통합하는 브랜드의 예
(출처: 닛케이 크로스 테크)

'직판 모델'이 중심이었다. 산하에 세븐은행을 가진 세븐앤아이홀딩스와 이온은행을 가진 이온이 대표적이다. 시스템 구축과 조직 체제 정비에 비용이 많이 들어 진입 장벽이 높았다.

NTT도코모는 미쓰비시UFJ은행의 BssS를 이용해 2022년에 도코모 사용자에게 'd포인트'가 쌓이는 디지털 계좌를 제공할 예정이다.

이 계좌를 도코모의 통신 요금이나 d카드의 지불 계좌로 설정하면 d포인트가 매월 쌓이는 서비스를 예상한다. 주택 담보 대출과의 협력도 검토하며 양사는 합작회사 설립도 검토하고 있다.

야마다HD나 도코모에 공통인 점은 은행이나 증권 서비스로의 진출에 관해, 어디까지나 본업을 늘리기 위한 시너지에 무게를 두고 있다는 점이다. 비교적 저렴하게 서비스를 제공할 수 있는 임베디드 파이낸스가 있기에 가능한 방식이다.

임베디드 파이낸스에는 크게 세 개의 플레이어가 존재한다. 자사 서비스에 금융 기능을 접목해 최종 고객에게 상품과 서비스를 제공하는 '사업 회사', 은행과 같은 '라이선스 홀더', 그리고 시스템 기반 등을 제공해서 브랜드와 라이선스 홀더 사이의 다리 역할을 하는 '인에이블러'다.

예를 들어 Finatext홀딩스(HD)나 인프큐리온(Infcurion) 등이 인에이블러에 해당한다. FinatextHD의 이토 유이치로 이사 겸 CFO(최고 재무책임자)는 "스스로 은행에 참가하는 경우와 비교해서(임베디드 파이낸싱을 사용하면) 시스템이나 인재 투자를 10분의 1 가까이 억제할 수 있지 않을까"라고 말한다.

_야마바타 히로미(닛케이 크로스 테크·닛케이 컴퓨터)

079

캐시리스

현금을 사용하지 않고 결제

:
:
:
:
:
:
:

기술 성숙 레벨 | 상   2030 기대지수 | 11.0

캐시리스를 '세상을 바꾸는 기술'로 거론하면 위화감이 있을 수 있지만, 코로나19 영향으로 '현금을 만지고 싶지 않다'는 지금까지 없었던 요구가 생겼다. 감염 대책으로 이전보다 외출을 자제함으로써 소비자의 구매행태가 온라인으로 옮긴 면도 있어 여기서도 캐시리스가 진행된다.

닛케이BP종합연구소는 매년 100개 기술 시리즈에서 다룬 기술에 대해 비즈니스의 확대나 신규 비즈니스 창조에 있어서 중요성을 비즈니스 리더에게 묻는 조사를 하고 있다.

2020년 8월 조사에서 캐시리스에 대해 '지금(2020년) 중요성이 높다'라고 한 비율은 60.0%로 매우 높았다. 2020년은 코로나19가 확산하고 비접촉 결제를 원하는 기대가 높았기 때문이다. '5년 후(2025년) 중요성이 높다'라고 한 비율은 30.5%였다.

2022년 6월 캐시리스에 관해 물었더니 '지금(2022년) 중요성이 높다'라고 대답한 비율은 31.0%로 2년 전보다 낮아졌지만, 비율로는 여전히 크다. '2030년 중요성이 높다'라고 답한 비율은 11.0%였다.

2022년 6월 조사에서 캐시리스가 현시점에서 어느 단계에 있다고 생각하냐? 라고 물었더니 '보급(많은 사람이 이용하고 있다)'이 80.3%, '실용화(상품이나 서비스로서 일부 사람이 이용하고 있다)'가 17.4%, '연구 개발 (상품화의 준비 단계)'가 1.6%였다.

하지만 연구 개발의 여지가 전혀 없지는 않다. 새로운 캐시리스의 구조는 계속 등장하고 있다. 예를 들어 교통기관의 '오픈 루프(Open LooP)' 승차가 있다. 보통의 신용카드 등을 개찰기에 대거나 터치하면 승차할 수 있는 기술이다.

영국 런던, 싱가포르, 미국 뉴욕 등 세계 각 도시에서 오픈 루프 승차가 가능해졌다. 일본에서는 2022년 7월 7일 구마모토시덴이 오픈 루프 승차 실험을 시작했다.

_닛케이BP종합연구소 미래 비즈니스 조사팀

080

로우코드 내제

자사 정보 시스템의 내부 제작을 지원

:
:
:
:
:

기술 성숙 레벨 | **상**　2030 기대지수 | **6.0**

업무 개선과 생산성 향상으로 이어지는 앱을 노코드나 로우 코드로 개발할 수 있게 되면서 내부 제작이 가능해지고 있다. 개발을 위한 전문 인력이 필요 없고 비용도 절감할 수 있어 만성적인 IT 인력 부족에 해결책으로 꼽힌다.

툴의 사례로 미국 마이크로소프트가 제공하는 '파워 플랫폼(Power Platform)'이 있다. 전문지식이 없어도 앱을 개발할 수 있는 서비스다.
　미국 마이크로소프트가 제공하는 파워 플랫폼은 노코드와 로우코드를 실현하는 '파워 앱스(Power Apps)', '파워 오토메이트(Power Automate)', '파워 BI', '파워 버추얼 에이전트(Power Virtual Agents)' 등 네 개 서비스의 총칭이다. 고도의 전문지식이 없어도 업무 생산성 향상으로 이어지는 앱이나 시스템을 만들 수 있다.
　파워 앱스는 PC나 스마트폰용 업무 앱을 개발할 수 있다. 파워

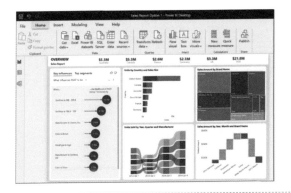

[자료 8-10] 파워 BI로 업무 데이터를 분석하여 가시화한 모습
약간의 프로그래밍으로 업무 효율을 향상시킬 수 있다. (출처: 미국 마이크로소프트 공식 웹페이지)

오토메이트를 사용하면 데이터 수집, 승인 작업 등 반복되는 업무 자동화가 가능해진다.

파워 BI는 판매상황이나 목표에 진행 상황을 자동으로 분석해 대시 보드로 가시화할 수 있다. 파워 버추얼 에이전트는 인공지능 지식이 없어도 고객 대응 등의 챗봇(Chatbot)을 만들 수 있다.

지금까지 업무 앱 등의 개발은 외부에 위탁하거나 시스템 부서 같은 전문 부서에 의존할 수밖에 없었다.

다만, 막연하게 노코드와 로우코드를 도입하면 현장의 사원이 마음대로 다양한 시스템을 만들게 되어 수습하지 못하거나 기업이 모르는 사이에 정보가 누설될 가능성도 있다. 노코드와 로우코드 도입은 강력함에 걸맞은 주의가 필요하다.

_사토 레이(작가),
오오모리 토시유키(닛케이 크로스 테크)

081

브이튜버용 모션 캡처

손가락의 움직임을 고정밀도로 재현

:
:
:
:
:
:
:

기술 성숙 레벨 | 중　　2030 기대지수 | **3.2**

유튜브에서 활동하는 버추얼 탤런트 '브이튜버(VTubor)'에게 빼놓을 수 없는 기술은 가상공간에서 신체 움직임을 재현하는 모션 캡처 기술이다. 아바타를 이용해 얼굴 움직임과 손짓 등을 전달할 수 있는 소프트웨어 '러펫(Luppet)'은 브이튜버 관계자들 사이에서 인기를 끌며 8,000개 이상의 라이선스를 제공한다. 특징은 저렴한 가격으로 손가락의 움직임을 높은 정밀도로 재현할 수 있다는 점이다. 앞으로는 설치한 모니터를 통해서 브이튜버가 접객하는 매장 등을 기획한다.

러펫은 러펫테크놀로지스의 네기시 다쿠미 대표이사가 개발한 소프트웨어다. 라이브 전송 서비스를 다루는 쇼룸의 가상현실 엔지니어로 일하면서 러펫테크놀로지스라는 기업을 설립하고 러펫을 개발했다.

[자료 8-11]
러펫테크놀로지스
대표이사
네기시 다쿠미(根房 匠) 씨

VR 엔지니어. 1992년생, 도치기현 출신. 쓰쿠바대학교 대학원 졸업 후 DeNA(디엔에이) 등을 거쳐 SHOWROOM의 VR 엔지니어를 경험했다. 이후 독립해 러펫테크놀로지스 대표이사. 엔지니어를 목표로 한 계기는 게임과 만들기 등을 좋아했기 때문이다. 일명 네기보요시.
(출처: 카토 야스시)

네기시가 러펫 개발에서 가장 공을 들인 부분은 손가락 움직임의 재현이다. '버추얼 탤런트'인 브이튜버가 인기를 얻으려면 3차원이나 2차원 컴퓨터 그래픽인 아바타에 전송자의 목소리와 동작을 연동시켜 시청자의 눈앞에 존재하는 것처럼 느끼게 하는 기술이 중요하기 때문이다.

가상현실(VR) 공간에서 이용자 본인의 손가락 움직임을 재현하기 위해 사용되던 영국 울트라립(Ultraleap)의 소형 적외선 센서 립모션(Leap Motion)을 사용한다. 손가락을 움직여 피아노 등의 악기를 연주하거나 피스 사인을 만들어 아바타에 "인간다움이 더해진다(네기시)"라고 한다.

러펫에 립모션을 채용함으로써 저렴한 가격으로 할 수 있었다. 소프트웨어의 개인용 라이선스는 6,000엔이다. 사용에 필요한 장비는 립모션과 PC, 웹 카메라로 적다. 가상현실 헤드셋이나 가상현실 컨트롤러와 같은 고가의 기자재는 필요 없다. 이 때문에 "종래의 6분의 1로 총액 2만엔 정도로 사용할 수 있다(네기시)"라고

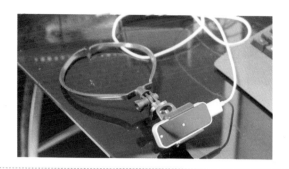

[자료 8-12] 목에 걸어 사용할 수 있는 소형 적외선 센서 립모션(Leap Motion)
(출처: 닛케이 크로스 테크)

한다. 가격이 저렴하니 2019년 2월 출시되자 브이튜버 관계자들 사이에 순식간에 퍼져나갔다.

러펫 개발에 착수한 시기는 2018년 6월로 거슬러 올라간다. 계기는 같은 해 9월에 개최된 테크컨퍼런스 '시부야 비트밸리 2018(Shibuya Bit Valley 2018)'이다. 쇼룸은 이 컨퍼런스에서 엔지니어를 목표로 하는 학생을 위한 커리어 상담 프로젝트를 기획했다. 이 회사의 가상현실 엔지니어였던 네기시가 생각한 아이디어는 당시에도 관심이 있던 브이튜버 아이디어였다.

화면에 있는 가상 캐릭터와 상담할 수 있으면 재미있지 않을까? 라는 생각을 학생이 했다. 거기서 러펫의 전신인 모션 캡처 소프트웨어 '이지 바비니쿠(Easy Babiniku)'를 개발했다. 아바타의 얼굴과 표정을 가정용 게임기의 컨트롤러를 조작해서 움직일 수 있도록 했다.

시부야 비트밸리 2018에서 이지 바비니쿠를 사용하자 정확도가 주위의 이목을 끌었다. 반응이 좋다고 느낀 네기시는 쇼룸의 업무를 그만두고 모션 캡처 소프트웨어를 개발했다. 이지 바비니쿠 보다 표현의 폭을 더 넓힌 제품이 러펫인 셈이다.

러펫에서 립모션을 사용하려면 미러 모션(거울과 같은 움직임)으로 변환할 필요가 있다는 점이 문제가 되었다. 예를 들어 립모션을 사용해 송신자의 오른손 움직임을 검지하면 PC 화면에 있는 아바타도 연동해서 오른손이 움직인다. 그 동작은 거울에 비친 경우와 반대쪽 손이 움직여 보이기 때문에 송신자는 위화감을 느낀다.

처음에는 영상 출력을 반전시켜 제품으로 내놓았다. 거울에 비친 움직임으로 만들 수는 있지만, 아바타의 복장과 액세서리, 적힌 문자까지 반전되고 만다. 그 점에 대해 러펫 수정을 요구하는 문의가 쇄도했다. 이틀에 한 건꼴로 합계 350건에 이르렀다.

"일본만 아니라 해외에서도 문의가 있었다. 본업이 바쁜 시기였기 때문에 괴로웠다"라고 네기시는 털어놓는다. 대학 시절에 서툴렀던 선형 대수 지식을 되새겨 좌표변환 알고리즘을 짜서 수정한 프로그램을 공개할 수 있었다.

원래는 러펫을 외부에 제공하는 방식을 예상하지 않았으며, 어디까지나 자신이 사용하기 위해 취미로 개발했다고 한다. 지금도 취미처럼 러펫을 개발하고 있다.

네기시는 학창 시절부터 목표가 있었다. 브이튜버와 같은 가상 캐릭터가 당연하게 존재하는 사회를 실현하고 싶다는 생각이다. 인간과 같은 자연스러운 움직임을 재현할 수 있으면 브이튜버는 일상적인 존재가 된다.

_쿠보타 류노스케루(닛케이 크로스 테크·닛케이 일렉트로닉스)

9장

IT

082

양자 컴퓨터

수많은 연산을 병렬 처리, 응용 연구 진행

:
:
:
:
:
:

기술 성숙 레벨 | **하**　　2030 기대지수 | **50.9**

양자 중첩이나 양자 얽힘과 같은 양자역학의 원리를 사용해서 현재 방식의 컴퓨터로는 풀기 어려운 문제를 고속으로 푸는 양자 컴퓨터 응용 연구가 금융과 화학 분야에서 진행되고 있다. 금융에서는 양자 컴퓨터를 사용한 몬테카를로 시뮬레이션으로 금융상품의 정교한 가격 예측이나 리스크 평가를 실현할 가능성이 있다. 그렇게 되면 양자 컴퓨터를 사용하는 기업과 사용하지 않는 기업 사이에 상품력 차이가 크게 벌어진다. 화학에서는 양자화학 시뮬레이션으로 재료 개발의 신속화를 기대한다.

미즈호파이낸셜그룹은 2022년 1월 양자 컴퓨터를 이용한 몬테카를로 시뮬레이션에 관한 특허를 취득했다. NISQ(Noisy Intermediate Scale Quantum)로 노이즈가 포함된 계산 결과를 현재 방식의 컴퓨터로 통계 처리함으로써 이론 한계에 가까운 계산 정확도를 도출하는 알고리즘을 개발했다. NISQ는 '노이즈가 있는 중간 규모의 양자 컴퓨터'를 의미하는데 현재 이 단계에 있다.

개발한 알고리즘을 사용하면 여러 개의 시나리오를 동시에 탐색할 수 있다. 이국적인 파생상품(Exotic derivative)이라 불리는 금융 파생상품 가격결정 등에 응용이 기대된다.

미츠비시UFJ파이낸셜그룹은 몬테카를로 시뮬레이션에 이용하는 양자 진폭 추정법(QAE, Quantum Amplitude Estimation)에서 계산에 필요한 양자 비트수를 대폭 삭감하는 방법을 개발했다. 양자 푸리에 변환(QFT)을 최우추정법이라는 현재 방식의 컴퓨터로 실행하는 통계 처리로 대체함으로써, 필요한 양자 게이트 조작을 줄이고 노이즈가 적은 계산 결과를 얻을 수 있도록 했다.

화학 분야에서는 DIC가 양자 컴퓨터를 사용해서 이산화탄소 분자의 원자간 거리 확대와 축소를 나타내는 진동 상태를 계산했다. 폴리머와 같은 복잡한 조성을 갖는 물질의 개발을 겨냥한 기술이다. 진동 상태에서 분자의 에너지 상태를 파악할 수 있어 향후 분자의 화학 반응성에 관한 정보를 알 수 있다.

미쓰비시케미칼은 디스플레이 등에 이용하는 차세대 유기EL의 발광 재료로 여겨지는 열활성화 지연형광(TADF)을 탐색하는데 양자 컴퓨터를 사용한다. 청색의 발광효율이 높고 수명이 긴 재료가 필요한데, 잘 빛나는 불안정 상태(이중항 여기 상태)와 빛나지 않는 불안정 상태(삼중항 여기 상태)의 에너지 차이를 양자 컴퓨터로 계산하면 잘 빛나는 발광 재료의 분자설계에 도움이 된다. 현재 방식

기업명	개요
AGC	양자화학 계산을 이용한 재료설계 연구개발 효율화에 기대. 유리 단재를 줄이는 '판잡기'로 양자 어닐링을 사용한 검증을 한다
DIC	폴리머와 같은 복잡한 조성을 가진 물질 개발에 활용을 예상. NISQ에서 이산화탄소 분자의 진동 상태를 계산하고 양자 오류 억제로 노이즈 영향을 제거하는 연구를 진행
JSR	장래에 양자화학 계산의 비즈니스 응용을 내다보고 오류 내성 양자 컴퓨터 연구에 주력. 양자 게이트 디자인으로 하나하나 양자비트 표현의 폭을 넓히는 연구를 진행
이토추테크노솔루션즈	재해 예측이나 재료 개발에서 시뮬레이션의 대규모화, 고속화, 고정밀화를 전망한다. 강도 해석이나 유체 해석에서는 양자 컴퓨터의 시뮬레이터를 사용한 실험도 한다.
타나베미쓰비시제약	양자화학 계산에 의한 신약 연구개발 기간 단축 및 의료 데이터를 대표하는 빅데이터 해석의 고속화에 기대
다이이치생명보험	고객의 트랜잭션 데이터를 축적해서 방대한 조합으로부터 적합한 상품의 선정, 제안 타이밍, 채널을 도출하는 등의 용도를 예상
다이킨공업	냉매의 유체 계산이나 기계설계 양자화학 계산에서 효율화를 기대
조다이	배전망의 구성을 양자 어닐링으로 최적화하는 방법을 개발하여 특허를 취득
도쿄해상홀딩스	보험 인수 리스크 관리의 고도화를 전망한다. 양자 암호의 동향도 주시
도판인쇄	RSA 암호가 양자 컴퓨터로 해독될 미래를 내다보고, 양자 내성 암호를 연구
도요타중앙연구소	광촉매 개발 등에 응용을 기대. 광촉매가 내핵 여기나 내핵 이온화 상태에 있 을 때의 에너지를 요구하는 양자 소프트웨어 개발에 유용한 알고리즘을 개발
후지필름	재료 개발 프로세스의 대폭적인 효율화에 기대. 개발 초기 단계부터 고객과 가설 검증이나 의사결정을 하는 비즈니스 모델로의 변화도 예상
미즈호파이낸셜그룹	금융상품의 가격 예측이나 리스크 평가에 활용을 예상. NISQ의 계산 결과를 현행 방식의 컴퓨터로 통계 처리해서 이론 한계에 가까운 계산 정확도를 이끌어내는 알고리즘을 개발
미쓰이스미토모해상화재보험	리스크 관리 영역에서 더욱 고정밀도 분석이나 관리로 이어질 가능성이 있다고 보고 정보를 수집한다
미쓰이스미토모파이낸셜그룹	게이트형과 병행해 양자 어닐링 머신도 검증을 진행한다. 직원의 기술과 근무 희망을 바탕으로 최적의 콜센터 시프트 작성
미쓰비시UFJ파이낸셜그룹	금융상품의 가격 예측이나 리스크 평가 등에서 활용을 예상. 몬테카를로 시뮬레이션에 이용하는 알고리즘으로 계산에 필요한 양자비트를 대폭 삭감하는 기법 개발
미쓰비시케미칼	유기EL 발광 재료를 테마로 연구. 발광 재료의 에너지를 NISQ로 계산하고, 현행 방식의 컴퓨터에 의한 양자 오류를 억제함으로써 실험값에 가까운 계산치를 얻었다

[자료 9-1] 일본 기업의 주요 양자 컴퓨터 응용 연구

화학, 금융을 중심으로 검증한다. (출처: 닛케이 컴퓨터)

의 컴퓨터를 사용한 재료 탐색에서는 방대한 계산량이 필요하다.

도요타중앙연구소는 화학 현상 해명에 양자 컴퓨터를 사용하는 연구를 진행한다. 빛의 조사로 촉매작용을 발휘해서 접촉하는 유기화합물이나 세균 등을 분해하는 광촉매 개발에 응용이 기대된다. 광촉매는 빛을 조사했을 때 고에너지의 여기 상태가 된다. 이 현상을 실험으로 확인하기는 어려웠다.

용도를 '조합 최적화 문제' 해결로 좁힌 양자 어닐링 방식 응용 연구도 진행된다. 스미토모미쓰이파이낸셜그룹(sMFG)은 양자 어닐링 방식의 기계를 사용해서 사원의 기술과 근무 희망을 바탕으로 콜센터의 최적 근무 계획을 만들고 있다. 사람에게 의지하던 근무 계획서 작성 시간을 1개월당 14.5시간에서 3시간으로 단축할 수 있었다. 사람이 만든 근무 계획과 비교해서 근무 희망을 도입하고 인력 부족을 20%가량 줄였다.

스미토모미쓰이파이낸셜그룹는 기계학습을 사용해서 신용카드 부정 이용을 검출하기 위해 양자 어닐링 머신을 통계적 특징을 활용한 난수 발생기로 사용하며, 교사 데이터를 늘리는 기술도 검증하고 있다. 부정 검출에는 부정 이용과 통상 이용의 양쪽 데이터를 모두 사용해서 인공지능이 학습할 필요가 있지만, 충분한 양의 부정 이용 데이터를 마련하기 어려웠다.

건설 컨설턴트인 조다이는 배전망 구성을 양자 어닐링으로 최적화하는 수법을 개발해서 특허를 취득했다. 배전망의 소비전력량이나 무정전 등의 제약조건을 비용함수로 표현하고 양자 어닐링으로 계산한다. 2022년 6월 이후, 배전망의 모델 회로를 대형으로 만들어 검증하고 실용화를 위한 연구를 가속한다. 재생 에너지는 날씨 등에 따른 전력 공급량의 증감이 크고 손실이 적은 실시간으로 배전망을 제어할 필요가 있지만 현재 방식의 컴퓨터로는 계산하기 어렵다.

_마모토 히로코,
이신 켄토,
나카타 아쓰시(닛케이 크로스 테크·닛케이 컴퓨터)

083

양자 오류 정정

양자비트의 오류를 억제하거나 정정

⋮

기술 성숙 레벨 | 하　　2030 기대지수 | **9.0**

외부의 자기장이나 전기장의 흔들림 등 다양한 노이즈의 영향으로 양자 컴퓨터의 구성 소자인 양자비트 값이 반전되는 오류가 발생하기 쉽다. 이러한 하드웨어 오류에 더해 함수의 표현 능력 부족이라는 알고리즘에서 생긴 소프트웨어 오류도 있다. 양자 컴퓨터로 정확한 계산을 하기 위해 오류를 검출하고 추정하는 양자 오류 억제 및 정정 시스템을 연구한다.

도쿄대학교, NTT, 산업기술종합연구소, 오사카대학교로 구성된 연구팀이 양자 컴퓨터의 오류를 억제하는 기술인 '일반화 양자 부분 공간 전개법'을 개발했다. 2022년 7월 6일, 미국 과학잡지인 〈피지컬 리뷰 레터(Physical Review Letters)〉 온라인판에 발표했다.

새로운 방법은 하드웨어에 의한 오류와 알고리즘에 의한 오류를 모두 억제할 수 있다. 기존 방법은 어느 한쪽의 오류밖에 억제

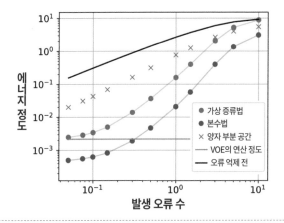

[자료 9-2] '일반화 양자 부분 공간 전개법'과 기존 방식의 정밀도 비교
(출처: NTT)

할 수 없었다. 연구팀은 구글이 개발한 기존의 양자 오류 억제법
인 가상 증류법과 양자 부분 공간 전개법을 참고로 더욱 우수한
일반화 양자 부분 공간 전개법을 개발했다.

서로 다른 양자 회로를 여러 개 준비해서 양자 얽힘을 발생시키
고, 양자 얽힘을 여러 방법으로 측정한다. 측정한 결과를 종래의
컴퓨터로 보정 처리한다.

NISQ를 사용한 양자화학 계산 알고리즘인 '변분양자 고유치
솔버(VQE, Variational Quantum Eigensolver)'를 이용한 검증에서는, 일반
화 양자 부분 공간 전개법을 사용한 경우의 정밀도는 가상 증류
법을 사용한 경우의 정밀도보다 7.58배 높고, 양자 부분 공간 전
개법을 사용한 경우의 정밀도보다는 36.51배 높았다. VQE에서
일어날 수 있는 오류를 억제할 수 있다면 양자비트의 수가 적은
양자 컴퓨터와 VQE를 조합해서 의미 있는 계산 결과를 얻을 가

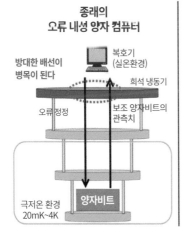
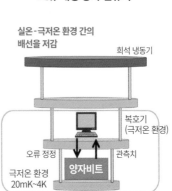

**종래의
오류 내성 양자 컴퓨터**

방대한 배선이
병목이 된다

복호기
(실온환경)

희석 냉동기

오류정정

보조 양자비트의
관측치

극저온 환경
20mK~4K

양자비트

**본 수법으로 실현되는
오류 내성 양자 컴퓨터**

실온-극저온 환경 간의
배선을 저감

희석 냉동기

복호기
(극저온 환경)

오류 정정

양자비트

관측치

극저온 환경
20mK~4K

[자료 9-3] 극저온 환경에서 복호
배선을 대폭 줄여 대규모화로 연결한다. (출처: NTT)

능성이 있다.

이보다 먼저 NTT, 나고야대학교, 도쿄대학교는 2021년 11월, 나고야대학교가 개발하는 단일 자속 양자 회로를 양자 오류 정정 계산에 사용함으로써 극저온 환경의 유지와 처리 시간에 관한 문제를 해결할 수 있다고 발표했다.

희석 냉동기 안에서 가동할 수 있는 단일 자속 양자 회로를 사용해서 표면부호를 계산한다. 표면부호는 양자 오류 정정 부호의 일종인데 계산에 기존의 컴퓨터를 사용한다. 지금까지의 수법으로는 희석 냉동기 안에 있는 양자비트와 밖에 있는 기존의 컴퓨터를 배선으로 접속했다. 희석 냉동기에 구멍을 뚫게 되어 극저온 환경을 유지하기 어려웠다.

이번에 개발한 수법으로 오류를 검출하는 보조 양자비트의 관측과 동시에 관측지에서 오류 부분을 특정해서 오류를 정정하는 온라인 처리 방식을 채용했다. 지금까지는 보조 양자비트의 관측을 반복하고 나서 표면부호를 계산했다. 양자 컴퓨터의 동작 속도를 오류 정정 속도가 따라가지 못하는 문제가 생겼다.

도쿄대학교는 알고리즘이나 칩 실장 설계와 양자비트와의 배선 실현성을 검토한다. NTT는 양자 오류 정정의 이론을 정리하고 제어 장치의 성능을 평가한다. 나고야대학교는 칩 실장 및 실장 시의 성능을 평가한다. 이화학연구소도 연구에 참여한다.

아직은 방법을 제안하는 단계이지만 실용상의 요구를 충족시키고 있음을 시뮬레이터의 평가로 알 수 있다. 향후 초전도 회로를 만들어 희석 냉동기로 움직여서 성능을 실증할 목표를 세웠다.

_나카타 아쓰시,
마모토 히로코(닛케이 크로스 테크·닛케이 컴퓨터)

084

양자 내성 암호

양자 컴퓨터로도 해독할 수 없는 암호

:
:
:
:
:
:
:

기술 성숙 레벨 | **하**   2030 기대지수 | **23.4**

양자 컴퓨터는 개발 중이지만 실용성을 갖추면 현재 사용하는 암호의 안전성을 훼손할 위험이 있다. 비즈니스를 지탱하는 안전한 통신이나 정보 보안에 영향이 특히 크다. 보안 대책을 강화하기 위해 양자 내성 암호의 연구와 개발이 진행되고 있다.

양자 내성 암호는 양자 컴퓨터로도 계산하기 어려운 문제를 바탕으로 암호 알고리즘을 설계하는 기술이다. 공개키 암호의 주류인 RSA 암호는 자릿수가 많은 수의 소인수 분해가 어렵다는 점을 이용해서 안전성을 유지하지만, 양자 컴퓨터의 성능이 올라가면 해독될 우려가 있다.

캐나다 워털루대학교 양자컴퓨팅연구소는 2,048비트의 RSA 암호에 대해 '7분의 1 확률로 2026년까지, 2분의 1 확률로 2031

위기감·최대	**보안/통신업** 양자 컴퓨터가 실용화되면 RSA 암호가 깨질 가능성이 있다. 실용화 후 과거의 통신 데이터가 암호 해독될 우려가 있기에 양자 내성 암호로 이행이 급선무
위기감·대	**금융업** 양자 컴퓨터가 실용화되면 금융 분야의 리스크 계산 등이 초고속화될 가능성이 있다. 금융은 '승자가 모두 가져가는' 세계이므로 다른 회사의 노력을 따를 필요가 있다
위기감·중	**제조업** 양자 컴퓨터에 의한 '양자화학 시뮬레이션'에 의해 재료 개발 등이 크게 변할 가능성이 있다. 재료 제조에는 고액 투자도 필요하기에 업계 구조가 변화한다는 위기감까지는 아니다.

[자료 9-4] 양자 컴퓨터의 실용화에 대한 위기감
(출처: 닛케이 컴퓨터)

년까지 해독될 수 있다'고 전망했다.

　AES 등 암호 표준을 책정한 미국립표준기술연구소(NIST)는 양자 내성 암호를 포함한 차세대 방식의 표준화를 추진하고 있으며, 2023년부터 2024년까지 사양을 결정한다.

　토판인쇄와 정보통신연구기구(NICT)는 양자 내성 암호 기술을 사용하는 IC 카드를 개발하고 있다. IC 카드에 양자 내성 암호 기술을 사용한 전자 증명서를 저장한다. 이것을 게이트웨이 서버에서 인증하고 안전성을 담보한다. 의료 데이터 접근 제어용으로 2025년 실용화를 목표로 한다. "향후 교통 IC 카드에도 실장하고 싶다(토판인쇄)."

　또한 소프트뱅크는 미국 알파벳에서 독립한 샌드박스AQ와 공

동으로 양자 내성 암호를 사용하는 VPN(가상사설망) 공동 개발을
시작했다.

_ 마모토 히로코, 이신 켄토, 나카타 아쓰시,
겐타 다오(닛케이 크로스 테크·닛케이 컴퓨터),
쿠보타 류노스케, 츠치야 쇼타(닛케이 크로스 테크·닛케이 일렉트로닉스)

085

어댑티브 벌크 서치

다양한 조합의 최적화 문제를 고속으로 푼다

NTT데이터는 2021년 10월 다양한 조합 최적화 문제를 고속으로 푸는 '어댑티브 벌크 서치(Adaptive Bulk Search)' 실행 환경을 무료로 공개했다. 히로시마대학교와 공동으로 개발한 계산수법을 사용해서 여러 대의 기계로 병렬 처리해서 조합 최적화 문제의 해답을 검색한다. 실행 환경을 공개하는 이유는, 현실의 다양한 문제를 다수의 이용자가 풀어 이 수법이 도움이 되는 영역을 찾기 위해서다.

어댑티브 벌크 서치는 '2차 비제약 이진 최적화(QUBO) 문제'의 해를 여러 개의 GPU(Graphics Processing Unit)를 사용해서 병렬로 검색한다. NTT데이터가 히로시마대학교 대학원 선진이공계과학연구과의 나카노 고지 교수 연구팀과 공동으로 개발했다.

　QUBO 문제는 n개의 0 또는 1의 값을 가지는 변수의 누적 합

어댑티브 벌크 서치 아이디어

효율적이고 유연한 실색를 통해 최적의 해답 탐색 실시

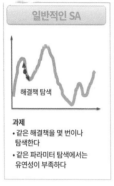

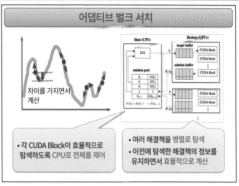

일반적인 SA

해결책 탐색

과제
• 같은 해결책을 몇 번이나 탐색한다
• 같은 파라미터 탐색에서는 유연성이 부족하다

어댑티브 벌크 서치

차이를 가지면서 계산

• 각 CUDA Block이 효율적으로 탐색하도록 CPU로 전체를 제어

• 여러 해결책을 병렬로 탐색
• 이전에 탐색한 해결책의 정보를 유지하면서 효율적으로 계산

[자료 9-5] 어댑티브 벌크 서치 구조
(출처: NTT 데이터)

이 최소가 되는 조합을 구한다. 복잡한 물류 배송 경로나 금융상
품 포트폴리오 최적화를 검토할 때 QUBO 문제를 만들어 풀 수
있다.

어댑티브 벌크 서치는 문제 종류에 따라(어댑티브하게) 탐색 범위
나 방법을 바꾸면서 동시에 대량(벌크)으로 탐색(서치) 한다. 대량으
로 존재하는 해답의 후보를 여러 개의 GPU가 서로 다른 범위로
동시에 탐색한다. 각각의 GPU가 탐색하는 범위나, 인화법, 금
기 탐색, 브레이크아웃 탐색과 같은 국소 탐색 방법에 대해서는
QUBO 문제의 종류나 특징에 따라 바꾼다.

공개한 실행 환경은 미국 엔비디아의 하이엔드 GPU인 'RTX
A6000'을 다섯 개 탑재한 서버로 최대 32,768 변수의 QUBO 문
제를 최대 100초에 해답을 탐색할 수 있다. 순회 세일스맨 문제

에 비유하자면, 공개 환경은 175개 도시를 순회하는 경로를 최적화할 수 있다.

탐색 범위나 탐색 수법의 선택에는 유전적 알고리즘을 사용한다. 처음에는 범위와 수법을 랜덤하게 선택하지만 탐색해서 얻은 해답의 경향을 알고리즘이 반영해서 다음부터는 더욱 좋은 해답을 얻을 것 같은 탐색 범위와 수법을 선택한다.

_나카타 아쓰리(닛케이 크로스 테크·닛케이 컴퓨터)

086

옵저버빌리티

복잡해진 시스템을 다시 관측하기 쉽게 한다

:
:
:
:
:
:
:

기술 성숙 레벨 | 중   2030 기대지수 | 11.2

옵저버빌리티(Observability)는 시스템 감시 용어로 '관찰 가능성'이라는 뜻이다. 여러 가지를 궁리해서 시스템을 관찰하기 쉽게 하는 것을 가리킨다. 현재의 시스템 구성이 크게 바뀌어 기존의 시스템에 비해 관찰하기 어려워지고 있는 현상에 대처한다.

시스템 운용에 수반하는 감시에 관한 상식이 크게 바뀌고 있다. 감시 대상이 기존의 물리 머신에서 가상 머신이나 퍼블릭 클라우드 서비스, 컨테이너로 바뀌고 있다. 여기에 더해 가동하는 애플리케이션이 마이크로 서비스 아키텍처에 기초하는 방식으로 변하고 있다. 시스템 감시 수법이 이전과 같으면 새로운 시스템을 관찰할 수 없다.

게다가 시스템 이용자도 확대되어 서비스 제공이나 그것을 이용하는 고객의 상황이라는 관점에서 시스템 감시가 필요하게 되

	종래	현재
감시 대상	온프레미스의 물리 기계	퍼블릭 클라우드의 가상 머신이나 컨테이너
감시 대상의 수	고정	자동으로 증감
애플리케이션 구성	웹/앱/데이터베이스의 3계층	마이크로 서비스 아키텍처
시스템 장애의 영향 범위	사내	사내&사외
시스템 감시 도구 제공 형태	패키지	SaaS

[자료 9-6] 시스템 감시를 둘러싼 상황의 변화
(출처: 닛케이 컴퓨터)

었다. 애플리케이션의 가동 환경만을 감시해서는 불충분하다.

이상의 상황을 바탕으로 옵저버빌리티를 높일 수 있는 시스템 감시 기술이 등장하고 있다.

시판되는 시스템 감시 툴 자체가 SaaS(Software as a Service)로 이행하고 있다. 퍼블릭 클라우드 서비스 사업자도 자사의 클라우드에서 이용할 수 있는 시스템 감시 툴을 제공하고 있다.

감시 툴도 감시 대상인 애플리케이션이나 인프라도 모두 퍼블릭 클라우드에 올리면서 방대한 로그 데이터를 다루기 쉬워졌다. 기계학습이 진보함으로써 이전에는 사람이 설정하던 한계치를 자동 설정할 수 있게 되었다.

＿옹 하쇼(닛케이 크로스 테크·닛케이 컴퓨터)

087

IaC

프로그램을 짜서 시스템 기반을 관리

∶
∶
∶
∶
∶
∶

기술 성숙 레벨 | **중**　　2030 기대지수 | **4.3**

IaC(Infrastructure as Code)는 프로그래밍으로 IT 인프라를 효율적으로 관리하는 수법이다. IT 인프라를 구축하는 절차를 프로그램(코드)으로 기술해 두면 각종 설정 작업을 자동화할 수 있다. 복잡해진 인프라 관리를 간소화해서 관리자의 부하를 가볍게 하려는 목적이다.

IT 인프라를 구축하는 경우 네트워크, 로드 밸런서, 데이터베이스 서버, 가상 서버 등을 배치하고 이들을 연결해서 동작을 확인한다. 퍼블릭 클라우드에는 이러한 자원이 준비되어 있으며 이용자가 설정하고 이용한다.

　IaC는 이러한 인프라의 구성, 버전 관리, 각종 정의 파일 설정 등의 작업을 자동으로 수행할 수 있다. 또한 인프라에서 애플리케이션 프로그램을 움직이는 작업도 자동화한다. 이를

CI(Continuous Integration, 지속적 인터그레이션)라고 부른다.

IaC와 CI를 조합하면 새로운 구성의 인프라를 준비하고 여기에서 애플리케이션을 움직여서 테스트하는 작업이 자동으로 진행된다.

실제로 가동하는 경우는 인프라와 애플리케이션을 정의한 프로그램, 테스트를 거친 새로운 인프라와 애플리케이션을 정의한 프로그램을 비교한다. 양자의 차이를 실행하면 구성 변경이나 애플리케이션 변경이 가능하다.

대규모로 설정이 복잡한 인프라를 유지 관리하거나 재구축하는 경우, 엔진의 부하가 커져서 휴먼 에러의 위험이 크다. 이러한 현장의 문제를 해결하기 위해 IaC가 필요하다.

2022년 5월 디지털청은 '정부 정보시스템에서 클라우드 서비스의 적절한 이용에 관한 기본방침의 개정에 대하여'라는 자료를 공개했다. '클라우드 스마트(클라우드를 현명하고 적절하게 이용한다)를 목적으로 한다', '스마트란 최신 기술의 이용이며 매니지드 서비스와 IaC가 중심'이라고 밝혔다. 서버 환경을 구축하지 않고 매니지드 서비스를 이용하며 '인프라 환경을 코드에 의해 자동 생성할 수 있다'고 설명한다.

_타니시마 노부유키(닛케이BP종합연구소)

088

CSPM

클라우드에 설정한 룰을 자동 확인,
사람 실수로 인한 정보 유출을 방지

> 기술 성숙 레벨 | 중   2030 기대지수 | 2.6

CSPM(Cloud Security Posture Management)은 클라우드 서비스의 설정
을 보안 관점에서 체크하는 구조다. 클라우드 구성 정보나 로
그 등을 취득해서 설정에 수정할 부분이 없는지 자동으로 확
인하고 관리자에게 통보한다. 사람의 설정 실수에 의한 기밀
정보 누설 등의 사고를 막는 목적이 있다. 미국 아마존닷컴,
마이크로소프트, 구글이 자사의 클라우드 서비스 이용자에게
제공하고 있으며, 보안 제품의 글로벌 기업도 제공하고 있다.

설정한 룰의 체크에는 CSPM이 구비한 데이터베이스를 이용한
다. 데이터베이스에는 클라우드의 적절한 설정과 부적절한 설정
사례가 많이 들어있다. CSPM은 데이터베이스와 실제 설정 상황
을 대조해서 부적절한 설정을 찾아낸다.

예를 들어 온라인 스토리지의 공개 설정으로 여러 개의 보안 기

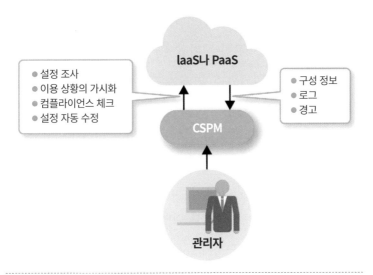

[자료 9-7] IaaS나 PaaS와 연계하여 설정을 체크

기업이 정한 규칙에 따라 클라우드가 설정되어 있는지 체크한다. 보안의 미비 유무에 대해서도 조사한다.
(출처: 닛케이 네트워크)

준이 데이터에 접근할 수 있는 사람이나 단말을 최소한으로 해야
한다고 한다. 이에 따라 대부분의 CSPM 데이터베이스는 '온라인
스토리지를 퍼블릭(전체 공개)으로 설정하는 방식은 부적절하다'라
고 되어 있다. 퍼블릭 설정을 발견하면 관리자에게 통지해서 설
정을 변경하라고 재촉하게 되어 있다.

이러한 데이터베이스는 CSPM을 제공하는 IT 기업이 만든다.
미국립표준연구소가 작성한 사이버보안 대책 프레임워크(NIST
CSF)와 EU 회원국의 개인정보보호 법규제(GDPR), 신용카드 업계
의 정보 보안 기준(PCI–DSS) 등의 공적인 기준을 바탕으로 한다.

또한 클라우드 서비스 대기업이 제공하는 IaaS(Infrastructure as a
Service)나 PaaS(Platform as a Service)의 업데이트나 보안 환경 변화에 맞

취 데이터베이스를 갱신한다.

데이터베이스를 이용하는 기업이 커스터마이징할 수도 있다. 기업의 독자적인 룰이나 보안 정책을 추가하면 여기에 위반하는 설정도 찾을 수 있다.

CSPM을 사용하면 여러 IT 기업이 제공하는 IaaS나 PaaS를 하나의 콘솔로 관리할 수 있다. 각각의 서비스 설정을 일원 관리할 수 있어 담당자의 부담이 줄어든다. 종래에는 각 서비스의 콘솔에 로그인해야 했고 조작 절차도 각각 기억해야 했다.

CSPM에 의해 전사 규칙에 따른 설정을 어느 부서에도 적용할 수 있어, 사람에 의한 운용을 막을 수 있다. 규모가 큰 기업은 부서마다 담당자를 두고 클라우드를 이용하거나 관리하는 경우가 많은데 전사 규칙을 마련해도 부서마다 설정이 다를 수 있다.

기업명	서비스명
미국 아마존닷컴	AWS Security Hub
미국 구글	Security Command Center
이스라엘 체크포인트소프트웨어테크놀로지스	CloudGuard
미국 데이터독	Datadog Cloud Security Platform
미국 팔로알토네트웍스	Prisma Cloud
미국 마이크로소프트	Microsoft Defender for Cloud

[자료 9-8] 네트워크 및 보안 관련 벤더가 참가
CSPM에는 보안 벤더가 제공하는 서비스와 IaaS나 PaaS를 운영하는 기업 자신이 제공하는 서비스가 있다. 미국 아마존닷컴과 미국 구글, 미국 마이크로소프트는 자사 클라우드 서비스용으로 CSPM을 제공한다. (출처: 닛케이 네트워크)

CSPM이 중시되는 배경으로 클라우드 설정 미비로 인한 사고가 많이 발생한다. 클라우드를 이용하는 기업이 온라인 스토리지에 접근 권한이나 데이터 암호화 설정을 잘못하는 바람에 외부에서 데이터에 접근할 수 있게 되어 개인정보를 포함한 기밀 정보가 사외로 공개되었다. 이런 사고에서 많은 경우에 클라우드 사업자는 '취약성이 아니다', '이용자가 적절하게 설정하지 않았다'는 입장을 취한다.

　따라서 이용기업이 스스로 클라우드 등의 기능과 설정을 깊이 이해하고 방어해야 한다. CSPM은 이를 지원한다. CSPM 운용에서 부적절한 설정을 발견하면 관리자에게 통지해서 판단을 요청하는 방식이 일반적이다. 자동 수정하는 기능도 있지만 사용하는 기업은 적다. 중요한 고객과의 일시적인 데이터 공유를 위해 일반적으로 부적절하다고 여겨지는 설정을 하는 경우가 있기 때문이다.

__오카와라 타쿠마(닛케이 크로스 테크·닛케이 네트워크)

089

SOAR

보안 사항을 자동으로 검지하고 대응하다

:
:
:
:
:
:

기술 성숙 레벨 | **상**　2030 기대지수 | **15.6**

SOAR(Security Orchestration, Automation and Response)는 다른 시스템
이나 보안 기기와 연계해서 사고를 감지하고 자동으로 대응
하는 기능이다. 멀웨어(악성코드) 검지의 경고를 SOAR가 수신
하면 사내 네트워크의 모든 단말의 바이러스 대책 소프트로
풀 스캔하는 식으로 대응할 수 있다. SOAR은 시스템 개발사
와 보안 벤더 등이 클라우드 서비스로 제공한다. 보안 인재
가 부족하여 도입을 검토하는 기업이 늘고 있다.

SIEM(Security Information and Event Management) 도입이 진행되면서 기
업의 시스템에 발생하는 다양한 로그와 경고를 모아 분석할 수
있게 되었다. 그럼에도 불구하고 보안 담당자의 대응이 따라가지
못하는 상황이 있다. SOAR은 그 타개책이다.
　예를 들어, 어느 기업의 사원용 PC가 메일 경유로 멀웨어(악성코

ㄷ)에 감염되면 바이러스 대책 소프트웨어가 SIEM에 경고를 보낸다. 이어서 SIEM이 SOAR에 전하고 SOAR은 다른 PC도 같은 멀웨어에 감염돼 있다고 가정한다. C&C 서버로의 통신을 차단하도록 방화벽에 지시한다. C&C 서버는 PC를 원격 제어하기 위해 공격자가 준비한다.

방화벽이 C&C 서버와의 통신을 차단하면 멀웨어에 감염된 PC가 조종되거나 정보가 도난당하는 사태를 막을 수 있다. API(애플리케이션 프로그래밍 인터페이스)만 준비되어 있다면 어떤 기기나 소프트웨어라도 SOAR과 연계해서 자동 대응 및 담당자 지원에 활용할 수 있다.

SOAR은 자동 대응할 때 플레이북이라고 불리는 데이터를 참

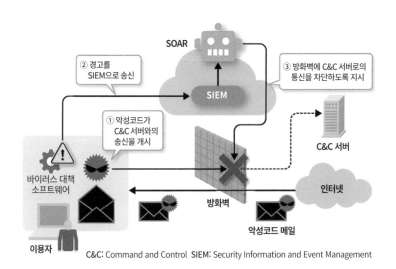

C&C: Command and Control SIEM: Security Information and Event Management

[자료 9-9] 다른 시스템과 연계하여 사고에 자동 대응
SOAR은 SIEM이 수집한 시스템의 로그나 알람 등을 바탕으로 사고를 발견한다. 다른 벤더의 기기 및 서비스와 연계해 사고에 자동 대처할 수도 있다. (출처: 닛케이 네트워크)

조한다. 플레이북은 사고가 발생했을 때의 대응을 워크플로우 형식으로 기록한 절차서다. 보안기기가 발신한 경고를 수신하면 이를 신호로 워크플로우가 움직이도록 설정하는 경우가 많다.

오카와라 타쿠마루(닛케이 크로스 테크·닛케이 네트워크)

090

GP-SE

마이넘버 카드와 동등한 전자 증명을
스마트폰으로

:
:
:
:
:
:

기술 성숙 레벨 | **상**　　2030 기대지수 | **10.0**

GP−SE(Global Platform−Secure Element)는 스마트폰 본체에 내장된
IC칩으로 각종 서비스를 이용하기 위한 프로그램을 안전하
게 움직일 수 있다. 이를 통해 2022년에 스마트폰으로 마이
넘버 카드의 전자 증명서(서명용과 이용자 증명용)와 동등한 기능
을 이용할 수 있게 된다.

마이넘버 카드에는 IC칩이 내장되어 있어서 확정신고(e−Tax)나 특
허 신청, 마이너 포털 로그인과 같은 서비스를 사용할 때 전자서
명을 하거나 이용자 본인임을 증명할 수 있다.

　이러한 공적 개인인증 서비스를 스마트폰만으로 실현하기 위해
총무성은 GP−SE에 주목했다.

　Global Platform(GP)은 IC칩 내의 프로그램에 관한 국제표준화
를 추진하는 단체인데 인증에 필요한 Secure Element(SE) 표준도

정하고 있다.

GP-SE는 보안을 고려해서 설계되었다. 권한을 가진 프로그램과 서버만 접근할 수 있으며 GP-SE, 프로그램, 서버 사이에 인전한 통신을 가능하게 한다. 예를 들어 FeliCa(펠리카) 기능을 제공하는 프로그램이 GP-SE에 미리 설치된 상태로 출하되고 있으며 이미 각종 결제에 사용되고 있다.

이용 신청이나 서비스 이용 시에 사용하는 공적 개인인증(JPKI) 앱이라 부르는 프로그램을 추가로 스마트폰의 GP-SE에 설치하면 앞서 설명한 공적 개인인증 서비스를 이용할 수 있다. 현재도 스마트폰에서 이용할 수 있지만 마이넘버 카드를 그때마다 스마트폰에 대고 읽게 할 필요가 있다. 단 GP-SE를 탑재한 기기는 2019년 이후 발매된 주요한 안드로이드 스마트폰에 한정된다. 아이폰(iOS 단말기)에도 SE가 탑재돼 있지만 애플의 독자 사양이며 GP 사양은 아니다. 일본 정부의 요청에 따라 애플은 현재의 독자 SE에 대응한 공적 개인인증 앱을 제공하는 형태가 될 수 있다.

—타니시마 노부유키(닛케이BP종합연구소)

091

IoT 시대 인증 암호

소형 단말기에 실장하기 위해
적은 연산량으로 강도를 담보

.
.
.
.
.
.

기술 성숙 레벨 | **중**　　2030 기대지수 | **13.7**

수많은 디바이스가 인터넷에 연결되는 IoT 시대의 암호 기술은
필요 불가피하다. 이미 PC나 스마트폰, 신용카드 결제 단말기,
생산 설비에 부착된 센서를 비롯해 다양한 단말기 통신에서 암
호 기술이 사용되고 있다. 더욱 안전하게 데이터를 주고받기
위해서는 개발된 암호를 해석하는 연구도 빼놓을 수 없다.

얼마나 간단하게 만들어서 다양한 공격에 견디며 해독되지 않는
새로운 암호 방식을 만들 수 있을까. 이것은 암호 연구의 승부처
다. 최근 10년은 소형의 IoT 단말에도 암호 통신이 요구되며 더욱
적은 연산으로 강한 암호를 만드는 수법이 한층 요구되고 있다.
　기존 암호의 안전성을 해석하는 연구도 빼놓을 수 없다. NEC
보안시스템연구소의 이노우에 아키코는 입사 2년째인 2018년에
국제 표준인 인증 암호 기술 OCB2에 대해 14년 동안 눈치채지

못했던 안전성 결함이 있다는 사실을 발견했다. 공격자는 적은 계산량으로 OCB2에 기초한 암호문을 해독하고 변경할 수 있다. 공격 방법과 결함의 복구 방법을 이노우에가 제시했다.

이번 발견에 따라 ISO/IEC는 표준규격에서 OCB2를 제외한다고 표명했다. OCB2는 아직 사회에서는 거의 구현되지 않았지만, 미래의 사고를 막은 셈이다. OCB2의 취약성 발견은 암호 연구자 사이에서 주목받았다.

OCB2는 2004년 미국의 암호 연구자가 제안한 인증 암호 기술로 2009년 ISO/IEC에서 국제 표준이 되었다. 간단한 구성으로 계산 효율이 높고 안전성의 수학적인 증명이 우아하기도 해서 암호 연구자들로부터 높은 평가를 받았다.

이노우에는 원래 효율성을 더 높이기 위해 OCB2를 기본으로 하는 암호 이용 모드를 개발하고 있었다. 암호 이용 모드 개발이란 블록 암호 등의 암호 부품을 사용해서 안전한 암호 방식을 구성하는 기술이다.

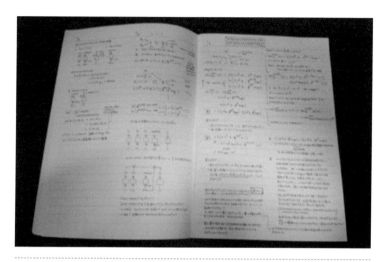

[자료 9-11] 이노우에 아키코 씨의 OCB2 연구 시 노트
보카시를 넣고 있다. (출처: NEC)

이노우에가 생각한 개량 방식은 OCB2의 안전성을 증명하는 방법의 규칙에서 벗어난 처리가 필요했다. 규칙에서 벗어나는 부분을 어떻게 할 수 없을까 생각하다가 OCB2 자신이 규칙을 따르지 않고 있다는 사실을 깨달았다. 그런 방법으로는 OCB2의 안전성을 증명했다고 말할 수 없다.

이노우에는 상사인 보안시스템연구소의 미네마츠 카즈히코 수석연구원과 상담했다. "안전성 증명이 잘못되었을지도 모른다." 미네마츠 수석연구원은 이노우에의 지적에 놀라서 OCB2의 안전성 증명이 정말 올바른지 함께 조사했다.

그 결과, OCB2의 안전성 증명 로직에 오류가 있다는 사실을 발견했다. 이 오류에 의해 공격자가 암호화 함수와 복호 함수에 접근할 수 있는 능력이 있다면, 적은 계산량으로 인증 태그를 위조할 수 있다. 위조 태그를 사용하면 공격자는 암호화된 정보를 수사하고 수신 측이 복호할 때 위조를 나타내는 오류가 나오지 않게 할 수 있다.

이노우에와 미네마츠 수석연구원은 나고야대학교 등과 함께 OCB2의 취약성과 공격 수법, 결함의 복구 방법을 〈Cryptanalysis of OCB2: Attacks on Authenticity and Confidentiality〉라는 논문으로 정리했다.

안전성 결함을 발견한 지 약 5개월 만인 2019년 2월에 국제암호학회가 주최한 CRYPTO 2019 국제회의에 논문을 투고했다. 논문은 채택되어 학회에서 최우수논문을 수상했다.

향후 이노우에의 목표는 고객에 가까운 입장에서 안전한 암호를 개발하는 것이다. 제조업과 통신사 등 고객 기업의 업무 시스템에 맞춰서 실용적인 암호를 만들어 보고 싶다고 한다.

이노우에와 함께 암호 연구를 진행하는 미네마츠는 다음과 같이 말한다. "지금은 AES(Advanced Encryption Standard, 미 연방정부 표준으로서 채용된 공통기 암호 방식)로 충분하다. 하지만 5~10년 후에 아주 작은 IoT 단말기도 암호 통신을 하는 상황을 생각하면 AES로는 부족한 사태가 발생할지 모른다. 암호 연구는 성과가 나올 때까지 시간이 걸린다. 젊은 연구자는 시간을 들여 능력을 키우면 좋겠다."

_아사카와 나오테루, 오오타니 고지(닛케이 크로스 테크·닛케이 컴퓨터)

092

인공지능 수다

사람처럼 자연스럽게 수다를,
GPT-3 기술로 생성

⋮

기술 성숙 레벨 | **상**　　2030 기대지수 | **4.9**

GPT-3는 문장 작성에 특화된 언어 모델이다. 인공지능을
개발하는 비영리단체인 미국의 오픈AI가 개발했다. 미국 연
구 그룹은 GPT-3로 트위터의 트윗을 자동 생성했다. 가짜
뉴스도 쉽게 만들 수 있기 때문에 GPT-3의 악용에 경종을
울리고 있다.

미국 싱크탱크인 CSET(Center for Security and Emerging Technology)의 앤
드루 론 시니어 펠로우 등의 연구 그룹은 GPT-3을 사용해서 가
짜 트윗을 자동 생성하는 툴을 개발해서 마치 실제 사람이 투고
한 듯한 트윗을 쉽게 생성할 수 있음을 보여줬다.
　생성된 트윗은 대부분 자연스러운 문장이었다. 엉뚱한 내용의
문장도 있었지만 자연스러운 문장이라고 생각되는 결과물을 사용
해서 출력을 개선하고 더욱 자연스러운 트윗을 늘릴 수 있었다.

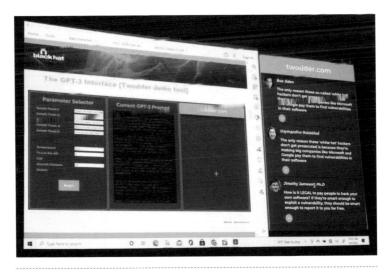

[자료 9-12] 가짜 트윗 데모

2021년 8월 개최된 보안 기술 컨퍼런스 'Black Hat USA 2021' 강연 모습. 오른쪽에 있는 내용이 GPT-3가 생성한 가짜 트윗. AK가 생성한 실재하지 않는 인물의 얼굴 사진을 이용하고 있다. (출처: 닛케이 크로스 테크)

극우 음모론 집단인 'Q아논(QAnon)'이 투고하는 듯한 문장을 GPT-3로 생성할 수 있을까? 라는 실험에서는 유사한 문장을 만들 수 있었다. 음모론 문장을 GPT-3로 대량으로 만들어 투고하고 반응이 좋은 주제로 좁혀서 음모론을 계속 투고하면, 그 음모론을 사람들에게 침투시킬 수 있다는 경종을 울렸다.

GPT-3로 만든 문장으로 사람의 의견을 바꿀 수도 있다. 연구 그룹은 아프가니스탄에서 미군의 완전 철수를 찬성하는 문장과 반대하는 문장을 GPT-3로 생성해서 1,700명이 읽도록 한 뒤에 설문조사를 실시했다. 미군 철수에 찬성하는 문장을 보인 후에는 전체 응답에서 차지하는 찬성 의견의 비율이 증가해서 GPT-3이 작성한 문장의 설득력을 확인할 수 있었다.

GPT-3는 가능성을 가진 기술이다. 하지만 권하고 싶은 내용을 지지하는 주장을 GPT-3로 대량으로 생성할 수 있다는 점은 위협이라고 할 수 있다.

_네즈 사다(실리콘밸리 지국)

093

분할 DNN

기계학습에서 당초에 예상치 못한 데이터를 정확하게 인식

:
:
:
:
:
:

기술 성숙 레벨 | 하   2030 기대지수 | **6.4**

후지쯔와 미국 매사추세츠공과대학(MIT)은 당초에 예상하지 못했던 미지의 데이터라도 정확하게 인식할 수 있는 인공지능 기술을 개발했다. 색깔이나 형상 등 다양한 속성을 단서로 대상을 식별하는 사람의 뇌 구조에서 힌트로 얻었다. 후지쯔는 실제 데이터를 사용한 실험을 하고 있는데, 순조롭게 성과를 확인할 경우 2023년 3월 말까지 실용화를 목표로 한다.

후지쯔와 MIT가 2021년 12월에 발표한 기술은 심층학습에 이용되는 딥 뉴럴 네트워크(DNN)를 대상물의 속성별로 분할함으로써 화상인식 등의 정확도를 높이는 기술이다. 형상이나 색깔, 시점이라고 하는 대상물의 속성별로 DNN 모듈을 준비하고 각각에 대상물을 학습시킨다. 인식하고 싶은 대상물의 화상 데이터를 각 모듈이 인식하고 각 모듈의 판단을 조합해서 최종 판단한다. 후

데이터 종류	기존대로 분할하지 않는 DNN	후지쯔·MIT 속성별로 분할한 DNN
미지의 데이터	73.20%	77.30%
학습 시 같은 경향의 데이터	98.00%	94.40%

[자료 9-13] 화상의 내용에 관한 질문에 응답하는 문제에서의 검증 결과(인식 정밀도의 평균치)
(출처: 닛케이 크로스 테크)

지쯔에 의하면, DNN을 분할하지 않고 하나의 모듈로 학습시키는 기술이 인식 정확도가 높은 인공지능을 만드는 최선의 수법이라고 지금까지 생각해 왔다.

DNN을 분할하는 새로운 수법과 하나의 DNN으로 학습하는 기존의 수법을 비교하면, 사전 학습과는 다른 경향의 화상에 대해 새로운 수법이 인식 정확도가 높았다. 다만, 학습할 때와 같은 경향의 화상에 대해서는 종래 수법이 더 정확하게 인식했다.

공장에서 불량품을 검출하거나 의료에서 화상 진단할 때 DNN을 이용하고 있다. 실제 환경에서 인식 대상의 방향이나 조명을 받는 상태와 같은 조건이 DNN를 학습시켰을 때의 교사 데이터와 크게 다르면, DNN는 미지의 데이터가 되어 인식 정확도가 저하되는 문제가 있다.

해결하는 방법으로 후지쯔와 MIT는 인간의 뇌를 따르기로 했다. 예를 들어 사전에 검은 대상물만 보여주었다고 하더라도 실제 환경에서 나온 흰색 대상물을 사람은 올바르게 인식할 수 있다. 왜냐하면 사람의 뇌에는 형태나 색깔, 보는 각도처럼 다양한 속성별로 인식하는 기능이 있기 때문이다. 이와 같은 식으로 DNN을 속성별로 분할한다.

학습 시에 예상하지 못했던 데이터를 정확하게 인식할 수 있으면 인공지능을 활용하는 폭이 넓어질 수 있다. 예를 들어 생산 현장에서 불량품을 검출하고 싶을 때, 다양한 불량품의 교사 데이터를 마련하지 못하더라도 실용적인 인공지능 시스템을 개발할 가능성이 있다.

_시마즈 타다요시(닛케이 크로스 테크)

094

세일리언시 맵

화상에 흥미를 나타내는 영역을 판단 처리

기술 싱숙 레벨 | **중**   2030 기대지수 | **3.8**

사람 대신 여러 장소를 찾아가서 그곳에서 겪은 경험을 사람과 공유하는 아바타 로봇을 개발하는 아바타인(avatarin)은 이화학연구소와 협력해서 로봇의 눈을 연구하고 있다. 이미지 센서가 얻은 화상에서 사람이 흥미를 가지는 영역을 나타내는 세일리언시 맵(Saliency Map, 특징 지도)을 사용해서 화상을 인식함으로써 데이터량을 줄여 송신할 수 있다.

아바타인은 사람을 대신한 로봇을 국내외로 이동시키는 기술을 목표로 한다. "아직 3세대 통신 인프라만 사용하는 해외에 있는 로봇도 사람이 이해할 수 있는 영상을 보낼 수 있다"라고 후카보리 안코 CEO는 말한다.

이를 위해 세일리언시 맵이라는 기술을 사용한다. 화상에서 사람이 흥미를 보이는 영역은 어디인지 판단해서 데이터의 양을 줄

Original Images

Saliency Maps

[자료 9-14] 세일리언시 맵
오리지널 화상(위)에서 사람이 흥미를 나타낸다고 생각되는 지역을 세일리언시 맵(아래)이 나타내고 있다.
(출처: 이화학연구소)

인다. 이화학연구소 광양자공학연구센터에서 개발하고 있다.

오리지널 영상에 세일리언시 맵을 사용해서 화상을 추출하면 원래 데이터를 3%까지 압축해도 시인성이 높은 영상을 재생할 수 있다. 개발자 요코타 씨에 따르면, 사람은 정보량이 줄어든 영상이라도 필요한 부분을 뇌가 보완해서 불편함 없이 인식한다. 이런 매커니즘을 재현할 수 있다면 정보를 압축해서 필요한 부분만 전송하고 원격으로 사람이 보기 전에 보완하면 된다.

향후 세일리언시 맵의 정확도를 높이려면 영상에서 사람이 어디에 주목하고 있는지에 대한 데이터를 대량으로 수집할 필요가 있다. 아바타인은 아바타 로봇을 사용해서 사람이 어떤 시점에서 사물을 보고 있는지에 관한 데이터를 모으는 방법도 검토한다.

__ 키무라 토모후미(닛케이BP종합연구소),
모토다 코이치(테크니컬 작가)

095

문서 해독 인공지능

인공지능과 대화하면서
인공지능에게 정답을 가르친다

:
:
:
:
:

기술 성숙 레벨 | 중   2030 기대지수 | 12.2

전문용어나 독특한 표현이 많은 비즈니스 문서나 학술 문서를 분석해서 유효한 정보를 끌어내려면 많은 시간과 수고가 필요하다. 기계학습에서 교사가 있는 학습을 실행할 때 사람이 문서 데이터에 대해 방대한 정답을 미리 부여할 필요가 있기 때문이다. 교사가 있는 학습에서 정답 데이터(라벨)를 부여하는 작업을 효율화하는 '학습 장소 선정 기술'이 개발되고 있다.

NTT데이터 컨설팅 총괄부 컨설팅 담당인 사이토 히로시 주임은 '학습 장소 선정 기술'을 개발하고 있다. 교사가 있는 학습에서 정답 데이터(라벨)를 부여하는 작업을 효율화하는 기술이다.

이 기술은 NTT데이터가 제공하는 문서 해독 인공지능 솔루션인 리트론(LITRON)의 엔진으로 사용된다. 리트론을 이용하면 문

9장. IT • 381

[자료 9-15]
NTT 데이디 Data & Intelligence 사업브
컨설팅 총괄부 컨설팅 담당 주임
사이토 히로시(齋藤 洋) 씨
대학원에서 기계학습을 연구, 2016년에 신규 졸
업자로 NTT 데이터에 입사. 자연어 처리에 재미
를 느끼고, 문서 독해 엔진 '티스는' 개발에 종사.
Data & Intelligence 사업부에서는 법인 고객
에 대해 네이터 분석이나 기반 조성을 지원했다.
(출처: 닛케이 크로스 테크)

서 데이터에 라벨링을 포함한 학습 시간을 "통상의 10분의 1로 줄이고 사례에 따라서는 수백분의 1 정도까지 단축할 수 있다(사이토 주임)." 리트론은 실용화를 목표로 고객과 여러 건의 검증을 진행하는 단계에 있다.

예를 들어, 병원의 진료기록에서 환자 이름이나 방문일, 소견, 의약품명 등을 표 형태로 추출할 때 리트론은 대화 학습법을 사용한다. 먼저 대량의 문서 데이터를 리트론이 읽고 리트론 엔진이 라벨을 붙이고 싶은 단어를 골라서 질문한다. "타미플루는 의약품명입니까? 예스나 노로 대답해 주세요."라는 질문에 사람이 예스(yes)나 노(no)로 대답한다.

교사가 있는 학습을 하는 경우, '타미플루'라는 단어를 찾아 '의약품명'이라고 라벨을 붙인 뒤에 인공지능에게 가르쳐야 한다. 리트론은 라벨링 시간을 단축해서 담당자의 업무를 줄일 수 있다.

리트론의 엔진은 중요한 단어만 물어보기 때문에 질문의 총량

[자료 9-16] 리트론(LITRON)이 학습 장소 선정
(출처: NTT 데이터)

이 적다. 어디에 착안해서 무엇을 학습시키면 좋을지 특징을 파악하는 구조라서 사람에게 물어보지 않아도 알 수 있는 단어는 물어보지 않기 때문이다.

"예를 들어 사람이 1만 단어에 100시간 동안 라벨을 붙이고 인공지능에게 학습시키면 정확도가 80%라고 하자. 리트론을 사용하면 라벨을 붙이는 데 걸리는 시간은 10시간 정도다. 그러나 100시간 동안 라벨을 붙이고 학습시킨 인공지능과 비슷한 수준의 정확도를 가진다(사이토 주임)."

__오타니 고지(닛케이 크로스 테크·닛케이 컴퓨터)

10장

에너지
&
일렉트로닉스

096

차세대 원자로

고속중성자로(고속로)나 마이크로로가
탈이산화탄소로 재평가

:
:
:
:
:

기술 성숙 레벨 | **중**　　2030 기대지수 | **29.5**

탄소 중립을 목표로 하는 움직임과 자원 가격의 급등에 따라
차세대 원자력 발전의 연구와 개발이 세계적으로 진행되고
있다. 원자력 발전은 이산화탄소를 화력발전만큼 많이 배출
하지 않으며, 날씨에 좌우되지 않고 안정적인 공급이 가능하
기 때문이다. 안전성 확보는 물론이고 경제성 검토도 필수다.

일본경제산업성심의회는 2022년 8월 9일, '탄소 중립 및 에너지
안전보장 실현을 위한 혁신로 개발 기술 로드맵'의 초안을 마련
했다. 안전성을 높인 '혁신 경수로'의 상업 운전을 2030년대에 하
고 소형 경수로(소형 모듈로)의 실증 운전을 2040년대에 시작한다고
명기했다.

　원자력이 재평가되고 있다는 관점에서 미쓰비시중공업의 이즈
미자와 키요지 사장 겸 CEO는 '탄소 중립과 에너지 안전 보장'이

[자료 10-1] 미쓰비시중공업이 개발하는 마이크로로
트럭으로 옮길 수 있는 크기의 초소형 원자로. 낙도나 벽지, 재해 시의 전원을 예상한다. (출처: 미쓰비시중공업)

라고 2022년 5월 12일 열린 결산 설명회에서 지적했다. 이 회사는 2030년대 중반을 목표로 전기 출력 120만kW의 차세대 경수로를 실용화할 계획이다(기술 로드맵의 혁신 경수로에 해당한다).

또한 미쓰비시중공업은 2040~2050년을 목표로 기존의 경수로와는 다른 기술도 개발한다. 우선 고온가스로(HTGR)가 있는데, 고온 열원을 이용한 수소 제조와 함께 진행한다. 고온공학시험연구로(HTR, 이바라키현 오아라이초)를 보유한 일본원자력연구개발기구(JAEA)와 공동으로 고온가스로와 수소 제조 설비를 접속하는 실증 실험을 시작했다고 2022년 4월에 발표했다.

소형 경수로보다 작은 마이크로로도 개발한다. 노심 크기는 지름 1m, 길이 2m 이하라서 트럭으로 옮길 수 있다. 용도로는 낙도나 벽지의 비상용 전원을 예상한다. 연료 교환이 필요 없고 냉

각재를 사용하지 않는 전고체 원자로이기 때문에 사고 위험을 줄일 수 있다.

세계적으로 차세대 원자로의 연구개발이 진행되고 있다. 기술에 더해 경제성도 중요하다. 경제산업성의 로드맵은 "출력밀도가 높은 혁신 경수로는 기존 경수로와 동등한 수준 이상의 경제성을 목표로 한다. 해외의 소형 경수로는 설계를 단순하게 해서 가스 화력 수준의 경제성을 목표로 하는 사례도 있지만, 높은 내진 성능이 요구되는 일본에서는 검증이 필요하다"라고 지적한다.

__사이토 소우지(닛케이 크로스 테크·닛케이 모노즈쿠리)

097

나트륨 이온 전지

자원은 거의 무한, 에너지 밀도 향상을 목표로

:
:
:
:
:
:
:

기술 성숙 레벨 | 상   2030 기대지수 | 27.8

가솔린 자동차에서 전기자동차(EV)로 전환하는 이른바 'EV 시프트'가 세계적으로 본격화되고 있다. 미래에 일어날 리튬 이온 전지(LIB) 공급 부족을 예상하고 리튬 쟁탈전이 시작되었다. 그와 동시에 LIB 이외의 축전지 개발도 급속히 진행되고 있다. 유력한 후보는 나트륨 이온 전지(NIB)다. 충전할 수 있는 타입이며 정확하게는 나트륨 이온 2차 전지다. 해수에 대량으로 포함되어 있으므로 거의 무한하다고 할 수 있는 나트륨은 공급 불안이나 지정학 리스크가 없다.

중국 CATL(닝더스다이)과 도요타자동차 등이 나트륨 이온 전지로 눈을 돌리기 시작했다. CATL은 2021년 7월에 나트륨 이온 전지의 상용화를 발표했다. 본격적인 양산은 2023년 이후를 전망한다. 세계 최대 리튬 이온 전지 메이커인 CATL의 탈리튬에 전 세

[자료 10-2] 차량용 배터리로 NIB와 LIB를 공용
(출처: CATL 사진, 닛케이 크로스 테크)

계가 놀랐다. CATL이 발표한 나트륨 이온 전지의 특성은 이 회사 리튬 이온 전지의 주력 제품인 인산철 리튬 이온 전지(LFP)를 여러 면에서 앞선다. 중량 에너지 밀도는 아직 160Wh/kg이지만 "200Wh/kg 실현 목표를 세웠다." 인산철 리튬 이온 전지의 약 200Wh/kg과의 성능 차이는 급속히 좁혀질 전망이다.

CATL은 나트륨 이온 전지의 특징으로 저온 내성, 급속 충방전 성능, 환경 적합성의 세 가지가 높다고 지적한다. 저온 내성이 높다는 특징을 살려 전기차용 충전지를 나트륨 이온 전지와 리튬 이온 전지의 하이브리드로 구상한다. 극저온 시 리튬 이온 전지가 작동하지 않아도 나트륨 이온 전지는 동작해서 계속 주행한다.

도요타자동차는 고체 전해질을 사용한 전고체 나트륨 이온 전지를 개발하고 있다. 이 회사는 2021년 12월에 학술지 〈ACS Energy Letters〉에 게재한 논문에서 개발 성과를 보고했다. 논문에서 알 수 있는 점은, 도요타자동차가 급속 충전 성능을 중시하고 있다는 점이다. 카보란계로 불리는 부드러운 고체 전해질을 이용해 계면 저항 문제를 해결하고 5분 정도면 충전이 가능하도록 한다.

한편 니혼전기소자가 2021년 11월 발표한 전고체 나트륨 이온 전지는 양극과 음극 모두 결정화 유리를 이용한 '올 산화물 전고체 나트륨 이온 2차 전지'다. 출력 전압 3V로 구동하는 현상을 확인했다. 결정화 유리 베이스의 음극재를 사용했다. "전지 재료가 모두 무기 산화물로 구성되어 있으므로, 사용 시나 제조 시에 발화 및 유독물질 발생 우려가 없다(니혼전기소자)"라고 한다.

__노자와 테츠오(닛케이 크로스 테크·닛케이 일렉트로닉스)

098

차세대 파워 반도체

전력 손실을 줄일 수 있는 차세대 소자

:
:
:
:
:
:
:

| 기술 성숙 레벨 | **중** | 2030 기대지수 | **20.1** |

신에너지·산업기술종합개발기구(NEDO)는 2022년 2월, 차세대 파워 반도체와 차세대 그린 데이터 센터 연구개발 사업에 착수한다고 발표했다. 사업의 명칭은 '차세대 디지털 인프라 구축'이다. 2021~2030년의 10년간 예산 1,376억 엔으로 실시한다. 참가하는 기업은 각자의 기술을 살려 차세대 파워 반도체 디바이스를 개발한다.

NEDO가 공모한 '그린 이노베이션 기금사업/차세대 디지털 인프라 구축' 프로젝트에 채택된 기업은 연구 개발 항목에 따라 전력 손실이 작은 실리콘 카바이드(SiC)나 갈륨 나이트라이드(GaN) 같은 차세대 파워 반도체 기술개발을 서두른다.

전자부품 메이커인 로옴은 8인치 웨이퍼로 제조하는 차세대 SiC MOSFET(금속산화막 반도체 전계 효과 트랜지스터)를 개발한다. 도시

[자료 10-3] 미라이(MIRAI)의 FC 승압 컨버터
거대한 리액터와 수냉의 파워 디바이스 등이 들어있다. (출처: 닛케이 크로스 테크)

바 디바이스＆스토리지와 도시바 에너지시스템즈는 차세대 고내
압 전력 변환기용 실리콘 카바이드(SiC) 모듈을 개발한다. 덴소는
전기차용 실리콘 카바이드 디바이스 제조 기술을 개발한다. 도시
바 디바이스＆스토리는 고전력 밀도를 산업용 전원으로 사용하는
갈륨 나이트라이드 파워 디바이스를 개발한다. 응용 분야는 전기
차, 산업기기, 신재생에너지 분야의 기기, 서버 등 전원 기기다.

　목표는 2030년까지 차세대 파워 반도체를 이용한 변환기 등의
전력 손실을 50% 이상 저감하고, 양산할 때 비용을 종래의 Si(실리
콘) 파워 반도체와 동등한 수준으로 한다.

　도요타는 2021년형 FCV(연료전지 자동차)인 '미라이'가 사용하는
HEV(하이브리드 자동차) 시스템에서 FC 승압 컨버터의 파워 반도체
소자에 SiC MOSFET과 SiC 다이오드를 사용했다. 도요타가 전

기차용 승압 컨버터에 풀 실리콘 카바이드 파워 반도체를 사용한 첫 사례다.

제조를 담당한 덴소에 따르면, 기존의 Si 파워 반도체를 탑재한 제품과 비교해서 부피를 약 30%, 전력 손실을 약 70% 줄여서 승압용 파워 모듈의 소형화와 연비 향상에 기여했다.

_츠치야 죠타, 중도리(닛케이 크로스 테크·닛케이 일렉트로닉스)

099

스핀트로닉스 반도체

스핀을 활용하는 차세대 메모리 엠램에 각광

. . . .

기술 성숙 레벨 | **하**　2030 기대지수 | **8.5**

스핀트로닉스는 전자가 가진 자기인 스핀과 일렉트로닉스를 결합한 조어다. 스핀과 전하를 모두 활용하는 기술 영역을 가리킨다. 기존의 일렉트로닉스는 주로 전자의 전하만 사용했다. 스핀을 이용해서 정보를 기록하는 차세대 비휘발성 메모리 엠램(MRAM, Magnetoresistive Random Access Memory, 자기저항 메모리)이 저소비전력 등의 관점에서 각광 받고 있다.

엠램은 플래시 메모리를 대체할 혼재 비휘발성 메모리로 기대되고 있다. 개발 기업인 르네사스일렉트로닉스에 따르면, 엠램은 BEOL(배선공정 이후의 반도체 프로세스) 기술로 형성되기 때문에 미세 프로세스에서도 혼재하기 쉽고 제조원가도 낮다. 마이콘 제조 프로세스의 미세화가 진행되면 현재의 마이콘과 마이크로프로세서의 성능 차이를 메꿀 수 있는 프로세서(크로스바 프로세서)가 등장하

프로토타입 칩 사진	프로토타입 칩 구성	

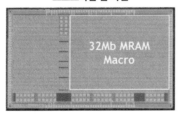

프로세스	22nm
전원 전압	0.8V/1.8V(Core/I/O)
사용 메모리	STT-MRAM
메모리 셀 크기	0.0456μm2
용량	32Mb 어레이
납땜 리플로우 내성	있음

[자료 10-4] 프로토타입 STT-MRAM 및 개요
(출처: 르네사스일렉트로닉스)

고 여기에 엠램 혼재가 기대된다.

르네사스는 엠램의 일종인 STT-MRAM(스핀 주입 자화반전형 자기저항 메모리)을 고속 액세스할 수 있는 기술을 개발하고, 상세 내용을 2022년 6월에 개최된 반도체 국제학회인 '2022 IEE VLSI Symposium on Technology & Circuits'에서 구두 발표했다.

이 기술을 사용하면 현재 마이컴에 혼재된 비휘발성 메모리의 플래시 메모리와 동등한 속도로 엠램을 읽을 수 있다.

엠램은 플래시 메모리보다 읽을 수 있는 마진이 작고, 시간을 들여 필요한 정확도를 확보할 필요가 있기에 읽는 시간이 오래 걸린다는 결점이 있다. 이렇게 해서는 프로세스의 미세화로 CPU 코어의 동작 속도가 향상되어도 엠램의 액세스가 발목을 잡아 마이콘의 처리 속도가 빨라지지 않는다. 이런 단점으로 인해 현재의 엠램 혼재 마이콘은 시장에 아직 보급되지 않았다.

_코지마 이쿠타로리(닛케이 크로스 테크·닛케이 일렉트로닉스)

페로브스카이트형 태양전지

저렴한 비용으로 제조, 집을 수 있다

• • • • • • • • •

기술 성숙 레벨 | **하**　2030 기대지수 | **9.2**

파나소닉(현 파나소닉홀딩스)은 차세대 태양전지인 페로브스카이트형(Perovskite structure)의 물성 예측에 걸리는 계산 시간을 기존의 500분의 1로 단축할 수 있는 기술을 개발했다. 컴퓨터를 사용해서 분자 등의 방대한 조합에서 신재료를 찾아내는 머티리얼즈 인포매틱스의 성과다.

머티리얼즈 인포매틱스에서 두각을 나타내는 젊은 기술자 중 한 명으로 파나소닉 테크놀로지 본부 머티리얼 응용기술센터의 요코야마 토모야스 주임연구원이 있다.

　요코야마 주임연구원은 2020년 차세대 태양전지에서 가장 유력한 후보로 꼽히는 페로브스카이트형(태양의 빛 에너지를 직접 전기로 변환하는 태양전지)에서 물리적 성질(물성) 예측에 걸리는 계산 시간을 종래의 500분의 1인 21시간에 할 수 있는 기술을 개발했다.

[자료 10-5]
파나소닉 테크놀로지 본부
머티리얼 응용기술센터 주임연구원
요코야마 토모야스(橫山 智康) 씨

계산재료연구자. 1990년생, 기후현 출신. 차세대 태양전지의 선두인 페로브스카이트형 태양전지를 개발했다. 2020년에 이 전지의 물성 예측에 걸리는 계산 시간을 종래의 500분의 1로 할 수 있는 방법을 확립, 일본 MRS 연차대회에서 장려상을 수상했다. 대학의 학부 시절 재료 실험에서 실패하고, 재료의 본질을 이해하고 싶다는 생각에 계산재료연구의 세계로 들어갔다. (출처: 닛케이 크로스 테크)

아이디어에서 성과를 내기까지 걸린 기간은 1년이다. 29세에 차세대 태양전지의 재료 해석을 크게 진전시켰다.

페로브스카이트형 태양전지는 빛에 반응하는 감광재료에 유기-무기 하이브리드 구조의 페로브스카이트 결정을 사용한다. 빛을 전기로 변환하는 비율인 변환효율은 약 25%로 현재 주류인 실리콘계 태양전지와 비슷한 수준이다.

저비용으로 제조할 수 있으며 유기재료를 사용하기 때문에 필름처럼 접을 수 있다. 빌딩의 측면에 설치하기 쉽고 재생 에너지 도입의 유력한 대책 중 하나다. 실리콘계 태양전지는 무기화합물로 만들기 때문에 깨지기 쉽고 구부리기 어렵다.

변환효율이 높고 유연하다는 특징은 무기분자와 유기분자의 장점을 모두 적용하기 때문에 가능하다. 이들 분자를 조합하기 때문에 이상적인 재료를 만들 가능성이 있지만, 조합하는 숫자는 무기 재료만 사용하는 태양전지에 비해 방대해진다. 하나씩 실험하면서 변환효율이 높은 재료를 찾기는 매우 어렵다.

"유기 결정은 10의 60승이며 무기 결정은 100억 개 이상 있다고 한다. 최적 조합을 찾는 직업은 사하라 사막에서 보석을 찾는 것과 같다." 머티리얼즈 인포매틱스 연구의 일인자라 할 수 있는 교토대학교 타나카 이사오 교수는 이렇게 설명한다. 요코야마 주임연구원은 다나카 교수의 제자다.

머티리얼즈 인포매틱스를 이용한 유기재료나 무기재료 개발에는 분자 등의 구조나 성질을 전자 상태에서 추정할 수 있는 제1원리계산이라 불리는 수법을 사용한다. 실험하기 전에 제1 원리계산을 사용해서 원하는 물질을 좁히면 개발 방향을 정하는 시간

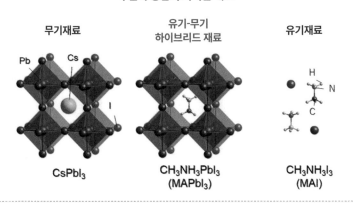

**무기 골격 내에 유기 분자가 존재하는
타 분야 융합의 특이한 재료**

무기재료　　　　유기-무기
하이브리드 재료　　　유기재료

Pb　　Cs

I

CsPbI$_3$　　CH$_3$NH$_3$PbI$_3$
　　　　　(MAPbI$_3$)　　CH$_3$NH$_3$I$_3$
　　　　　　　　　　　　(MAI)

[자료 10-7] 무기 골격에 유기 분자를 도입하여 새로운 특성을 창출하다
(출처: 파나소닉)

을 대폭 단축할 수 있다. 단 유기-무기 하이브리드 재료의 계산은 단순하지 않고 몇 년이라는 시간이 필요하다고 예상되었다. 실온에서 진동하기 쉽다는 유기분자의 특징이 있어, 진동을 고려해서 계산하는 데 많은 시간이 걸리기 때문이다.

이런 문제에 대해 요코야마 주임 연구원이 개발한 방법은 다음과 같다. 리튬 이온 전지 재료로 고체와 액체가 만나는 고액계면의 계산에 사용하는 'DFT/3D-RISM' 모델을 유기-무기 하이브리드 재료에 사용했다.

DFT/3D-RISM은 고액계면의 분자를 그대로 파악하지 않고, '가능성의 구름'처럼 공간에 존재하는 확률 분포 모델로 다룬다. 확률로 다루는 점이 유기-무기 하이브리드 재료에도 어울리지 않을까를 생각했다. 무기분자에는 DFT를 적용하고 유기 분자에

전지 재료의 고액 계면 계산에 사용되는 DFT/3D-RISM 적용

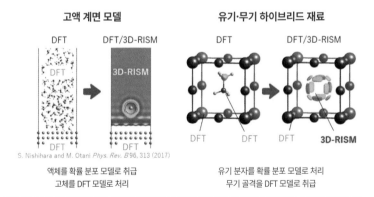

[자료 10-8] 재료 계산을 단축하는 궁리
분자의 분포를 그대로 파악하는 것이 아니라 확률 분포의 구름처럼 파악한다.(출처: 파나소닉)

는 공간 분포를 파악하는 DFT/3D-RISM을 적용하면 계산 시간을 대폭 줄일 수 있을 것으로 예상했다. 자신이 태양전지에 관여하기 전에 작업했던 리튬 이온 전지 연구가 우연히 연결된 형태다.

아이디어를 떠올린 요코야마 주임연구원은 2019년에 페로브스카이트형 태양전지 개발에 적용했다. 도쿄공업대학교의 사사카와 타카오 준교수와 파나소닉의 선배 사원인 오우치 아키오와 공동으로 계산 실험을 해서 1년 후인 2020년 겨울에 자신의 이론이 옳았음을 증명했다. 같은 해 일본 MRS 연차대회에서 장려상을 수상했다.

향후 머티리얼즈 인포매틱스로 게임체인저가 되는 디바이스를 만들고, 에너지 문제 해결에 공헌한다는 목표를 세웠다. "엔지니어는 기술을 사용해서 많은 사람을 구할 수 있다. 재료를 본질부터 디자인할 수 있는 머티리얼즈 인포매틱스는 에너지 고갈 문제를 푸는 하나의 해결책이 될지도 모른다."

_쿠보타 류노스케(닛케이 크로스 테크·닛케이 일렉트로닉스)

2023
세계를 바꿀
테크놀로지
100

2023 세계를 바꿀 테크놀로지 100

닛케이가 전망한 기술 트렌드

초판 1쇄 인쇄 | 2022년 12월 22일
초판 1쇄 발행 | 2022년 12월 30일

지은이　　　 | 닛케이BP
옮긴이　　　 | 윤태성
펴낸이　　　 | 전준석
펴낸곳　　　 | 시크릿하우스
주소　　　　 | 서울특별시 마포구 독막로3길 51, 402호
대표전화　　 | 02-6339-0117
팩스　　　　 | 02-304-9122
이메일　　　 | secret@jstone.biz
블로그　　　 | blog.naver.com/jstone2018
페이스북　　 | @secrethouse2018
인스타그램　 | @secrethouse_book
출판등록　　 | 2018년 10월 1일 제2019-000001호

ISBN 979-11-92312-32-3　03320